IMPRESSIONS DE THÉATRE

NEUVIÈME SÉRIE

EN VENTE A LA MÊME LIBRAIRIE

DU MÊME AUTEUR

Les Contemporains. Etudes et portraits littéraires.
Sept séries. Chaque série forme un vol. in-18 jésus, br.   3 50
Ouvrage couronné par l'Académie française.
Chaque volume se vend séparément.

Impressions de Théâtre. *Dix séries.* Chaque série forme
un vol. in-18 jésus, broché. 3 50
Chaque volume se vend séparément.

Dix Contes. Un superbe volume grand in-8º jésus, illustré
par Luc-Olivier Merson, Georges Clairin, Lucas, Cornillier,
Loévy, couverture artistique dessinée par Grasset, édition de
grand luxe sur vélin, broché. . . . .   20 »

Myrrha, vierge et martyre, un volume in-16 jésus, sous
couverture illustrée, *huitième mille*, broché 3 50

En marge des vieux livres, Contes et légendes, *Première
série*. Un vol. in-16 jésus, sous couverture illustrée, broché
quatorzième mille. 3 50

En marge des vieux livres, Contes et légendes, *Deuxième
série*. Un vol. in-16 jésus, sous couverture illustrée, broché,
huitième mille. 3 50

Opinions à répandre, *4ᵉ édition*, revue et augmentée.
Un volume in-18 jésus, broché. 3 50

Théories et Impressions, un volume in-18 jésus,
broché. 3 50

Quatre discours, Racine et Port-Royal, Les Prix de vertu,
La Réponse à M. Berthelot, Les Femmes du monde.
Un volume in-18 jésus, broché . . . .   2 »

Discours de réception à l'Académie française et réponse
de M. Gréard. Une brochure in-18 jésus. 1 50

Discours de réception de M. M. Berthelot à l'Académie
française, avec réponse de M. Jules Lemaitre.
Une brochure in-18 jésus. 1 50

Corneille et la poétique d'Aristote, une brochure in-18
jésus. 1 50

NOUVELLE BIBLIOTHÈQUE LITTÉRAIRE

JULES LEMAITRE
DE L'ACADÉMIE FRANÇAISE

IMPRESSIONS
DE THÉATRE

NEUVIÈME SÉRIE

Euripide. — Soudraka. — Kalidâsâ. — Crébillon. — Alfred de Musset. — Labiche. — Henrik Ibsen. — Paul Heyse. — Mlle Ellin Ameen. — Sudermann. — Strindberg. — Alexandre Dumas fils. — Edouard Brandès. — Alexandre Dumas. — Alfred Capus. — Emile Augier. — Victorien Sardou. — François Coppée. — Paul Déroulède. — Marcel Prévost. — Henri Lavedan. — Abel Hermant. — Hector Crémieux et Ludovic Halévy. — Eugène Rostand. — Léon Hennique. — Paul Adam. — Auguste Dorchain. — Gyp. — Maurice Donnay. — Maurice Beaubourg. — Georges Courteline. — Emile Fabre. — Romain Coolus.

PARIS

SOCIÉTÉ FRANÇAISE D'IMPRIMERIE ET DE LIBRAIRIE

ANCIENNE LIBRAIRIE LECÈNE, OUDIN ET Cie

15, RUE DE CLUNY, 15

—

Tout droit de traduction et de reproduction réservé.

IMPRESSIONS
DE THÉATRE

EURIPIDE

L'*Ion* d'Euripide, et l'*Apollonide* de Leconte de Lisle.

...Je fouille mélancoliquement dans le tas des livres que j'ai mis à part comme se rapportant au théâtre. J'en ramène l'*Apollonide* de Leconte de Lisle, « drame lyrique en trois parties et cinq tableaux ». Je vous cite le titre complet. Le poète n'a pas cru devoir ajouter, fût-ce en tout petits caractères : « d'après Euripide » ; et cette omission m'étonne un peu. Car enfin l'*Apollonide* n'est point, comme l'*Andromaque* ou la *Phèdre* de Racine, une pièce nouvelle sur un sujet ancien : c'est, bien réellement, une « adaptation », comme on dit aujourd'hui, ou, si vous voulez, une traduction libre et abrégée. Pas une scène de l'*Apollonide* qui ne soit dans *Ion* ; et l'ordre des scènes est le même dans les deux ouvrages. Leconte de Lisle n'a procédé que par retranchement et dessèchement... Je le sais ; mais, pour en être plus sûr, je vais relire la tragédie d'Euripide.

... Eh bien, *Ion* m'a fort réjoui. Au surplus, Euripide est depuis longtemps, entre tous les Grecs anciens, celui que j'aime le mieux. Je consens qu'il soit inférieur, comme dramaturge, à l'auteur d'*Œdipe-Roi*. Mais qu'il est original et singulier ! C'est un philosophe et un humoriste délicieux. Il met de l'ironie dans le mélodrame, ce qui est bien imprudent, mais ce qui fait un mélange bien savoureux. Il passe du plus brutal réalisme psychologique (ses personnages expriment leurs plus affreux sentiments avec la même ingénuité que les personnages du Théâtre-Libre) au lyrisme le plus somptueux et au pathétique le plus tendre. Il est impie et religieux. Presque dans le même moment, il nie les dieux et les aime ; il les raille dans les puérilités de leur légende, mais il les adore dans leur beauté et dans l'image épurée qu'il se forme d'eux. Il a, — déjà, — la piété sans la foi. Que n'a-t-il pas ?

Dans *Ion*, comme dans toutes ses tragédies, Euripide commence par nous faire un petit résumé de sa pièce, dénouement y compris ; car c'est une invention française que d'avoir fait de l'intérêt de curiosité l'essentiel du théâtre. Donc, Mercure nous raconte que Créuse, reine d'Athènes et fille d'Erechthée, a été séduite par Apollon, dont elle a eu un fils. Elle a exposé l'enfant, que le dieu a pris soin d'enlever et de faire secrètement nourrir à Delphes, dans son temple. Après quoi elle a épousé Xuthus, un étranger, d'ailleurs fils de Jupiter. Or, Xuthus vient tout justement consulter l'oracle de Delphes, « dans l'espoir d'obtenir une postérité qui lui manque. » Et Mercure, qui n'a pour nous rien de caché, ajoute : « Quand Xuthus sera entré dans ce temple, Apollon lui donnera son propre fils et dira qu'il est né de ce prince ; l'enfant, rentré ainsi dans le giron maternel, sera reconnu par Créuse, aura une existence assurée ; et la paternité d'Apollon demeurera secrète. » La situation d'Apollon sera donc un peu celle de Monsieur Alphonse dans le ménage du commandant de Montaiglin.

Vous entrevoyez pourtant comment on a pris l'habitude de rapprocher plutôt *Ion* d'*Athalie*. *Ion* est, par un côté, un drame national : le dénouement écarte de la royauté athénienne une race étrangère, et restitue l'Attique au sang d'Apollon et d'Erecthée. Et de même qu'*Athalie* nous ouvre une glorieuse perspective sur la « Jérusalem nouvelle », ainsi l'Athènes de Périclès est à l'horizon de la tragédie d'Euripide.

A cela, vraiment, se bornent les ressemblances. A part sa naissance mystérieuse et ses occupations, Ion n'a rien du tout de commun avec le petit Joas. Ce n'est point un enfant, ni même un adolescent.

Les esclaves de Créuse disent quelque part : « Le fils qu'Apollon a donné à Xuthus *est un jeune homme dans la force de l'âge.* » Aussi bien a-t-il une âme fort différente de celle d'un enfant de chœur. Hormis quelques rares instants d'attendrissement et de colère, Ion est un jeune sacristain narquois, un extraordinaire pince-sans-rire, chargé par Euripide de railler la partie mélodramatique de l'ouvrage et de signaler l'immoralité de la légende populaire qui en est le sujet, et ainsi de faire à la fois la critique des dieux qui mènent l'action, — et la critique de la pièce.

Ecoutez, dès la première scène, sa réplique à Créuse, qui vient de lui conter son histoire en l'attribuant à une amie. (Je me permets de traduire moi-même, car aucune des traductions qu'on a tentées d'Euripide ne me satisfait.) « Voyez-vous, Madame, il y a, dans votre histoire, un détail bien fâcheux pour vous. Comment voulez-vous que le dieu vous réponde sur un fait qu'il veut précisément tenir caché ? Et croyez bien que personne n'osera vous répondre pour lui. Apollon, convaincu d'un crime dans son propre temple, châtierait celui qui s'aviserait de rendre un oracle en son nom. Et, franchement, Apollon n'aurait pas tort. De bonne foi, on ne peut pas demander à un dieu des oracles qui lui sont contraires. Ce serait le comble de la naïveté. Retirez-vous, Madame... »

Et un peu plus loin : « ... Qu'ai-je à m'inquiéter

de la fille d'Erechthée, puisqu'elle ne m'est rien ? Allons plutôt arroser mes fleurs... C'est égal, abandonner une jeune fille après l'avoir prise de force, puis laisser mourir l'enfant qu'on lui a fait, cela n'est pas très joli pour un dieu. Quand on est tout-puissant, on doit être bon. Les dieux punissent les hommes méchants. Au moins ne devraient-ils pas violer les lois qu'ils nous ont données. Si, par impossible, vous comparaissiez devant un tribunal humain, Neptune, Jupiter, roi du Ciel, et toi, Apollon, vous n'auriez pas assez d'argent dans vos temples pour payer la rançon de vos gaietés. »

Cependant la Pythie, consultée par Xuthus, lui a répondu : « Le premier que tu verras, en sortant d'ici, sera ton fils. » Il sort, aperçoit Ion : « Dans mes bras !... Je suis ton père. — Vous voulez rire ? » dit tranquillement le jeune sacristain. Mais Xuthus affirme qu'il est sérieux, et rapporte le mot de la Pythie. « C'est étrange ! dit Ion. — A qui le dites-vous ? » dit Xuthus.

Vous voyez la situation. C'est un garçon de vingt ans qui retrouve son père, et un père qui lui ouvre les bras tout grands. Vous devinez ce que serait le dialogue chez M. d'Ennery, — ou simplement chez Sophocle, qui est aussi « un homme de théâtre ». Ici, le « fils naturel » ne bronche pas ; et voici le dialogue étonnant qui s'engage entre son père et lui (je crois traduire très exactement et conformément à l'esprit du poète) :

Ion. — Mais alors, qui est ma mère?

Xuthus. — Ça, je ne sais pas.

Ion. — Apollon ne vous l'a pas dit ?

Xuthus. — J'étais si content que j'ai oublié de le lui demander.

Ion. — Je ne suis pourtant pas né sous un chou ?

Xuthus. — C'est probable.

Ion. — N'avez-vous jamais eu de maîtresse ?

Xuthus — Mon Dieu... quand j'étais jeune...

Ion. — Avant votre mariage ?

Xuthus. — Oh ! bien entendu.

Ion. — Alors, c'est dans ce temps-là que vous m'auriez eu ?

Xuthus. — C'est bien possible.

Ion. — Oui, mais comment suis-je venu ici ?

Xuthus. — Je ne sais pas.

Ion. — D'Athènes ici, il y a un bout de chemin.

Xuthus. — .....

Ion. — Mais, dites-moi, êtes-vous déjà venu à Delphes ?

Xuthus. — Oui, une fois, aux fêtes de Bacchus.

Ion. — A quel hôtel êtes-vous descendu ?

Xuthus. — Chez un digne homme qui... enfin qui me présenta à de petites Delphiennes...

Ion. — Et vous étiez gris ?

Xuthus. — Dame !

Ion. — Et voilà comment je vins au monde !

Xuthus. — C'est que ça devait arriver, mon enfant.

Ion. — Mais, enfin, comment me trouvé-je dans ce temple ?

Xuthus. — Ta mère t'aura exposé.

Ion. — Bah ! Je ne lui en veux pas.

Xuthus. — Allons ! reconnais ton père.

Ion. — Je veux bien. Après tout, que puis-je souhaiter de mieux que d'être le petit-fils de Jupiter ? C'est une situation, cela.

Vous voyez que nous sommes extrêmement loin de Jacques Vignot demandant des comptes à Charles Sternay. Il est vrai que, un moment après, nous nous en rapprochons imperceptiblement. Xuthus propose au jeune homme de l'emmener à Athènes, de le reconnaître publiquement pour son fils, et de lui faire part de sa puissance et de ses richesses. Mais Ion : « Les choses, de près, ne sont plus du tout ce qu'elles apparaissaient de loin... Je suis content d'avoir retrouvé un père ; mais qu'irais-je faire à Athènes ? J'y serais mal vu, et comme bâtard, et comme étranger. Je mettrais le trouble dans votre maison. Je serais odieux à votre femme ; et, si vous aviez l'air de m'aimer trop... elle ne serait pas la première qui eût avancé, en douceur, la fin d'un mari... Oh ! j'ai très peu d'illusions... Ici, je suis bien tranquille. Je ne vois les hommes qu'en passant, et quand ils ont besoin de moi, ce qui fait qu'ils sont toujours fort aimables... Décidément, je reste ici, mon père... *Laissez-moi vivre pour moi-même...* »

Xuthus insiste : « Il y a un moyen de tout arranger. Je t'emmènerai à Athènes comme si tu n'étais que mon hôte... Au surplus, je ne veux pas attrister Créuse, qui n'a pas d'enfant, en étalant mon bonheur... Plus tard, nous verrons... Allons, c'est convenu, je t'emmène. Donne, ce soir, un souper d'adieu à tes amis. »

... Après ces scènes de comédie railleuse, tout à coup éclate un drame violent, brutal, — et aussi, par endroits, d'un arrangement ingénieux.

Lorsque Créuse apprend que son mari a retrouvé un fils né hors du mariage, elle gémit de douleur, de jalousie et de haine ; d'autant plus torturée par le souvenir de son enfant, à elle, de l'enfant qu'elle eut d'un dieu et que son lâche père (elle le croit du moins) abandonna à la dent des bêtes. Et ce sont les plus beaux cris de désespoir et de colère, une furieuse et splendide imprécation contre l'Alphonse divin. (J'aurais grande joie à vous citer le morceau, si mon dessein n'était de m'attacher principalement aux parties ironiques de ce mélodrame.)

Donc, conseillée par un vieil intendant, patriote fanatique qui ne peut souffrir la pensée de voir peut-être un jour un étranger sur le trône d'Athènes, Créuse résout de supprimer le bâtard de son mari, l'odieux intrus. Pour cela, elle remet au vieil homme un petit flacon qui contient une goutte du sang de la Gorgone, — un poison de famille.

Le vieil homme se rend au souper que le bâtard

offre à ses camarades (la description du festin est un excellent morceau de poésie parnassienne); il verse, sans être vu, dans la coupe d'Ion, le poison gorgonien...

Admirons ici l'imagination charmante d'Euripide, et comme il sait répandre un sourire et une grâce sur des noirceurs à la Pixérécourt. Au moment où Ion va boire, « un des serviteurs prononce une parole de mauvais augure ». Superstitieux, bien que narquois, le jeune ex-sacristain jette le contenu de sa coupe. Cela fait par terre une flaque, où vient boire une des colombes familières du temple d'Apollon. L'oiseau tombe, empoisonné, « et meurt en allongeant ses pattes purpurines ». On soupçonne le vieillard; on le presse de questions; il avoue le crime de sa maîtresse Et les magistrats de Delphes condamnent Créuse à mort, pour tentative de meurtre sur un homme d'Eglise.

Créuse, avertie, se réfugie au pied de l'autel d'Apollon, qui est « lieu d'asile ». Ion demeure narquois; mais enfin il tient à sa peau et ne saurait vouloir du bien à une personne qui a voulu l'assassiner. Il essaye donc de la déloger du pied de l'autel où elle se cramponne. « Vraiment, dit-il (car ce jeune clerc ne cesse de faire, sur les dieux, des réflexions désobligeantes), les dieux ont de bizarres pensées. Ils accordent le même refuge à l'innocent et au coupable; et, finalement, ils se trouvent protéger surtout les coquins. »

Or, tandis qu'il se dispose à malmener Créuse, la Pythie survient et s'écrie : « Arrête, mon fils. Apollon t'ordonne d'épargner cette femme. Il m'a chargée de t'apporter cette corbeille qui est celle où, tout petit, tu as été exposé dans ce temple. Elle contient tes langes et quelques menus objets. Pars, c'est l'ordre du dieu, et va-t'en à la recherche de ta mère. — Oh ! dit Ion, je ne suis pas si curieux Je plains ma mère, mais j'aime autant ne pas la connaître. Je n'aurais qu'à découvrir que je suis fils d'une esclave ou d'une gourgandine ! Et je ne veux pas savoir ce qu'il y a dans la corbeille. Je m'en vais l'offrir au dieu sans l'ouvrir, cela est plus prudent. »

Mais cette corbeille, Créuse l'a reconnue : « Dans mes bras, mon fils !... je suis ta mère ! — Elle est folle ! » dit Ion ; car la « voix du sang » reste, en lui, aussi parfaitement silencieuse devant sa mère retrouvée que naguère en présence de Xuthus. Et, comme Créuse continue à crier sa maternité : « Un instant, Madame ; dites-moi ce qu'il y a dans la corbeille » Elle le lui dit, dans un grand détail et très exactement. « Eh bien donc, ma mère, je suis enchanté de vous revoir. » Et des baisers, et des effusions, ainsi qu'il convient. Mais Ion ne perd pas la tête : « Et mon père, Madame, qui est mon père ? » Créuse, moitié honteuse, moitié glorieuse, lui conte son aventure avec Apollon. « Ah ! dit Ion, un peu ahuri par tant de coups de théâtre, de reconnaissances et de découvertes, et se débattant au travers,

Comme l'eau qu'il secoue aveugle un chien mouillé,

que d'aventures en une journée ! J'étais sans père ; puis j'ai été fils de Xuthus, et me voilà fils d'Apollon. Ma mère a voulu me tuer, j'ai voulu tuer ma mère. Bah ! Tout est bien qui finit bien. Je suis content de vous avoir retrouvée, et je n'ai pas trop lieu de me plaindre de ma naissance. »

C'est égal, tout cela est bien extraordinaire... Un soupçon lui traverse l'esprit. Il craint d'être dupe. « Mon Dieu, ma mère, ce que j'ai à vous dire est un peu délicat... Etes-vous bien sûre que je sois le fils d'Apollon?... Car enfin on a souvent vu des jeunes filles séduites rejeter leur faute, par vanité, sur un personnage illustre. » Créuse proteste, essaye de donner des preuves; mais Ion est de ceux « à qui on ne la fait pas. »

Cependant il faut bien conclure. Et, pan ! voici le *deus ex machina*. Car, dans presque toutes les pièces d'Euripide, l'impertinence des dénouements répond au sans-gêne des prologues. Minerve apparaît, — d'ailleurs ironique, elle aussi : « N'ayez pas peur : je ne suis pas votre ennemie, et je ne vous veux que du bien. Je viens de la part d'Apollon. Il n'a pas voulu paraître lui-même, craignant d'être un peu gêné devant vous deux, et voulant éviter les scènes... Il m'envoie vous dire que Ion est bien son fils et celui de Créuse... Apollon a tout conduit avec beaucoup de sagesse : il t'a fait accoucher sans douleur, Créuse, pour que ta famille ne devinât rien. Quand tu fus mère, il commanda à Mercure de prendre ton enfant et de le transporter ici... Et maintenant, écoute un bon conseil : ne dis à personne que Ion est ton fils. *Laisse à Xuthus sa douce illusion...* »

Je ne vous ai point rapporté tout ce qu'il y a dans cette pièce singulière ; mais tout ce que je vous ai rapporté s'y trouve réellement. Le personnage d'Ion est bien, dans son fond, ce que je vous ai dit : un philosophe gouailleur, de très libre esprit et d'imperturbable sang-froid, fourvoyé dans un conte populaire et empêtré par surcroît dans une trame mélodramatique dont il conçoit et constate à mesure l'extravagance, et qui s'étonne, flegmatiquement, d'être là. Et cela n'empêche point le rôle de devenir touchant et pathétique, quand la situation l'exige absolument. Ion, et surtout Créuse, ont, à l'occasion, des accents d'une tendresse délicieuse. C'est ainsi. Euripide méprise Scribe vingt-quatre siècles d'avance, ce qui est prodigieux. Il commence toujours par railler l'enfantillage des histoires qu'il raconte, la conception religieuse impliquée par le rôle qu'y jouent les dieux, et l'absurdité des moyens qui amènent les situations ; mais, ces situations une fois produites, il cesse de railler, il exprime avec la plus émouvante vérité les sentiments des personnages qu'elles étreignent ; et, pareillement, ces dieux dont il bafouait tout à l'heure la figure populaire, il leur restitue, avec la beauté plastique, la beauté morale, conformément aux théories de ses amis Anaxagore et Socrate. Et il est bien certain que ce mélange, j'allais dire de « blague » et de pathétique, d'irrévérence et de piété, devait avoir quelque chose de déconcertant, même pour les subtils Athéniens, et que, « au point de vue du théâtre », l'Euripide ironique fait tort à l'Euripide tragique. Et pourtant, je serais bien fâché que l'un des deux manquât. Il y a, dans le critique-poète dramaturge Euripide, du Voltaire, du Heine, du Racine, du Musset, du Dumas fils, — et du d'Ennery. Son œuvre est un étonnant paradoxe littéraire. Je l'aime, malgré cela ou pour cela, selon que je suis raisonnable ou non ; mais je l'aime.

Pour le parallèle entre *Ion* et *Apollonide*, je vous renvoie à l'un des chapitres du livre très vivant et gesticulant de M. Psichari : *Autour de la Grèce*. Je dois dire que je préfère *Ion* aussi délibérément que M. Psichari préfère l'*Apollonide* ; mais qu'importe ?

SOUDRAKA

L'ŒUVRE : *le Chariot de terre cuite*, cinq actes, d'après la pièce du théâtre indien attribuée au roi Soudraka, par M. Victor Barrucand.

En dépit des nombreux examens que j'ai passés dans ma jeunesse, je ne sais plus rien que ma croix de par Dieu. Je suis donc fort incapable de vous dire ce qui, dans *le Chariot de terre cuite*, tel qu'il fut représenté l'autre jour au théâtre de l'Œuvre, revient au bon roi Soudraka et ce qui revient à M. Victor Barrucand. Je sais seulement que la façon désobligeante et morne dont fut réglée cette représentation par le zèle dévorant, mais aveugle, de M. Lugné-Poë, nous avait totalement travesti cet antique chef d'œuvre, et que je l'ai découvert à la lecture, et que c'est un pur joyau.

Le Chariot de terre cuite est un drame d'amour, un drame social, un drame religieux, un conte philosophique, un mélodrame, une comédie et un poème. Et savez-vous à quoi il ressemble le plus ?

Aux comédies d'Alfred de Musset. Je n'ai point cherché ce rapprochement, je vous assure : il m'est venu de lui-même à l'esprit dès les premières pages.

L'action principale, c'est la vieille histoire de la *Courtisane amoureuse*, contée dans un esprit à la fois chevaleresque (parfaitement !), révolutionnaire — et bouddhique, autrement dit évangélique. Et c'est donc l'histoire de la Dame aux camélias, et celle de Marie-Madeleine, et celle d'Izéyl, qui n'en est que l'ombre. — La courtisane Vasantasena s'est éprise du brahmane Tchâroudatta, un saint homme que ses charités ont réduit à l'indigence. Purifiée par cet amour, la fille de joie résiste aux entreprises du beau-frère du roi, le prince Samsthanaka. Un jour, ne pouvant la posséder, le prince l'étrangle, et accuse Tchâroudatta du meurtre. Le saint homme est condamné à mort : mais, au moment où il marche au supplice, Vasantasena, qui a été mal étranglée, reparaît. Et, en même temps, un mouvement populaire renverse du trône le mauvais roi Palaka.

Oh ! les charmantes et profondes paroles d'amour, écrites il y a dix-huit cents ans, je pense, et toujours jeunes ! Ecoutez ce dialogue : « Pour obtenir vos hommages, demande à Vasantasena sa soubrette Madanika, celui que vous aimez s'est-il manifesté à vous sous les traits d'un roi puissant ? — Il s'agit d'amour, dit Vasantasena, et non de respect. — Vous avez distingué quelque brahmane fameux par

sa science surnaturelle ? — Il s'agit d'amour, et non
d'admiration. — Votre cœur s'est épris d'un marchand enrichi par de nombreux voyages ? — Il
s'agit d'amour, et non de richesses. — Mais, princesse amie, si celui que vous avez choisi n'est ni
roi, ni brahmane, ni marchand, qu'est-il donc ? —
Il est celui que j'aime, Madanika, et rien de plus.
N'étais-tu pas avec moi quand nous le rencontrâmes
dans le jardin du temple de Kâma ?... Sais-tu son
nom ? — On l'appelle Tchâroudatta. — En langage
ancien cela s'entend pour agréablement doué : c'est
bien son nom. — Madame, on dit qu'il est pauvre.
— Il s'appelle Tchâroudatta. »

Et plus loin : « Madanika, prends ce portrait. Tu
le mettras sur mon lit. Donne-moi mon éventail.
Maintenant je resterai seule. — Seule et pensive. —
Oui, Madanika. Avant de l'éloigner, ôte-moi ces bracelets lourds et ce collier ; laisse-moi seulement un
simple rang de perles ; trop d'éclat ne convient pas
pour fêter la joie du cœur. » Et un peu après, comme
elle surprend sa servante en agréable conversation
avec le bon voleur Çarvilaka : « Laissons-les, dit-
elle ; qu'ils soient heureux pour l'amour de mon
amour. »

Mais je ne puis vous rapporter tous les propos de
cette délicieuse fille. Elle dit encore à un endroit :
« Celui qui aime est purifié, celui qui aime est innocent. » Elle dit au compagnon de Tchâroudatta :
« Allez, seigneur Maitreya. Dites-lui seulement que,

bravant l'orage, une dame souriante est venue dans la maison de son amant. » Elle y rencontre le fils du saint homme, le petit Rohasena. L'enfant n'a qu'un chariot d'argile pour s'amuser, et il voudrait un chariot d'or. « Tu l'auras, dit-elle. — Tout de suite ? — Oui, tout de suite. — Oh ! Madame, comme tu es gentille !... Dis, Radanika, demande l'enfant à la servante, comment qu'elle s'appelle, la dame si gentille ? — Je suis l'esclave de ton père, dit Vasantasena. — Non, non, dit l'enfant. — C'est ta mère, dit la servante. — Tu ne sais pas ce que tu dis, réplique l'enfant. Si cette dame était ma mère à moi, elle ne serait pas si bien habillée. » Alors Vasantasena : « Petit, ta bouche prononce des paroles bien cruelles. » Elle se dépouille, en pleurant, de ses parures, et en remplit le chariot : « Prends tout cela pour t'amuser. Vois-tu ! maintenant, c'est un chariot d'or. » Et il ne vous échappera point que ceci est un symbole et que, par le même acte qui mue le chariot d'argile en un jouet éblouissant, la bonne courtisane transforme son âme de fange en quelque chose de plus précieux que l'or et les pierreries... Et ainsi, au méchant prince qui lui dira : « Courtisane, je suis un homme et tu dois écouter les hommes, » elle pourra répondre : « Non, je ne suis plus une courtisane, je suis une bien-aimée. »

Mais voudriez-vous point, par hasard, un peu de Marivaux ? En voici. Vasantasena est en train de contempler le portrait de Tchâroudatta. « Madanika, dit-elle à sa soubrette, ce portrait n'est-il pas ressemblant et bien fait ? — Il est admirable, Madame. — Tu n'en peux rien dire puisque tu ne l'as pas regardé. — J'ai vu, Madame, la tendresse de vos yeux. »

Ou bien voulez-vous du Tibulle ? « Heureux, dit Tchâroudatta, l'amant qui pendant l'orage réchauffe sur sa poitrine la bien-aimée aux membres mouillés et refroidis par l'eau des nuages ! »

Ou voulez-vous de petits vers qui pourraient, le plus vraisemblablement du monde, être des vers de Henri Heine ? « Après qu'il eut fait tes yeux avec un lotus bleu, ton visage avec un nélumbo, tes dents avec le jasmin, tes lèvres avec la rose, comment Brahma a-t-il pu tailler ton cœur dans la pierre ? » Et que dites vous de ce compliment d'un bel esprit de cour à Vasantasena : « La courtisane ressemble à la fleur du chemin : la cueille qui passe. Ses voiles sont légers : ils s'enlèvent d'un soupir. Dans un même lac se baignent le fou et le sage ; sous le poids du corbeau aussi bien que du paon se courbe la liane ; la même barque porte le premier des brahmes et le dernier des soudras : ne ressemblez-vous pas au lac, à la liane, à la barque ? » ou de cette petite chanson des bandhoulas : « Sans famille et sans maison, nous mangeons le pain d'autrui. Nos pères sont des inconnus ; nos mères, des femmes sans époux. Libres de tout respect et pourtant très habiles, nous nous amusons, dans la vie sans loi, comme les petits éléphants sauvages. »

Et de l'esprit partout semé ! de l'esprit le plus clair, le plus alerte, le plus gracieux, quelquefois le plus aigu. « Maîtresse, dit à Vasantasena une de ses esclaves, votre mère vous rappelle qu'il sera bientôt l'heure d'adresser vos hommages aux divinités. » Sur quoi Vasantasana, comme une princese de conte de Voltaire : « Qu'on charge un brahmane de ce soin », dit-elle simplement. — Le méchant prince Samsthanaka est impayable. Il dit à son cocher : « Ecoute, tu vas tuer Vasantasena avec ce petit poignard. — Je ne peux pas, répond le pauvre homme. — Qu'as-tu à craindre ? — L'autre monde. — Qu'est-ce que cela veut dire, l'autre monde ? — Cela veut dire la conséquence des actions. — Et quelle est la conséquence des actions quand elles sont bonnes ? — C'est d'être puissant comme vous. — Et celle des mauvaises ? — C'est d'être pauvre comme moi. — Tu as donc été coupable ? — Il faut le croire. — Et moi je fus méritant ? — Sans doute. — Alors, coupable, tu seras châtié par la main d'un juste. » Et le prince facétieux se met à battre le pauvre diable.

Ce Samsthanaka est une espèce de petit Néron, de cabotin cruel et très fumiste. Il y a chez lui un mélange de niaiserie et d'esprit, — avec des tics d'automate, — qui fait ressembler un peu, beaucoup, ce fantoche aux grotesques des comédies de Musset Il a parfois, dans ses discours, je ne sais quelle

stupidité élégante et quelle littérature falote qui le
fait ressembler, si vous voulez, au baron de : *On ne
badine pas avec l'amour*. Il a cette manie de répéter
souvent, et dans les moments les plus imprévus :
« Moi qui suis de si bonne naissance ! » Il dit quel
que part à Vasantasena : « Oses-tu bien me repous-
ser du pied comme une charogne ? Tu profanes
cette tête si chère que ma mère et ma grand'mère
ont caressée et lavée tant de fois ? » Seulement, il est
moins inoffensif que les pupazzi de Musset. Il a des
plaisanteries à la Caligula. Après avoir couvert d'in-
jures un religieux qu'il a rencontré dans ses jardins,
il lui dit : « Reste là, il faut que je prenne conseil.
— De qui ? — De mon cœur. » Et, se recueillant :
« Mon petit cœur, je ne vous ai jamais fait de peine ;
maintenant répondez-moi : Faut-il que ce religieux
s'en aille ou qu'il reste ? » Et, ayant réfléchi une
minute, il dit à son précepteur : « Maître, j'ai pris
conseil de mon cœur. — Et que vous a-t-il répondu ?
— Il m'a répondu : « Qu'il ne parte ni ne reste,
« qu'il ne veille ni ne dorme. » — Ce qui veut dire ?
— Ce qui veut naturellement dire : « Qu'il soit à
« l'instant mis à mort. » — Prince, si vous écoutez
votre cœur, vous n'avez pas fini. C'est un maître
capricieux et qui vous mènera loin. — Tu as raison.
Après tout, qu'ai-je à faire des conseils de mon
cœur ? (*Au religieux*) : Va-t'en, mais va-t'en vite,
car si je te rattrape... Hommage à Bouddha ! Ah !
ah ! je lui ai fait une peur ! » Samsthanaka a une

impiété d'empereur romain. Il a, comme un Néron ou un Héliogabale, le sadisme burlesque. Lorsque, son cocher ayant refusé de tuer Vasantasena, il se décide à l'étrangler lui-même, à l'étrangler « lentement », ses discours ont une étrange saveur, et la monstrueuse vérité en paraît profonde : « C'est maintenant que je te posséderai, la belle aux dents blanches ! Fille à grimaces, j'aurai la dernière de tes grimaces ! Maintenant, tire la langue comme un chien !... Tu es à moi, je te tiens, je te tue. Oh ! comme tu soupires ! Quelle volupté ! Voici que ses yeux se révulsent dans un dernier spasme. Fille d'amour, as-tu jamais connu des jouissances pareilles ! Moi je te possède comme on ne t'a jamais possédée. Tu es à moi, Vasantasena, ma chatte aux yeux blancs. Regarde-moi, regarde encore ! Tu es à moi, je te tiens, je te tue... ah ! meurs ! (*Il la jette sur le sol.*) Elle est morte. Ce n'est pas difficile de tuer. Et c'est moi qui l'ai tuée... comme un héros, je l'ai tuée. Quand le vieux chacal (le précepteur) et le cocher reviendront, ils seront bien surpris. Je suis certain que le vieux chacal ne me croyait pas capable de tuer quelqu'un... moi qui suis de si bonne naissance... »

Voilà un joli monstre. Mais quel aimable saint que Tchâroudatta ! Il a toutes les vertus, détachement, charité, héroïsme. Mais il n'a rien ni d'un ascète, ni d'un illuminé, ni d'un cuistre. C'est vraiment un « honnête homme » et un gentilhomme. Sa sainteté est d'une politesse exquise. Il y a, dans son attitude à l'égard de Vasantasena, à la fois la douceur de Jésus pour Madeleine, et l'irréprochable courtoisie d'un comte d'Orsay envers toutes les femmes. Tchâroudatta a l'évangile chevaleresque Lorsque Vasantasena, au premier acte, se réfugie chez lui, il la prend d'abord, dans les ténèbres, pour sa servante et lui dit : « Va voir si mon fils Rohasena, qui dort dans la chambre haute, n'a pas froid. » Mais, quand il a reconnu son erreur : « Cette jeune femme, dit-il, a choisi la demeure du pauvre pour s'y abriter. Oh ! ceci m'est précieux. » Et, dans un sentiment tout à fait renanien : « Cette courtisane belle entre toutes a relevé ma condition misérable au-dessus des plus hautes. » Puis, à Vasantasena : « Souffrez que je vous adresse mes hommages comme à une divinité, et pardonnez-moi la faute que j'ai commise envers vous, quand je vous chargeai d'une besogne de servante. »

Et il y a un délicieux voleur philosophe, Çarvilaka. Çarvilaka fait en même temps songer aux insurgés romantiques (moins l'emphase), aux individualistes ibséniens, et à certains anarchistes lettrés. S'il vole, c'est pour racheter sa maîtresse, qui est esclave ; et, s'il pratique la « reprise personnelle », c'est avec des scrupules distingués, un rare sentiment des nuances, une extrême délicatesse sur les moyens, et une possession de soi qui sent son homme supérieur. « Oh ! dit-il à sa maîtresse en lui apportant le coffret volé, je n'ai pas dépouillé une femme, je n'ai pas enlevé un enfant. Au moment de l'action, mon esprit libre savait ce qu'il convenait de faire et ce qu'il fallait éviter. » En dérobant la cassette, il s'est écrié plaisamment : « Que Madanika me pardonne, la jolie Madanika, pour l'amour de qui je me suis fait voleur, moi brahmane, fils de brahmane, versé dans l'étude des quatre Védas ! » — Le larcin consommé, il dit des choses vraiment profondes. Il s'étonne de n'être pas tranquille : « C'est le mensonge du poids inévitable des œuvres qui est lourd à porter. Et, cependant, celui qui vient au monde riche de biens mal acquis ne se fait pas faute d'en jouir par scrupule de conscience. D'où vient cela ? C'est qu'il a oublié, et que le monde est neuf pour lui. Ainsi je renaîtrai avec la pureté de l'enfant qui ne se souvient pas et je dirai : « L'or est une force aveugle, bonne à toutes fins, et je l'ai captée pour un noble usage : je forgerai avec ces chaînes d'or la liberté de mon amie et la paix de notre existence. »

Ce voleur est donc un galant homme qui a sa morale personnelle. Il est capable d'accomplir un grand devoir, pourvu qu'il l'invente et le choisisse. Lorsqu'il apprend qu'Aryaka, le bouvier révolutionnaire, est en prison, il n'hésite pas, il dit : « Je suis avec cet homme... D'un côté, il y va de mon tranquille bonheur, et, de l'autre, de la vie de mon ami, de l'intérêt de tous et de l'accomplissement des volontés supérieures. L'homme qui se considère seul ne connaît pas les grandes joies du dévouement. » Sur quoi Vasantasena fait cette réflexion, digne d'une héroïne d'Ibsen : « Son courage inutile me séduit comme une chose belle. » Très noblement, Çarvilaka prend congé de la courtisane et de sa soubrette pour aller combattre dans l'armée des révoltés. Et, Vasantasena lui ayant dit : « Vous n'avez pas toujours vécu dans ces sentiments là ? — Oh ! répondit-il en bon ibsénien, la vie n'est pas simple... Mais je me suis toujours écarté des conditions ordinaires de l'existence. »

En somme, si l'on regarde les faits, *le Chariot de terre cuite* est sans doute un drame bouddhique, c'est-à-dire évangélique ; vous y trouverez la pitié, l'amour des faibles (*misereor super turbam*), la haine des mensonges sociaux et le mépris des autorités constituées, la courtisane rachetée par l'amour, le voleur purifié ; et le voleur et la courtisane fort supérieurs, même avant leur rachat et leur purification aux pharisiens et aux riches sans entrailles, etc.. Mais c'est que la littérature est presque toujours révolutionnaire, puisque son objet est essentiellement (sauf accidents) de nous présenter ou de nous suggérer des images redressées de la vie, et de nous la faire voir ou de nous la faire souhaiter plus belle, ou plus harmonieuse, ou plus conforme à la justice. Le drame de Soudraka exalte les humbles et rabaisse les puissants comme les romans de Hugo, que dis-je ? comme les mélodrames de M. d'Ennery

Seulement, il y met plus de finesse. L'Evangile élégant qu'il nous prêche (et qui n'est ni humble ni chaste) est déjà selon le goût ou le caprice des plus voluptueuses intelligences d'à présent. Ce que je sens chez Tchâroudatta, Vasantasena et Çarvilaka, c'est une sorte de dilettantisme miséricordieux. L'auteur de ce rêve de charité piquante et paradoxale, le subtil roi Soudraka (si c'est lui), me paraît révolutionnaire à la façon d'un journaliste et me semble bouddhiste tout justement comme Anatole France. J'ai idée que, s'il fut roi, il ne renonça ni à sa couronne ni à ses trésors, et qu'il jouit jusqu'au bout des iniques avantages qu'il tenait de la destinée. Il a trop d'esprit et trop d'ironie. L'âme de Jésus, et peut-être aussi celle du Bouddha, est absente de son rêve gracieux et hardi de révolté en chambre.

Ce n'en est pas moins un émerveillement de rencontrer, il y a dix-huit siècles, un pareil fruit de culture humaine, et si consommée, et si savoureuse, et si inquiétante déjà. Elle nous apprend, cette fantaisie si spirituelle, si tendre, si perverse, et quelquefois si profonde, qu'il y eut avant nous, bien longtemps avant nous, des curieux qui ont tout compris et tout entrevu, qui ont su jouir et tour à tour se détacher de tout, qui sont revenus au sentiment par le chemin de la critique, qui ont connu toutes les plus douces ou les plus orgueilleuses façons de concevoir le monde ou de prendre la vie, qui ont dit le dernier mot ou, plus exactement, les divers derniers

mots des choses, et qui les ont dits très joliment.
J'ai pu, à propos de la comédie de Soudraka, et sans
effort et sans vain désir de vous étonner, nommer
Musset, Henri Heine, Voltaire, Ibsen, Renan. J'aurais
pu nommer aussi Homère, Euripide et Shakespeare,
— et j'aurais pu nommer MM. Jaurès et Barrès...
Ah ! qu'il était inutile que nous venions ! et que
diable faisons-nous sur la terre, je vous prie ?

Vous ai-je dit que le bon roi Soudraka était, par
surcroît, « homme de théâtre » ? que deux actions
s'entrecroisaient avec aisance dans sa comédie pour
concourir au même dénouement ? que les « scènes
à faire » étaient faites, — et très adroitement filées,
quoique avec un peu de lenteur et de flânerie ? Pour
le fond, j'ai essayé de vous donner quelque idée de
ce qui s'y trouvait. J'avoue que rien, dans les
théâtres grec, anglais et français, ne me paraît supérieur à cette comédie indienne.

KALIDASA

Théâtre de l'Œuvre : *L'Anneau de Çakountala*, comédie héroïque de Kâlidâsa, traduction de M. A.-Ferdinand Herold.

Comme *le Chariot de terre cuite*, le délicieux conte de Çakountala nous fait sentir que l'Inde est notre antique berceau, et que nous n'avons aucune peine à entrer dans les subtiles et tendres inventions de ses poètes, tant nous nous y reconnaissons encore.
La « comédie héroïque » de Kâlidâsa est fort connue. Faut-il vous rappeler la rencontre de Çakountala et du roi Duhshanta dans l'ermitage fleuri ? Ils s'aiment et se le déclarent avec la soudaineté magnifique de Roméo et de Juliette. Le roi, obligé de rentrer dans sa ville, laisse à Çakountala son anneau. Quelque temps après, la jeune femme, s'apercevant qu'elle va être mère, se dispose à aller trouver le roi. Mais à ce moment, tout absorbée dans la pensée de son amour, elle n'entend pas un ascète

mendiant qui lui demande l'hospitalité ; et l'ascète, irrité, jette sur elle cette malédiction : « O femme, celui vers qui s'en vont tes rêves, celui qui règne sur ton âme si impérieusement que tu méprises l'hôte vénérable qui passe, ton roi va t'oublier. Il ne saura plus qu'il te vit, il ne saura plus qu'il t'aima. » Toutefois, supplié par une servante qui a entendu l'imprécation, le moine ajoute : « Ce que j'ai dit ne peut être vain ; mais je consens que la malédiction cesse, le jour où sera présenté au roi Duhshanta un bijou, signe de reconnaissance. »

Et donc, lorsque Çakountala se présente au roi, il ne se souvient plus d'elle, et la prend pour une intrigante. Elle veut lui montrer alors la bague de leurs fiançailles ; mais elle ne l'a plus à son doigt, elle l'a perdue en se baignant dans un fleuve. Et elle regagne tristement l'ermitage.

Cependant, l'anneau ayant été trouvé par un pêcheur dans le ventre d'un poisson et porté au roi, le roi se souvient. Il s'en va dans l'ermitage à la recherche de la pauvre méconnue. Il y rencontre d'abord un bel enfant qui joue avec un lionceau, et qui est son fils et celui de Çakountala. Puis Çakountala paraît, et « voilà nos gens rejoints ».

C'est un gentil conte d'amour, qui rappelle assez exactement, par le ton, par la naïveté coquette, par la grâce maniérée, même par l'attirail de la rhétorique amoureuse (car les « flammes », les « flèches » et les « chaînes » sont des images qui viennent de loin et qui furent fraîches avant d'être fanées), certaines œuvrettes du dix-huitième siècle : *le Triomphe de l'amour* de Marivaux, ou tel opéra-comique de Favart. Mais, pourtant, il y a là encore autre chose.

Et d'abord, il vous est loisible, si vous y tenez, de voir, dans l'aventure de Duhshanta et de Çakountala, quelque symbole, — profond, naturellement (les symboles le sont à peu de frais), — analogue à celui de l'histoire de Psyché ou à ceux de la tétralogie wagnérienne. Un peu avant l'arrivée de Çakountala au palais, le roi entend une chanson de la reine Hamsavati, qui exprime la douleur d'une femme abandonnée, et il en est troublé plus que de raison. « Je ne sais, dit-il, quels sentiments j'éprouve. De nulle femme je ne suis épris ; et pourtant, à entendre cette chanson, je suis devenu mélancolique, et il me semble que je suis séparé d'un être aimé. Souvent, ainsi, dans une vallée gracieuse, à la mélodie d'une voix pure, l'homme le plus heureux souffre une soudaine tristesse : *c'est sans doute qu'il se rappelle les amours oubliées d'une vie antérieure.* »

C'est, sous une autre forme, le vers de Lamartine, si connu qu'on n'en conçoit plus entièrement la splendeur :

L'homme est un dieu tombé qui se souvient des cieux.

Souvenir vague : pour qu'il se précise, pour que l'homme prenne conscience et de son origine et de sa fin divines, il faut qu'il se rapproche de l'idéal de pureté et de bonté dont il porte en lui la nostalgie ; et pour cela, il faut qu'il passe par l'épreuve de la souffrance Alors, Dieu lui enverra un signe ; Dieu lui montrera « l'anneau » de sa promesse. L'anneau de Çakountala signifie la révélation claire et rapide, à certaines heures et après que nous avons bien agi et avec effort, de nos destinées supérieures ; il nous explique à nous-mêmes les nobles inquiétudes de notre âme, et récompense du même coup les vertus dont ces angoisses furent les mystérieuses génératrices... Et si cette interprétation du symbolique anneau ne vous convient pas, vous en trouverez aisément quelque autre...

Mais ce qui, surtout, en dépit des flammes, et des flèches, et des chaînes, et des madrigaux et des romances, différencie cette piécette indoue des bergeries mièvres du siècle dernier, c'est le pieux et joyeux « naturalisme » (au sens vrai de ce malheureux mot) dont elle est tout imprégnée. Jamais l'humanité n'a été plus mêlée à la nature, ni à une nature plus riche, plus douce et plus belle. Tous les personnages vivent dans la plus profonde intimité avec les fleurs, les arbres et les bêtes. Et c'est pourquoi *l'Anneau de Çakountala* abonde en images qui nous sont encore neuves après dix-neuf siècles, parce qu'elles furent directement senties et perçues. En voici que je cueille véritablement au hasard : « ... Les buffles se baignent aux étangs et, des cornes, y luttent avec leur reflet. » — « Le chasseur est habile à toucher de la flèche un but qui bouge sans cesse... » — « ... Si l'on veut boire, on ne trouve que des ruisseaux tièdes, où s'infusent des feuilles mortes... » — Et les comparaisons, toutes si frappantes, si inattendues et si justes! « Je ne puis contraindre ma pensée à oublier Çakountala. Mon corps marche en avant, et mon âme retourne en arrière, rebelle : ainsi fait l'étoffe d'un drapeau que l'on porte contre le vent. » — « O belle, belle, tu pars, et jamais tu ne quitteras ma mémoire. Ainsi l'ombre, à la fin du jour, grandit, mais ne quitte pas le pied de l'arbre. » — « Voilà un homme heureux. Il lui semble qu'il descend du pal pour monter sur le dos d'un éléphant. » — « O vierge délicate, l'amour te brûle, et, moi, il m'a tout consumé : le soleil clôt seulement la corolle des lotus, et il tue Candra, le dieu nocturne qui les aime. » — « La folie m'avait dompté ; j'errais dans la nuit, ignorant et pareil à l'aveugle qui jette avec horreur une guirlande fleurie, de peur qu'elle ne soit un serpent. » — Et les paroles d'amour, qu'il y en a de jolies ! « Depuis que je l'ai vu, il me semble que mes anciennes affections me quittent et que de nouvelles arrivent. Quel est ce trouble, inconnu dans la forêt sainte ? » Lorsqu'une des amies de Çakountala supplie le roi de secourir la jeune fille et de lui sauver la vie : « O Priyamvada, répond-il, tu me demandes de me donner le bonheur. » Et que dites-

vous encore de ce petit tableau digne de l'*Anthologie :*
« Çakountala baissait les yeux ; quand elle souriait, elle feignait de ne pas sourire vers moi, et elle ne savait ni cacher ni montrer qu'elle était amoureuse. »

Est-il nécessaire d'ajouter que *l'Anneau de Çakountala*, idylle exquise (un peu lente par endroits), n'offre ni la subtilité et la profondeur de pensée, ni l'ironie supérieure de ce *Chariot de terre cuite*, dont M. Victor Barrucand nous a donné, l'an dernier, une traduction si intelligente ?

Plus fidèle, je crois, la traduction de *Çakountala* par M. Ferdinand Herold ne m'a pas paru moins heureuse. Et je dois dire aussi que la comédie de Kâlidâsa a été fort agréablement, sinon jouée, du moins psalmodiée.

CREBILLON

Odéon : Conférence de M. Francisque Sarcey sur *Atrée et Thyeste*, tragédie en cinq actes, de Crébillon.

Ne trouvez-vous pas qu'il y a bien longtemps que je ne vous ai rapporté les propos de mon maître et que je ne vous ai versé le vin généreux de sa parole publique, tout frais sorti de la tonne ? Et ne confesserez-vous point que cela commençait à vous manquer ? Je l'avais compris, et c'est pourquoi j'ai fidèlement recueilli pour vous les derniers enseignements épanchés, dans le studieux Odéon, par ce conférencier de si peu de morgue et de tant d'ampleur. Il s'agissait d'*Atrée et Thyeste*, sujet plutôt sévère et, à vrai dire, peu excitant. Mais qu'importe à Sarcey ? Sa joie est en lui. Il eût été certes impossible ni de conter plus gaiement une histoire plus lugubre, ni de donner, aux considérations techniques qui ont suivi, une forme plus lumineuse et plus vivante. J'espère que vous vous en apercevrez :

mais je vous préviens que, si mon résumé est exact et pieux, ce n'est toutefois qu'un résumé, et auquel manqueront le geste, et la voix, et l'accent, et la neige de la barbe, et les roses du teint, — et le ventre.

— « Mesdames et Messieurs, j'ai à vous entretenir d'une chose disparue. La tragédie d'*Atrée et Thyeste* n'a été reprise qu'une fois, à la Comédie française, en 1864. Elle eut deux représentations. J'écrivis dans mon feuilleton : « J'en parlerai la semaine prochaine »... et je n'en ai jamais parlé.

Crébillon n'est plus qu'un nom. Pourquoi? C'est qu'il n'apportait qu'une sensation nouvelle, mais non point une nouvelle « formule ».

De 1677 à 1707, c'est, chez nous, un torrent de tragédies. Un torrent? Non, mais plutôt une vaste et morne et monotone flaque. Toutes ces tragédies sont la même tragédie, et quelle tragédie!

Sur le Racine mort le Campistron pullule,

a dit Hugo. Et cela, pendant trente ans!

Si je dis ça, c'est pour faire prendre patience aux jeunes gens. Il faut du temps pour renouveler une forme d'art, et il y a des périodes où ça ne va pas. Un an, dix ans, trente ans, ce n'est rien dans l'histoire de la littérature.

Arrivent les tragédies de Crébillon. Il apporte, lui, comme je l'indiquais, une sensation nouvelle, celle de la terreur à son paroxysme. Puis, c'est Voltaire avec sa note particulière, son pathétique brillant et facile, son joli romanesque...

Et, après Voltaire et Crébillon, sous l'Empire, sous la Restauration, même sous la monarchie de Juillet, la tragédie se remet à couler d'un flot pâle et ininterrompu. Et de tout cela, il n'est resté que deux ou trois noms, — et pas une œuvre.

... Je suis bien obligé cette fois de vous raconter la pièce, car je vous défie bien de la comprendre à une première audition.

Les héros du drame appartiennent à cette affreuse famille des Atrides, race d'horreur et de scandale, où l'on s'entretue et l'on s'entremange de génération en génération, et où la seule figure un peu reposante est celle de Ménélas; à ces Atrides enfin qui sont les Rougon-Macquart de l'antiquité.

Atrée et Thyeste sont restés célèbres entre ces Rougons. Voici le roman imaginé, à leur propos, par Crébillon. Et je vous prie ici de vous suspendre à mes lèvres, car l'affaire est un peu compliquée.

Atrée est roi d'Argos.

Son frère Thyeste est roi de Mycènes.

C'est bien compris?

Atrée a épousé Érope. Thyeste la lui enlève. Atrée, furieux, assiège et saccage Mycènes, et reprend Érope.

Quelques mois plus tard, Érope met au monde un enfant. Elle est sûre, paraît-il, que cet enfant est de

Thyeste. Elle écrit donc au roi de Mycènes : « Je viens d'avoir un fils, Plisthène, qui est de vous. Je vous aime, je meurs pour vous. Ce fils me vengera. »

Mais Atrée surprend ce billet. Il entre dans une colère effroyable; puis une idée infernale lui traverse le cerveau, et il s'écrie avec un rire sarcastique : « Ah ! ah ! ah ! ah ! ce Plisthène est le fils de mon frère ? C'est bien. Je le ferai passer pour mon fils, et, quand il aura vingt ans, je lui dirai : « J'ai à « me plaindre de Thyeste : tu vas me le tuer. » Et ainsi j'aurai la joie de faire tuer le père par le fils. »

Puis, Atrée empoisonne Erope.

Tout cela (et encore j'élague certaines complications : car Atrée a déjà un enfant en nourrice, un enfant qui est bien de lui, et il fait substituer le petit Plisthène à cet enfant, lequel a l'esprit de mourir bientôt pour déblayer la situation), tout cela, dis-je, est exposé dans le premier acte, sous la forme d'interminables et inextricables récits rétrospectifs.

Vingt ans après :

Plisthène est un jeune homme loyal, généreux, accompli, un jeune premier de l'Ambigu. Atrée lui dit : « Mon fils, jure-moi de faire ce que je t'ordonnerai. » L'autre jure. Alors Atrée : « Va reprendre Athènes, que Thyeste m'a volée, et tue-le ! — Mais, dit Plisthène, c'est mon oncle ! — Tu as juré ! » dit Atrée. Et Plisthène demeure fort perplexe.

Néanmoins, Atrée et le bon jeune homme s'en viennent, avec une flotte, à Chalcis en Eubée, d'où ils menacent Athènes. Pendant ce temps là, Thyeste, ayant eu vent qu'on allait l'attaquer, s'est dirigé vers Argos, la capitale de son frère. Mais une tempête le jette sur le rivage d'Eubée. Plisthène s'y trouve à point pour sauver, *sans le connaître*, Thyeste, — et sa fille Déodamie, dont il devient instantanément amoureux.

« Je vais, dit-il aux naufragés, vous présenter à mon père Atrée. — C'est trop de cérémonie, dit Thyeste, et, d'ailleurs, je suis malade. — Et moi, dit Déodamie, je voudrais bien rentrer chez nous. Ne pourriez-vous, mortel généreux, nous prêter un petit navire ? — Il faut, dit Plisthène, demander cela à mon père. » Bref, Déodamie comparaît, — seule, — devant Atrée.

Ici, Mesdames et Messieurs, ne vous étonnez point que ma physionomie exprime la plus vive satisfaction. Car, il n'y a pas à dire, la scène à faire est faite, et elle est d'un homme de théâtre. Atrée demande à la jeune fille : « Où voulez-vous aller ? — Je veux, dit-elle, retourner à Byzance. — Mais ce n'est pas de Byzance que vous veniez ; votre équipage ni votre bateau n'étaient byzantins !... » La jeune fille s'embrouille. « Enfin, dit Atrée, pourquoi votre père ne vient-il pas ? — Il est malade, Monsieur. — Malade ? Nous allons bien voir. » Et, brusquement :

Gardes, faites venir l'étranger en ces lieux !

Il ne vous échappera point, Mesdames et Messieurs, que c'est là un coup de théâtre tout à fait estimable.

On amène donc Thyeste. Il répond avec sang-froid ; mais, tout en l'interrogeant, Atrée se dit : « Sapristi ! où donc ai-je vu cette figure-là ? » Enfin, il le reconnaît, rentre en fureur et s'écrie : « Qu'on le mène à la mort ! » Puis, se ravisant : « Ah ! mais non ! mais non ! j'oubliais mon plan. C'est son fils qui doit le tuer. Autrement je rate ma vengeance. »

Survient Plisthène, qui demande la grâce de Thyeste. « Méfions-nous, dit Atrée. Si je refuse, le garçon est capable de se révolter. Dissimulons ! » Et c'est pourquoi il fait semblant de se réconcilier avec son frère. « Je jure, dit-il à Thyeste, que ce jour verra la fin de ma haine. » Puis, tout bas, à un garde : « Fais partir d'ici les soldats fidèles à Plisthène. J'ai mon plan. »

Après quoi, resté seul avec Plisthène : « Tu as juré de tuer ton oncle ; tue-le ! — Mais, dit le jeune homme, vous avez juré, vous, de vous réconcilier avec lui. — Pardon ! j'ai juré que ce jour verrait la fin de ma haine. Tue-le, et, quand il sera mort, je ne le haïrai plus. Tu saisis la finesse ? » Mais Plisthène persiste dans son refus. Alors, Atrée : « Oui, oui, je sais, tu aimes ta cousine. Eh bien, je la tue, si tu ne tues pas ton oncle ! Et tiens, je te laisse avec lui. »

Mais le bon jeune homme ne veut décidément pas tuer son oncle. Il lui dit : « Mon oncle, fuyez ! » Et

Atrée survient là-dessus ; et il est de nouveau furieux ; et nous sommes à la fin du troisième acte ; et, pendant une bonne partie du quatrième, on piétine sur place ; et Thyeste, et sa fille, et Plisthène se désolent et ne font rien. Et Atrée médite : « Puisque ce garçon ne veut absolument pas tuer son père, même quand ce père n'est à ses yeux qu'un oncle, il faut chercher autre chose... C'est cela... J'ai trouvé... J'ai mon plan, mon troisième plan. »

Et, donc, faisant de nouveau le bon apôtre, il dit à Thyeste : « Mon cher frère, j'aime mieux tout vous avouer. Voici un billet qui prouve que Plisthène est votre fils. » Et il lui montre la lettre écrite par Erope il y a vingt ans (vous souvenez-vous ?). Plisthène, naïf, s'écrie : « Mon Dieu ! que je suis donc heureux qu'un si bon oncle soit mon père, et que mon ancien père reste mon oncle ! » La réconciliation, cette fois, semble définitive, et l'on doit la célébrer dans un banquet solennel.

Ce banquet, c'est le cinquième acte. Atrée, dans l'entr'acte, a fait égorger Plisthène, et a rempli du sang de cet infortuné la coupe de la réconciliation. Plisthène manque donc au festin. « Où est mon fils ? dit Thyeste. — Ne te mets point en peine : j'ai juré que rien ne vous séparerait plus », dit Atrée avec un sourire satanique. Thyeste alors trempe ses lèvres dans la coupe. Il y trouve comme un goût : « Mais c'est du sang ! — Oui, mon ami, tu as bu le sang de ton fils. Et maintenant je te permets de vivre, car je viens de te ménager une petite sensation que tu n'oublieras certainement plus. » Mais Thyeste se tue, et Atrée termine la fête par ce vers :

Je vais jouir en paix du fruit de mes forfaits.

Ouf !

Que viens-je donc, Mesdames et Messieurs, de vous raconter là ? Un roman ou, plus exactement, un mélodrame de l'Ambigu. Oui, tout Crébillon, c'est proprement du mélo versé dans le moule de la tragédie.

Or, la tragédie et le mélodrame, ce sont deux choses. L'intérêt de la tragédie est dans le développement des caractères et des passions ; l'intérêt du mélodrame est dans les combinaisons extraordinaires d'événements.

Au fond, qu'est-ce que nous voyons dans la tragédie ? Une passion, parvenue au dernier degré de violence, et qui se heurte contre un devoir ou contre quelque autre obstacle, et la lutte, le triomphe ou la défaite de cette passion. La forme convenable à une action dramatique de ce genre, le « moule » nécessaire, c'était le moule de Racine. Il avait fallu plus d'un siècle pour le trouver. Et, pourtant, c'était bien simple.

On dit que la tortue « sue » sa carapace. De même la tragédie devait suer son moule. Le sujet de la tragédie, c'est une passion à son paroxysme et enserrée dans une situation extrême : d'où les unités de jour et de lieu. De ce resserrement de l'action, toutes les conventions dérivent ; le passé est ramassé dans des *récits* rétrospectifs, écoutés par des *confidents* ; les sentiments précis des personnages sont ramassés dans des *monologues*, et leurs sentiments confus, dans des *songes*. Etc... Tout ça fait partie de ce que j'appelle le moule.

Une fois constitué, ce moule de la tragédie parut si beau que le public resta pendant deux siècles en admiration devant lui, et s'imagina qu'on y pouvait verser n'importe quoi... C'est que le public tient plus aux moules qu'aux choses qu'on met dedans... Le signe fait plus d'effet que la chose signifiée... Le drapeau tricolore symbolise plus d'idées (et quelquefois d'autres idées) que le gouvernement qu'il représente.

Donc Crébillon, dans le moule racinien, versa du mélodrame. Or, je l'ai dit, le mélodrame est, avant tout, une combinaison d'événements, de beaucoup d'événements. Comment pourront-ils tenir dans cette carapace étroite de la tragédie ? Tout y sera comprimé, mal à l'aise et de guingois.

Le seul élément proprement tragique d'*Atrée et Thyeste*, c'est la haine d'Atrée. Cela, en somme, est très court. Lorsque Atrée a dûment crié : « Je le hais ! je le hais ! » il n'a plus rien à dire ; tout ce qu'il peut faire, c'est de crier : « Je l'haïs-t-y ! » pour changer un peu. L'important, ici, ce sont les faits ;

et le moule adopté par Crébillon les estropie et les étouffe. A ce sujet de mélo, il fallait le moule du mélo.

Qu'eût fait notre d'Ennery?

D'abord notre d'Ennery eût fait un prologue. Je le vois, ce prologue, comme si j'y étais. J'y vois Erope, désespérée, écrivant à son amant avant de boire le poison préparé par son mari ; puis Atrée survenant, pinçant la lettre, et disant à quelque ténébreux valet qui est son âme damnée : « Prends l'enfant de cette femme, et porte-le dans le berceau de mon fils, » etc. Nous serions intéressés. Répandus dans les couloirs après le prologue, nous dirions : « C'est amusant. Voyons ce que cela va donner. » Notre curiosité serait piquée ; et, en outre, ayant assisté, non seulement aux fureurs, mais aux souffrances de ce mari outragé, nous serions moins surpris que, vingt ans plus tard, il n'ait pas encore digéré la pilule.

Au lieu de cela, quand, dans la tragédie de Crébillon, nous entendons Atrée dire à son confident : « J'ai été trompé il y a vingt ans, mais voici la vengeance atroce que j'ai machinée... » nous trouvons que ce mari a la rancune bien longue, et que, si la vengeance est un mets qu'il faut manger froid, c'est peut-être trop de le manger rance.

Je vois aussi très nettement le second acte d'*Atrée et Thyeste*, selon d'Ennery. Le naufrage serait mis sous nos yeux. Trémolo à l'orchestre. Eclairs sur la toile de fond. Sifflements dans la coulisse. Plisthène s'élancerait dans les flots. Il en ramènerait une belle jeune fille aux cheveux dénoués, mais très propre, et sans une goutte d'eau sur ses vêtements. On conserverait l'interrogatoire de Déodamie, qui est très bien fait. Mais, à ce vague portique, où la loi de la tragédie exige que tout se passe bon gré mal gré, on substituerait des décors variés et précis... A un moment, Atrée fourrerait Plisthène en prison : cela est tout indiqué. Et Plisthène dirait à son oncle et à sa cousine : « Soyez tranquilles ; je serai libre dans vingt-quatre heures. Je ne sais pas comment, mais j'en suis sûr. Je serai libre, et je reparaîtrai à l'instant opportun, et je vous sauverai Car, voyez-vous, au fond je m'appelle Mélingue. » Et nous verrions Mélingue dans son cachot ; et nous verrions son évasion, par une lime cachée dans un petit pain, ou par une échelle de corde, ou par le meurtre et sous les habits du geôlier, ou par une dalle que fait mouvoir un ressort secret, ou par quelque autre truc. Et nous assisterions ensuite au guet-apens tendu à Mélingue par Atrée. Et nous nous amuserions royalement parce que nous avons l'âme simple et que c'est tant mieux pour nous.

Voilà ce que Crébillon devait faire ; voilà ce qu'il aurait fait, s'il avait su.

Ainsi donc, Mesdames et Messieurs, — je crois bien que je me répète, mais cela m'est parfaitement égal, — la tragédie de Crébillon est une machine où les événements sont le principal, et où les événements sont étranglés. C'est une pièce de forme racinienne, et de contenu antiracinien ; une pièce où la matière et le moule appartiennent à des genres dramatiques différents, et même contraires ; bref, un monstre.

Ah ! le moule ! le moule ! Cette question du moule, c'est la grande question en littérature.

Et c'est pourquoi je me tourne vers les jeunes gens, et je leur dis : — Jeunes gens, vous voulez rajeunir le théâtre ; vous prétendez y apporter ou plus de vérité, ou plus de pensée, ou plus de psychologie. C'est bien, c'est très bien. Vous avez des idées nouvelles, j'y consens. Mais ça ne suffit pas. A ces idées nouvelles, il faut un moule nouveau. Avez-vous trouvé votre moule ? J'ai bien peur que non. Mais vous le trouverez, j'en ai la douce confiance. Et ce moule nouveau, ce sera peut-être quelque vieux moule déterré. Mais il vous en faut un. Car, voyez-vous, le public n'applaudit qu'aux moules...

Ici, des applaudissements et des éclats de rire couvrirent la voix de notre maître. « Nous pouffions. » M. Sarcey partagea l'hilarité générale. Et, quand il put placer un mot, il nous dit avec bonhomie : « Je suis tout de même fâché d'être applaudi juste à ce moment-là... »

Telle fut cette conférence où M. Sarcey se montra aussi bon « évolutionniste » que M. Ferdinand Brunetière. Seulement, M. Sarcey a le darwinisme plutôt gai.

ALFRED DE MUSSET

Théatre de l'OEuvre : *Carmosine,* comédie en trois actes, d'Alfred de Musset.

Malgré, peut-être, quelques retardements nonchalants ou complaisants au premier acte et dans le commencement du deuxième ; malgré trois ou quatre couplets brillantés de cet inévitable guitariste à toque de Minuccio, où l'on dirait que le poète se pastiche lui même, — *Carmosine* est, finalement, la plus délicieuse des comédies d'amour. Elle en est aussi la plus pure et la plus irréprochablement idéaliste. Elle nous rappelle que l'amour est divin ; elle nous enseigne à quelles conditions l'amour se crée son propre droit et réalise l'égalité des âmes, et comment il est « plus fort que la mort », et comment il se passe de la possession et n'est même proprement l'amour qu'à ce prix.

Carmosine, fille d'un médecin de Palerme, aime

le roi don Pèdre pour l'avoir vu dans un tournoi. « ... On ne m'ôtera pas de la tête, dit son père maître Bernard, qu'elle est tombée malade un dimanche, précisément en revenant de la passe d'armes. Je la vois encore s'asseoir là, sur cette chaise : comme elle était pâle et pensive ! *comme elle regardait tristement ses petits pieds couverts de poussière !* »

Cette jeune fille aime donc le roi, tout simplement. Et, parce qu'elle n'est pas une de ces petites filles de drame ou de roman, qui geignent, mais qui songent très positivement à épouser le fils du seigneur ou à être distinguées par lui ; parce qu'il n'est entré dans son âme ni espoir, ni orgueil, ni la moindre illusion ; parce qu'elle s'est tue ; parce qu'elle ne revendique d'autre droit que celui d'aimer, et d'en souffrir et d'en mourir, il ne serait au pouvoir de personne, son amour fût-il connu, de l'humilier à cause de cet amour. L'amour qui n'attend rien, et qui prétend seulement aimer, ne saurait essuyer de refus ni d'outrage. Le plus grand seigneur du monde ne s'indignera point d'être aimé d'une bergère ou d'une esclave ; et même, — pourvu que la façon dont il en est averti implique que la bergère ne prétend rien sur lui, fût-ce en pensée, — il ne pourra concevoir sans émotion qu'il y a quelque part une âme qui est à lui sans le dire ; et, dans le moment où il le concevra, il éprouvera nécessairement pour elle un peu, un tout petit peu de ce qu'il lui inspire. Et ainsi il peut y avoir, entre des personnes appartenant aux conditions les plus diverses, des échanges de sentiment qui expriment sans le savoir la divine égalité des âmes, et cela d'autant mieux qu'elles gardent plus exactement le respect des transitoires inégalités sociales.

C'est sans doute ce qu'entrevoit la petite Carmosine. Et voilà pourquoi elle veut, avant de mourir, que le roi sache qu'elle l'a aimé. Il n'y a là aucune présomption, aucun secret espoir vaniteux, puisqu'elle va mourir en effet. Mais elle désire être présente, un moment du moins, à l'esprit de celui pour qui seul elle a vécu, ne pas être pour lui comme si elle n'était jamais venue au monde. Elle désire qu'il pense à elle, ne serait-ce qu'une minute, et comme à quelque chose qu'il lui est impossible de haïr.

> Et j'ai monté devant sa face,
> Et la Nature m'a dit : « Passe ;
> Ton sort est sublime : *il t'a vu !* »

dit Lamartine, parlant de Dieu. Carmosine en dirait autant, parlant de son roi. Ce bonheur « sublime » que rêve son humilité amoureuse, elle sait que sa mort en est à la fois la condition — et le prix. Il faut qu'elle meure pour vivre dans la pensée de don Pèdre, pour y vivre à jamais défendue, soit de la raillerie de son royal et lointain amant, soit des surprises de sa propre faiblesse. Et elle accepte le marché, parce que son amour est plus fort que la mort, — les affres de la mort n'étant rien du tout auprès d'un contentement d'amour, quand c'est justement la mort seule qui peut assurer ce contentement.

Elle charge donc le bon et ingénieux chanteur Minuccio de révéler son secret au roi de Sicile : « ... Je sais combien il me convient peu d'avoir cet amour pour un roi, et j'ai essayé de m'en guérir ; mais, comme je n'y saurais rien faire, j'ai résolu, pour moins de souffrance, d'en mourir, et je le ferai. Mais je m'en irais trop désolée s'il ne le savait auparavant, et, ne sachant comment lui faire connaître le dessein que j'ai pris mieux que par toi (tu le vois souvent, Minuccio), je te supplie de le lui apprendre. Quand ce sera fait, tu me le diras, et je mourrai moins malheureuse. » Et c'est de ce discours que Minuccio compose la chanson que vous savez :

Va dire, Amour, ce qui cause ma peine...

La petite Carmosine en mourrait, comme elle le dit ; et tout de même ce serait dommage. Heureusement, la bonne reine de Sicile est là. Cette douce femme entre avec aisance dans le platonisme éperdu et naïvement subtil de la fille de maître Bernard et elle conçoit le remède qu'il y faut. Elle ne s'offense point que Carmosine aime le roi ; ou plutôt elle l'aime de l'aimer. La reine voit bien que ce que cette enfant adore dans le roi, qu'elle n'a vu qu'une fois et à qui elle n'a jamais parlé, c'est l'image idéale de beauté, de noblesse, de vaillance, de chevalerie qu'il a suscitée en elle et qui, pour elle, est restée liée à la figure terrestre de ce gentil prince. Elle sait que l'idée même d'une possession physique n'a jamais traversé l'esprit de Carmosine; car tout désir égoïste serait essentiellement contradictoire au sentiment que la jeune fille mourante éprouve pour don Pèdre. Même, la possession, — que Carmosine je le répète, ne souhaite ni peut-être ne se figure, — aurait pour effet d'abolir ou tout au moins de modifier ce sentiment si étrangement désintéressé. Car il n'y a sans doute rien de commun entre aimer un être, au sens vrai et absolu du mot, et en faire pour soi un instrument de sensation...

Donc, pour conserver au monde ce joyau d'amour et de noblesse morale qui est l'âme de Carmosine, l'exquise reine, avec une hardiesse légère de femme, pratique sur cette enfant une double opération sentimentale, extrêmement délicate.

La passion dont Carmosine est dévorée pour son roi et dont elle se meurt, elle la rend inoffensive en l'approuvant, elle, l'épouse du roi, en la faisant publique, et en lui donnant par là sa vraie signification. Comment serait-elle jalouse d'un sentiment qui ne prétend rien, et qui n'adore, chez don Pèdre, que ce que la bonne reine voudrait voir en effet adoré de tous? d'un sentiment dont l'essence même est d'être désintéressé, de purifier ceux qui l'éprouvent? Ce qui rend douloureux l'amour de Carmosine et ce qui l'expose peut-être aussi à devenir moins pur quelque jour, c'est l'idée qu'il est défendu et que, divulgué, il attirerait le mépris et la raillerie ; et c'est la nécessité de le tenir caché comme une blessure honteuse. Mais du moment qu'il peut être confessé par la jeune fille, du moment qu'il est accepté et honoré par ceux-là même dont elle redoutait le mépris, il cesse de lui être mortel ; et, du même coup, formulé tout haut et comme placé sous la garde des gracieux princes et de leur peuple, il échappe par là à tout danger de corruption ou de déviation. Et ainsi, en tirant au grand jour, pour le sanctifier, le secret de Carmosine, la reine la sauve à la fois de la mort et des embûches possibles de son cœur.

Mais ce n'est pas tout. Ce que Carmosine aime en don Pèdre, c'est, je l'ai dit, l'image idéale que la vue de don Pèdre lui a suggérée. Il s'agit d'amener la généreuse enfant, non point à détacher de la personne du prince cette image de ses perfections, mais à en découvrir et à en aimer la ressemblance dans un homme que Carmosine pourra épouser et avec qui elle pourra accomplir sa naturelle destinée de femme. Le charmant Périllo, qui aime Carmosine d'un amour tendre et héroïque, se trouve ici fort à propos. La reine subtile détourne donc sur Périllo un peu de la piété que la jeune Sicilienne ressent pour son roi. Et Carmosine y consent presque sans effort ; car, épouser Périllo afin de plaire au roi qui s'est déclaré son chevalier et qui veut porter ses couleurs, ce n'est point, pour elle, renoncer à son culte, mais c'est, essentiellement, y demeurer fidèle. Elle sera la « dame » du prince et la « femme » de Périllo sans trahir aucun des deux, puisque ce qu'elle adorait, c'est en réalité quelque chose de supérieur à l'un et à l'autre, et dont elle saisit seulement, à des degrés divers, le reflet chez l'un et chez l'autre... Et tout de même, quand Périllo, qui est jeune et ardent, l'aura serrée dans ses bras, ce sera peut-être bien dans Périllo que se concrétera décidément l'idéal de Carmosine ; et vous verrez qu'elle sera l'adoratrice de plus en plus tranquille du prince pour qui elle faillit mourir... C'est sans doute à quoi songe en souriant la reine Constance, qui n'a pas moins d'esprit que de bonté.

Toutes ces finesses platoniciennes sont bien au fond de la comédie de Musset. Mais comme elles y paraissent moins laborieuses que dans l'analyse que j'en ai tentée ! Ce n'est que grâce, lumière pure, ressouvenirs aisés de Pétrarque et des cours d'amour, — dirai-je des romans de Mlle de Scudéry et des comédies de Pierre Corneille ? — parfum répandu de délicate chevalerie, « sublimité » de sentiment tout élégante et aisée. Ecoutez ces propos :

« Oui, dit la reine, c'est le roi qui veut d'abord que vous guérissiez et que vous reveniez à la vie ; c'est lui qui trouve que ce serait grand dommage qu'une si belle créature vînt à mourir d'un si vaillant amour : ce sont là ses propres paroles. Appelez-vous cela du mépris? Et c'est moi qui veux vous emmener, que vous restiez près de moi, que vous ayez une place parmi mes filles d'honneur, qui, elles aussi, sont mes bonnes amies ; c'est moi qui veux que, loin d'oublier don Pèdre, vous puissiez le voir tous les jours ; que, au lieu de combattre un penchant dont vous n'avez pas à vous défendre, vous cédiez à cette franche impulsion de votre âme vers ce qui est beau, noble et généreux, car on devient meilleur avec un tel amour; c'est moi, Carmosine, qui veux vous apprendre que l'on peut aimer sans souffrir, lorsque l'on aime sans rougir, qu'il n'y a que la honte ou le remords qui doivent donner de la tristesse, car elle est faite pour le coupable, et, à coup sûr, votre pensée ne l'est pas... C'est encore moi qui veux qu'un époux digne de vous, qu'un homme loyal, honnête et brave, vous donne la main pour entrer chez moi ; qu'il sache comme moi, comme tout le monde, le secret de votre souffrance passée ; qu'il vous croie fidèle sur ma parole ; que je vous croie heureuse sur la sienne, et que votre cœur puisse guérir ainsi, par l'amitié de votre reine, et par l'estime de votre époux... »

Et plus loin, le roi :

« Belle Carmosine, je parlerai en roi et en ami. Le grand amour que vous nous avez porté vous a près de nous mise en grand honneur, et celui qu'en retour nous voulons vous rendre, c'est de vous donner de notre main, en vous priant de l'accepter, l'époux que nous vous avons choisi... Après quoi, nous voulons toujours nous appeler votre chevalier, et porter dans nos passes d'armes votre devise et vos couleurs, sans demander autre chose de vous, pour cette promesse, qu'un seul baiser.

« La reine, à Carmosine : — Donne-le, mon enfant, je ne suis pas jalouse.

« Carmosine, donnant son front à baiser au roi : — Sire, la reine a répondu pour moi. »

Voilà des pages au bas desquelles je mettrais volontiers ce que Voltaire voulait écrire au bas de toutes les pages de Racine

LABICHE

PALAIS-ROYAL : Reprise de *la Cagnotte* ; conférence de M. Francisque Sarcey.

... J'étais en retard de quelques minutes... Quand j'entrai dans la salle, IL disait :

— « ... A la répétition générale, Dormeuil fut atterré et déclara que c'était idiot. L'auteur répondit : « C'est bien possible, mais nous ne le saurons qu'après. » Le jour de la première, Dormeuil partit pour la campagne. Il ne devait revenir que lorsqu'on ne jouerait plus la pièce, tant elle le dégoûtait.

Il revint avant, car la pièce fut jouée trois cents fois.

Cette pièce, c'était *le Chapeau de paille d'Italie*.

Le public s'était dit tout de suite : « C'est ça que « je voulais, c'est bien ça ; c'est ça exactement. »

Qu'y avait-il donc de neuf dans ce chef-d'œuvre ?

Oh ! c'est bien simple. J'imagine que vous connaissez le sujet. Un monsieur escorté d'une noce poursuit un chapeau de paille à travers cinq actes, et ne le trouve qu'à la fin du cinquième. Je vous devine : vous vous dites que ce n'est pourtant pas là un miracle de l'esprit humain. Soit : mais enfin on n'avait jamais mis ça au théâtre. L'idée de cette chasse éperdue, il fallait l'avoir, et personne ne l'avait eue avant Labiche.

Je me trompe : l'embryon de l'idée du *Chapeau de paille* était dans Molière, parce que tout est dans Molière. C'est M. de Pourceaugnac poursuivi par les matassins qui le couchent en joue ; disparaissant par une porte, rentrant par une autre, toujours menacé par les facétieuses seringues, et finissant par se précipiter dans le trou du souffleur...

Et, si cette idée est dans Molière, c'est qu'elle était dans la comédie italienne ; et, si elle était dans la comédie italienne, c'est qu'elle est dans la nature. Un gamin attache une casserole à la queue d'un chien ; le chien fuit épouvanté ; tous les galopins du village se mettent à sa poursuite ; les hommes s'en mêlent ; les commères sortent de leurs maisons, attirées par le vacarme ; le flot les entraîne et les roule ; il y en a qui tombent à jambes rebindaines ; on rit, on crie, on se bouscule, on échange des plaisanteries et des renfoncements, et c'est, dans tout le pays, une course désordonnée, une ruée joviale : *tumultus gallicus*.

Voilà le schéma du *Chapeau de paille d'Italie*... Ce que Labiche apportait, c'était un moule nouveau. Une fois ce moule trouvé, on mit dedans tout ce qu'on voulut : on y versa cinq ou six cents vaudevilles.

Un négociant du Marais distingue une de ses ouvrières et lui donne rendez-vous dans une guinguette pour le second acte... Mais, par un joyeux hasard, les commis et les demoiselles de magasin, — et, si vous voulez, la patronne elle-même, — s'y trouvent en même temps que le patron... Vous connaissez cela ; vous l'avez vu cinq ou six cents fois. Ce sont toujours, au fond, les mêmes fuites et poursuites entre-croisées, et c'est *les Dominos roses*, et c'est *Monsieur chasse*, et c'est l'*Hôtel du Libre-Echange*...

Treize ans après, Labiche, avec *la Cagnotte*, inaugura un second moule. C'était encore celui du *Chapeau de paille*, — mais avec quelque chose de plus. Quoi donc ?

La Cagnotte, c'est toujours *le Chapeau*, mais c'est *le Chapeau* après *la Dame aux camélias*, après *Madame Bovary*, après les études de critique expérimentale de Taine. Parfaitement !

Vous savez que la grande originalité de Dumas, dans *la Dame*, c'est de nous avoir montré, sur les planches, des gens qui, au travers de l'action principale, font un tas de petites choses ordinaires et qui parlent, le plus souvent, le langage vrai de la conversation ; bref, d'avoir apporté au théâtre plus de vérité... Je me souviens que, toutes les fois qu'on parlait à Barrière de *la Dame aux camélias*, ou plutôt toutes les fois qu'il vous en parlait (car c'était lui qui y revenait toujours), il criait que Dumas l'avait volé ; que Marguerite, c'était Mimi ; qu'Armand, c'était Marcel ; que le père Duval, c'était l'oncle Durantin. Il oubliait que le grand et neuf mérite de la pièce de Dumas n'était point dans la fable, mais dans le ton, dans l'accent, dans le geste, et, si je puis dire, dans l'atmosphère dont l'action est enveloppée. On se sent là en pleine vie réelle.

Eh bien, Mesdames et Messieurs, un peu de cette vie a pénétré jusque dans le vaudeville, avec *la Cagnotte*. Les personnages du *Chapeau* n'étaient encore que des fantoches. Mais tout le premier acte de *la Cagnotte* pourrait être celui d'une comédie de mœurs. *La Cagnotte*, c'est bien toujours *le Chapeau*, mais teinté de réalité. *La Cagnotte*, c'est *la Dame aux camélias* du vaudeville. »

Ainsi s'exprima, ou à peu près, la verve hardie de mon bon maître. Il ajouta quelques considérations sur la rencontre providentielle de Labiche avec Geoffroy, sur l'heureuse conjonction de ces deux ventres et sur l'intime union spirituelle de ces deux génies, l'auteur ayant trouvé dans le comédien son personnage idéal, et l'idiosyncrasie du comédien ayant aidé l'auteur à concevoir et à perpétrer ses types. Le bourgeois domine et remplit l'œuvre entière de Labiche, parce que Geoffroy, c'était le Bourgeois, — et que, au surplus, le Bourgeois, c'était aussi Labiche. O harmonies !

Mon maître joignit à cela l'éloge des interprètes actuels de *la Cagnotte :* Milher, Calvin, Luguet. Il confessa que le genre dont *la Cagnotte* est le chef-d'œuvre, et qui nous a amusés pendant trente ans, avait peut-être bien quelques rides.

« Qu'importe ! Les comédies de Regnard en ont bien ! Ce Regnard, qui a tant diverti la fin du dix-septième siècle, assomme à présent quelques renchéris. Moi, je l'aime toujours, parce que je suis un être gai par essence. » Enfin, mon maître fut beau et merveilleusement plaisant. L'âme même de l'ancien Palais-Royal, du Palais-Royal de la grande époque, parlait par sa bouche. Il semblait qu'il fût, lui aussi, de la troupe héroïque.

Et, en finissant, il nous fit remarquer, avec une exquise pudeur, que presque tout le répertoire de Labiche pouvait être vu des demoiselles.

HENRIK IBSEN

L'Œuvre : *le Petit Eyolf*, drame en trois actes, de M. Henrik Ibsen, traduction de M. le comte Prozor.

Si l'on oublie la préface, d'ailleurs curieuse et belle d'enthousiasme, de M. Prozor, esprit généreux, mais qui excelle à embrouiller ce qu'il veut éclaircir, et si, dans la pièce elle-même, on considère uniquement les entretiens d'Alfred Allmers et de sa femme Rita, *le Petit Eyolf* apparaîtra comme un drame très simple, très clair, très moral, et même de plus d'élévation peut-être que d'originalité.

A vrai dire, tout le drame est dans trois scènes, sans plus.

1º — Nous sommes au bord d'un fjord, naturellement ; chez Alfred Allmers, « propriétaire foncier, homme de lettres, ancien professeur au cachet », enrichi par son mariage. Sa femme, Rita, est une créature passionnée, épouse-amante, nullement mère. Ils ont un fils de neuf ans, Eyolf, infirme, et qui se traîne sur une béquille pour être tombé d'une table étant tout petit. Au fond, ils n'aiment pas cet enfant, dont la vue leur est désagréable.

Mais, au moment où le drame commence, Allmers descend de la montagne, où il a fait une sorte de retraite spirituelle. Il dit à sa femme : « J'ai bien réfléchi là-haut, et j'ai pris de bonnes résolutions. Désormais, je veux être un père pour Eyolf, m'occuper beaucoup de lui, faire tous mes efforts pour qu'il sente le moins possible son infirmité, et pour qu'il devienne un homme distingué, et pour qu'il soit bon, et pour qu'il soit heureux. Nous lui devons bien cela. » Là-dessus, Rita se déchaîne : « Eh bien ! et moi ?... Je veux que tu sois toujours tout à moi, toujours à moi seule. — Je dois, dit Allmers, me partager entre toi et Eyolf. — Et si Eyolf n'était pas né ? — Ceci est une autre question. Alors, sans doute, je n'aurais eu que toi à aimer. — En ce cas, dit Rita, je voudrais ne l'avoir jamais mis au monde. » Et un peu plus loin : « Tu ne peux pas prononcer le nom d'Eyolf sans émotion, sans que ta voix tremble... Ah ! je souhaiterais presque... »

Or, à peine cette phrase mauvaise lui a-t-elle échappé, on entend des cris du côté de la mer. « Un enfant noyé ! » C'est le petit Eyolf qui est tombé à l'eau. Les gamins qui jouaient sur la plage « ont vu flotter la béquille »...

2° — La seconde scène est celle où s'établit, entre les deux époux désespérés et mornes, dans une conversation douloureuse et presque haineuse, le bilan des responsabilités.

Si l'enfant est mort, c'est qu'il ne savait pas nager ; s'il ne savait pas nager, c'est qu'il était boiteux ; et, s'il était boiteux, c'est que son père, et surtout sa mère, se sont aimés trop charnellement. « Tout cela, dit Allmers, c'est ta faute. — Alfred ! dit Rita, il ne faut pas tout rejeter sur moi ! — Si ! Si ! C'est toi qui as laissé le petit nourrisson seul sur la table. — Il était si tranquille dans l'édredon ! Il dormait d'un si bon sommeil ! Et tu avais promis de veiller sur l'enfant. — Oui, je l'avais promis. Mais tu es venue, et tu m'as attiré chez toi. — Ah ! dis plutôt que c'est toi qui as oublié l'enfant et tout. — Oui, j'ai tout oublié... dans tes bras. »

Mais Allmers a autre chose encore à se reprocher que cette faiblesse d'un après-midi. Sa femme, du moins, s'est donnée à lui corps et âme ; mais lui, tout en subissant sa « beauté dévorante », n'a pas donné à Rita tout son cœur. S'il l'a épousée, c'était bien parce qu'il la désirait, mais c'était aussi parce qu'elle était riche, et c'était pour sauver de la misère sa demi-sœur Asta, qu'il adorait, et à qui il a gardé un sentiment si tendre et si particulier que Rita a presque lieu d'en être jalouse. Ce nom même d'Eyolf, dont il a baptisé son petit garçon, c'est celui dont il nommait jadis Asta, par badinage. Il a conservé l'habitude de la nommer ainsi, même devant sa femme, et dans ses plus intimes épanchements conjugaux. Rita, amèrement, le lui rappelle : « Oui, tu l'appelais Eyolf, ton Asta... je m'en souviens. Tu me l'as dit un jour, à une heure furtive et brûlante... » Et elle ajoute : « Ce fut l'heure où ton autre petit Eyolf est devenu infirme ! »

En résumé, la mort de leur enfant est le châtiment et, en quelque façon, la conséquence de ce qu'il y eut de désordonné et d'impur dans l'amour de Rita, et de troublé et d'anormal dans les sentiments de ce complexe Allmers, dont le corps est possédé par sa femme, et l'âme par sa sœur. C'est bien eux qui ont tué le petit Eyolf, parce qu'ils ne l'aimaient pas, et parce qu'eux-mêmes s'aimaient trop ou s'aimaient mal. Et maintenant ils l'aiment ; et, eux, ils ne peuvent plus s'aimer, parce qu'il y a entre eux l'image de ce cadavre d'enfant et de cette béquille flottante...

3° — La troisième scène est celle de l' « expiation ». Ce mot a déjà été prononcé, au cours de l'entretien précédent, par les deux coupables. Et Allmers a dit à sa femme : « Notre amour est mort, Rita, mais dans ce que j'éprouve aujourd'hui pour toi, à travers le *sentiment de notre complicité* et le besoin de faire pénitence, j'entrevois une sorte de résurrection. »

Rita a répliqué d'abord : « Je me soucie bien de cette résurrection ! Je suis une créature au sang chaud, moi, etc... » Mais ces graves paroles de son mari ont lentement agi sur elle ; et c'est pourquoi,

— tout à coup et peut-être sans que ce travail intérieur nous ait été assez signifié, — elle voit, elle sait; elle accepte l'expiation ; elle en découvre le meilleur mode, qui est d'aimer tous les petits enfants pauvres comme elle n'a pas su aimer le petit Eyolf ; elle comprend que son ardeur égoïste d'épouse sensuelle se doit changer en charité (car, comme dit, après Platon, l'auteur de l'*Imitation de Jésus-Christ*, « l'amour tend toujours en haut » ; et toujours son objet va s'élargissant; et cette ascension, et cet agrandissement de l'amour, c'est ce qui fait justement les belles et harmonieuses vies humaines) ; elle comprend que Allmers et elle peuvent s'aimer encore en aimant les hommes, que le « sentiment de leur complicité » dans le crime peut unir leurs cœurs dans la complicité des œuvres rédemptrices ; et, tandis que le faible Allmers, le penseur, continue de flotter et de ne savoir que faire de soi, c'est elle, l'instinctive, qui l'éclaire et le secoue, et qui lui communique sa nouvelle flamme, plus pure que l'autre : « Je descendrai sur la côte, et j'irai chercher tous ces pauvres enfants perdus pour les amener ici… Oui, ces petits garçons, si gauches, si grossiers, je veux les prendre chez moi .. Ils seront tous ici, comme s'ils étaient mes propres enfants. — Ils prendront la place de notre petit Eyolf ? — Ils prendront la place de notre petit Eyolf. Ils occuperont la chambre d'Eyolf. Ils liront dans ses livres. Ils joueront avec ses jouets. Ils s'assiéront tour à tour sur sa chaise aux repas... » Et Allmers : « Je t'aiderai, Rita. »

Voilà le drame. Il est complet ; il est beau par la peinture de l'âme violente de Rita, de l'âme incertaine d'Allmers et de leur souffrance à tous deux. Le malheur, c'est que l'auteur l'a obscurci par diverses inventions.

Il y a mis deux autres personnages, Asta et Borgheim, dont on se demande ce qu'ils y viennent faire. J'ai indiqué dans quelle mesure la tendresse fraternelle d'Allmers et la façon dont elle se manifeste ont pu contribuer à la mésintelligence sentimentale des deux époux. Cela, je le conçois, bien que le drame pût assurément subsister sans ce détail. Mais il y a quelque chose de plus. Après la mort de l'enfant, quand Allmers, haïssant sa femme, cherche un refuge dans la tendresse d'Asta, son allure est telle qu'il semble tout proche du consentement à un amour incestueux. Asta s'en aperçoit ; et alors elle lui révèle (par d'anciennes lettres de leur mère) qu'elle n'est pas même sa demi-sœur : ce qui ne paraît guère fait pour retenir Allmers. Puis, par une démarche contraire, — soit qu'elle veuille le sauver de la tentation, ou y échapper elle-même, — elle se déclare subitement prête à épouser le cordial ingénieur Borgheim qu'elle avait repoussé auparavant... Et je cherche en vain à quoi sert, *dans le dessein de la pièce*, cet énigmatique épisode.

Puis, Ibsen y a fourré un symbole : la « Femme-aux-rats ». Cette bizarre vieille femme a ceci d'original, qu'elle aime les pauvres petits rongeurs dont elle débarrasse les maisons, et qu'elle les tue parce qu'elle a pitié d'eux ; et ceci encore, que c'est en jouant de la guimbarde (tel le ménétrier du vieux conte allemand) qu'elle mène se noyer dans la mer ces « pauvres petites créatures du bon Dieu que tout le monde déteste et persécute ». Le petit Eyolf suit la musique de la vieille, et c'est ainsi qu'il se noie, comme un rat. — Or, je ne sais pas si la Femme-aux-rats symbolise ici la Fatalité ou la Providence ; mais on peut trouver qu'elle les symbolise un peu inutilement. Le petit Eyolf pouvait tomber dans l'eau sans elle. C'est du symbole vraiment gratuit, vraiment trop « fait exprès », et qui, portant sur un détail accessoire d'une action d'ailleurs très réelle, nous déconcerte par là et nous semble, — quoique joli en soi, — rompre assez fâcheusement l'harmonie de l'œuvre. Que vient faire ce personnage allégorique de « sottie » ou de moralité dans cette sérieuse et profonde et si vraie étude d'âmes ?...

L'auteur a mis encore dans *le Petit Eyolf* son pédantisme ingénu. Dans presque tous ses drames, vous trouverez quelque locution savante qui revient çà et là, comme une sorte de *leit-motiv*. Ici, c'est « la loi de transformation ». Rita dit à Allmers : « Pour remplir ta vie, il t'a fallu chercher un nouveau but. Il paraît que je ne te suffisais plus. » Il répond (et il en a plein la bouche) : « C'est la loi de transformation, Rita. » Ailleurs, Asta lui dit : « Tout est changé, Alfred ; nos relations sont désormais soumises à ce que tu appelles la loi de transformation. » Et, plus loin, Rita : « Je la sens en moi, la transformation, je la sens cruellement. » Etc... Eh! oui, nos sentiments se transforment ; ne voilà-t-il pas une découverte? Mais selon quelle « loi »? C'est ce qu'il importerait de savoir. Cette loi, on l'invoque tout le temps, mais nulle part on ne nous l'explique, même un peu. Il est vrai que cette explication se réduirait sans doute à peu de chose, et, par exemple, à ceci : que nos sentiments changent avec l'âge, qu'ils s'épurent par la douleur, ou que, dans les âmes bien nées, l'amour désintéressé, l'amour de la science ou de l'humanité succède à l'amour égoïste d'une créature... Alors pourquoi cette emphase ? Pourquoi ces formules d'étudiant allemand qui vient de découvrir la philosophie? Pourquoi ces façons mystérieuses et solennelles de dire des choses très courantes?

Enfin, Ibsen, — et ceci n'est plus une critique, — a mis dans sa dernière pièce, comme dans les autres, la faculté qu'il a de « s'étonner ». Souvent, dans les situations même les plus pressantes, — après d'énergiques minutes où ils ont vécu et se sont heurtés violemment et ont parlé aussi droit et aussi net que des personnages de Dumas, — les personnages d'Ibsen retombent dans une songerie à phrases vagues et courtes, une sorte d'hamlétisme languissant, et semblent rêveusement effarés et ahuris. Je les comprends : tout est étonnant dans la vie. Il est étonnant que nous existions. Il est même étonnant que quelque chose existe. Et sans doute il est peut-être superflu d'exprimer ce rudimentaire étonnement métaphysique chaque fois qu'on prend la plume ; mais cela, chez Ibsen, a son charme de douceur et d'enveloppement, — que j'ai essayé, je crois, de définir ailleurs.

PAUL HEYSE

BIBLIOGRAPHIE : *Le Coup de grâce,* drame tiré des « Kleine Dramen », de Paul Heyse, par M. Fredly Westphal (chez Charles Boehm, à Montpellier).

Ce qui me gêne, c'est que je ne sais pas si *le Coup de grâce* est littéralement traduit ou librement « adapté » de Paul Heyse. Mais, tel que M. Fredly Westphal nous le présente, *le Coup de grâce* est un petit drame poignant et très noble, et dont la représentation, au Théâtre-Libre ou au théâtre de l'Œuvre, ne serait peut-être pas sans intérêt.

C'est une histoire de cas de conscience, assez compliqué, comme vous l'allez voir.

Ludovic de Hochstetten, fils et petit-fils de fous, se sait guetté lui-même par la folie. Il y a quelques années, quand il n'était encore qu'un jeune homme mélancolique et un peu bizarre, une jeune fille, Eliane, de la race des dévouées, touchée de son grand amour, a bien voulu, par pitié, devenir sa femme. Elle espérait le guérir à force de tendresse et de soins intelligents. Mais elle n'a pu conjurer les progrès du mal. Ludovic, maintenant, sent toute proche l'abomination des abominations, la folie furieuse. Et c'est pourquoi il a mandé son ami intime, le jeune médecin Edouard Eckart.

Il faut que vous sachiez qu'Edouard aime Eliane; qu'il a même osé le lui dire une fois, et que la vertueuse jeune femme lui a pardonné cette offense, à condition qu'il n'y reviendrait plus.

Donc, Edouard arrive, un triste soir d'hiver, dans la villa solitaire où s'est réfugié le pauvre fils de fou. Simplement et gravement, en présence de son ami, Ludovic remercie sa femme de son angélique sacrifice, lui demande pardon de l'avoir épousée, pardon de l'avoir fait souffrir, malgré lui, par ses noires humeurs.

Puis il fait apporter du vin, s'enferme avec Edouard et, tout en buvant de grands coups, lui expose son véritable état, et qu'il « commence à recueillir l'héritage de ses pères », et qu'il est perdu, bien perdu, et qu'il en est sûr. A quoi Edouard répond d'abord ce qu'il peut répondre : « L'hérédité ! quel abus on fait aujourd'hui de ce mot! Il y aurait vraiment lieu de s'étonner que l'humanité ait jamais pu faire un pas en avant, puisque d'avance nous sommes condamnés à penser comme nos pères, à souffrir ce qu'ils ont souffert, à transmettre après nous les germes de tous nos maux, qui étaient déjà les leurs, et cela avec une précision mathématique, fatale, inéluctable... Tu vois bien que tu déraisonnes, mon pauvre Ludovic. »

Mais le malade apporte des preuves, et précises, et terribles ; décrit ses hallucinations nocturnes, ses terreurs suivies de rages où il a soif de sang et ne peut s'assouvir qu'en enfonçant ses dents dans sa propre chair. Il montre à son ami ses cicatrices, et il conclut : « Je veux finir comme un homme, sans attendre qu'on soit obligé de m'abattre comme un chien. Mais pour cela j'ai besoin de toi, Edouard. Puis-je compter sur ton amitié ?... Il y a dix ans, souviens-toi, tu m'as promis de m'aider à m'affranchir quand le moment serait venu. »

Edouard essaye de se dérober : « C'est l'ami qui te faisait cette promesse pour t'apaiser ; mais le médecin n'a pas le droit de l'accomplir. — Aussi, répond Ludovic, n'est ce pas au médecin que je m'adresse, mais à l'ami... — Eh ! dit enfin Edouard, si ta décision est irrévocable, qu'as-tu besoin d'aide ? » Alors Ludovic : « C'est juste ; il faut que je m'explique. Entre nous, j'ai déjà essayé quelquefois, je n'ai jamais réussi... La main me tremble... Là, vois-tu, dans cette chambre muette, seul avec ce silence de mort qui m'épouvante, je ne puis pas, c'est plus fort que moi. Chaque fois que j'étends la main vers ce revolver,... je vois se dresser devant moi le spectre de mon pauvre père, qui par deux fois s'est manqué et qui à la troisième... Oh ! je n'oublierai jamais dans quelles horribles souffrances il se tordait, jusqu'à ce que son cœur eût cessé de battre ! C'est là, Edouard, ce qui me fait trembler. Ah ! si nous avions encore des esclaves, comme dans la Rome antique, il y a longtemps que ce serait fait. Une épée à tenir et se jeter dessus, et puis, s'il y a lieu, le coup de grâce... et ce serait tout... Mais nous nous sommes apprivoisés... Nous sommes devenus très doux, très humains... Et voilà comment la pensée m'est venue de faire la chose tout à fait bien, là, en famille... On s'assied avec un vieil ami, et l'on devise, comme nous faisons... On revit un moment les belles heures de sa vie, et puis, tout doucement, on prend son arme ; et l'ami, qui a étudié l'anatomie, vous conduit la main, là, juste au siège de la vie... Encore un dernier adieu... et grand merci... On peut alors se charger soi-même de presser la détente... Oh ! l'ivresse de la délivrance... Oh ! la volupté de ne plus souffrir, l'immense repos éternel du non-être... Qu'as-tu à redire à ce projet ? »

Moi, rien. Et vous ? Il faut admirer avec quel art l'auteur a su réduire au *minimum* la responsabilité d'Edouard en cette affaire. Edouard est persuadé, comme Ludovic, que « l'homme est le maître de sa fragile existence », que la mort est une dette dont nous avons le droit de devancer l'échéance inconnue, — « à la condition, toutefois, que d'autres obligations ne viennent pas nous en empêcher ». Or, Ludovic est libre ; il n'a pas d'enfants ; et, quant à sa

femme, il l'affranchira elle-même par sa mort.
D'autre part, Edouard connaît avec certitude que
c'est bien la délivrance, en effet, que Ludovic implore
de lui, et qu'il l'implore avec une sincérité entière
Sa sensibilité même l'incline à obéir à son malheureux ami. Lorsque Ludovic lui dit : « Tu ne peux
pas voir haleter un papillon qui s'est brûlé les ailes
sans abréger son agonie, un chien malade sans lui
donner le coup de grâce », Edouard n'a vraiment
rien du tout à répliquer. Le droit au suicide
admis, le droit, et quelquefois le devoir, d'aider au
suicide en découle naturellement, — sauf dans
un cas : c'est lorsqu'on peut craindre que le suicide
auquel on collabore ne cesse tout à coup d'être voulu
par le suicidé et, par conséquent, ne se change, à
votre insu, en assassinat. Cela n'est point impossible.
Dans la fraction de seconde comprise entre la pression de la détente et l'entrée de la balle dans la chair
de votre ami, il peut y avoir place, chez lui, pour un
subit refus de mourir, dont il n'aura pas le loisir de
vous aviser. (C'est cet inconnu si bref, ce mouvement
insaisissable de la suprême pensée qu'escompte
l'Église dans certaines de ses absolutions.) Mais, ici,
rien de tel n'est à craindre : Edouard ne risque point
d'être mué, sans le savoir, en meurtrier. Il n'aura
point à presser la détente, mais seulement à assurer
la bonne direction de l'arme. Ce que Ludovic lui
demande, ce n'est pas de le tuer, ni même, proprement, de l'aider à mourir, mais seulement de lui

épargner, dans une mort où il cherche la fin de ses souffrances, le surcroît d'une souffrance inutile. C'est un acte de charité que ce supplicié implore de lui : rien de plus, et rien d'autre.

Et pourtant Edouard hésite. Malgré les raisonnements serrés, lucides, irréfutables, suppliants, tragiques, de son ami, Edouard « n'ose pas »...

L'autre, alors, lui pousse un dernier argument : «... Qui sait ce qui peut arriver ? Que la folie me prenne un jour à la nuque, que, dans un accès de rage, je fasse sauter les portes et les gonds, je bondisse sur ma pauvre femme, je l'arrache de son lit, je lui enfonce mes ongles dans la gorge... — Tais-toi, malheureux ! s'écrie Edouard. Je ferai ce que tu voudras. » Et Ludovic lui baise les mains, l'embrasse, l'enveloppe de bénédictions passionnées ; puis, très stoïquement, se prépare à la mort, comme à une fête austère. A cet instant, il voit un spectre contre la porte : « Oh ! je le connais, celui-là .. Aussi, je ne le crains plus... C'est mon bon père... Il est souvent inquiet de son fils... Il n'en dort plus de m'avoir fait un pareil legs. Vois-tu ?... Il s'échappe ; il fait signe de la tête .. comme pour m'inviter à le suivre... Oui, pauvre âme, tu auras du repos... Je viens, mon père, je viens ! » Et Ludovic se retire dans sa chambre, où Edouard le rejoindra tout à l'heure.

Mais, dans le fond de son âme, Edouard hésite encore. Et je doute que vous puissiez deviner quelle pensée subtilement héroïque le tirera de cette incertitude et le décidera à tenir la promesse qu'il a faite à son ami.

Au moment où il cherche encore son devoir et oscille pitoyablement dans un flux et un reflux de sentiments opposés, Eliane vient le trouver, et lui dit, ou à peu près : « Vous deviez partir ce soir. Mais vous resterez ; il le faut. Vous ne pouvez pas abandonner votre ami ; car vous lui êtes nécessaire. Nous le soignerons tous deux ; pourquoi non ?... Je puis vous dire tout. J'ai épousé mon mari parce que ce sacrifice me semblait beau. Mais j'ai bientôt senti que je n'étais qu'une faible femme... Mon dernier acte d'héroïsme fut de vous bannir de ma présence, sans vous laisser apercevoir ce qu'il m'en coûtait... Je vous dis cela pour que vous sachiez que vous n'avez pas été seul à souffrir, et pour vous donner du courage dans la dure tâche que je vous propose. Nous répondons de nos actes, non de nos sentiments. Nous avons à accomplir un devoir impérieux : imposer silence à nos cœurs, quoi qu'il en coûte, et demeurer ici, l'un près de l'autre, pour aimer notre malade, et pour lui faire aimer la vie... Et, maintenant, plus un mot. Restez, et sauvez votre ami. »

Edouard connaît donc à présent qu'il est aimé d'Eliane. Et c'est pourquoi, demeuré seul, ses perplexités redoublent. Deux partis contraires s'offrent à lui, très nets.

Ou faire ce qu'il a promis à Ludovic ; lui tracer une

croix sur la peau, à l'endroit où bat le cœur, et, par ce simple geste, rendre à ce martyr un inestimable service. Mais, alors, renoncer à épouser la veuve; la quitter, et pour toujours; car, cet acte de collaboration à la mort d'un homme, si léger qu'il soit, avec quelque ardeur qu'il ait été imploré par la victime et si bienfaisant qu'il doive être, Edouard ne peut cependant être certain de sa légitimité qu'à une condition : c'est qu'il ne lui en reviendra, à lui, aucun avantage. Aider le mari à se tuer et, dans le même moment, accepter l'idée d'épouser la femme plus tard, — ou contribuer à la mort du mari *pour* épouser la femme, cela suppose deux dispositions d'âme trop proches l'une de l'autre, trop menacées de se confondre l'une dans l'autre, puisqu'il n'y a entre elles deux que l'épaisseur d'un désir, et que, ce désir si naturel, Edouard ne saurait jurer qu'il ne l'éprouvera point à l'instant décisif, qu'il n'y souscrira pas dans le secret de son cœur, et qu'il ne passera pas, ainsi, du désir à l'intention. Le seul moyen qu'il ait d'empêcher cette intention de souiller et de détruire son acte de charité, c'est de lui ôter d'avance toute possibilité d'éclore. — Bref, affranchir Ludovic et perdre à jamais Eliane, tel est le premier parti.

Ou bien, obéir à Eliane; pour cela, oublier la promesse faite à Ludovic; « épargner » ce malheureux, c'est-à-dire le condamner à d'affreuses tortures; attendre patiemment, froidement, qu'il meure « de

sa belle mort », qui sera la plus longue et la plus
effroyable des morts. Et, les choses ayant ainsi suivi
leur cours normal, dix mois après, sans qu'aucune
convenance s'y oppose et, à ce qu'il croit, sans qu'aucun scrupule l'inquiète, épouser publiquement
Eliane, Eliane dont il est aimé, la posséder.... O joie !
ivresse !... Evidemment, c'est ce second parti qui
est le bon, et de toutes manières.

Mais la joie même qu'il ressent à l'envisager
avertit Edouard qu'il fait, moralement, fausse route.
Une méfiance lui vient sur un devoir si avantageux...
Naguère, à propos d'une pièce où se posait je ne sais
plus quel cas de conscience, je me souviens d'être
arrivé à cette conclusion : « Lorsque tu hésites entre
deux devoirs contraires, choisis le plus désagréable. » Edouard s'aperçoit bientôt que cette règle
est sûre. La facilité qu'il aurait à prendre le second
parti l'engage à l'examiner de plus près. Il voit que
le bonheur qu'il en espère serait abominable dans
son origine, n'ayant été rendu possible que par le
prolongement et l'accroissement des atroces souffrances de son ami. Ce second parti, si aisé, si séduisant, conforme aux règles de la morale courante,
implique, en réalité, la plus lâche trahison de la
part d'Edouard et un énorme supplément de douleur
pour un autre. Le premier parti, plus hasardeux,
suspect aux yeux des pharisiens, et qui exige une
sorte de coup d'Etat du cœur sur la morale formaliste, n'implique de douleur que pour Edouard lui-

même (et un peu pour Eliane, qui d'ailleurs est jeune et pourra se consoler). Dès lors, Edouard n'hésite plus. Il comprend que, là où est le plus grand sacrifice, là est donc le plus grand devoir. Il comprend aussi que, du moment que ce devoir est à ce point difficile, il cesse par là même d'être douteux. Le reste de scrupule qu'il avait à collaborer, même très peu, à un suicide, même bienfaisant, se trouve levé par la prévision de l'immense effort qu'il devra faire et par cette considération que cet acte paradoxal, mais légitime, de fraternelle pitié, lui coûtera, en effet, tout le bonheur de sa vie... Et, donc, il passe dans la chambre de Ludovic.

Toute cette casuistique, où apparaît une âme si noble et d'une complexion si distinguée, je n'ai pas eu à l'inventer; mais il est vrai que je l'ai développée quelque peu. Paul Heyse en a ramassé toute l'argumentation, comme il convenait au théâtre, dans ce monologue haletant d'Edouard : « Ai-je bien entendu ?.. Elle était là... elle disait... elle m'avouait... Et pas d'issue..., toujours pas d'issue ! Pourtant, si je laisse aller les choses, ce malheureux va subir son destin... C'est fatal... il le faut..., et alors elle est libre, et je suis là, et nous pouvons nous appartenir encore... Oh ! cette volupté sans nom !.. Eliane à moi !... et sans que je la lui vole, sans que je trahisse notre amitié, sans que je commette un crime !... *Sans que je commette un crime ?... Serait-ce vraiment sans crime ?...* Et qu'est-ce donc, cela, de voir mon frère en proie aux affres de la mort, appeler au secours... et de passer en haussant les épaules et de lui dire : « Aide-toi toi-même » ?... (*Avec une âpre ironie*)... J'ai peur de souiller ma main pure... Quelle pitié !... »

Le dénouement est bref. Sa dure besogne accomplie, Edouard sort de la chambre de son ami... Loyal, il confesse à Eliane ce qu'il vient de faire : «... Cette paix, dont il avait soif, qu'il me conjurait de lui donner... je l'ai aidé... à la trouver... Je n'oublierai jamais la reconnaissance ineffable de ses yeux lorsqu'il murmura : Merci. » Ici, l'*héroïque* Edouard (c'est le triomphe de l'auteur que nous puissions, en toute tranquillité de conscience, appliquer à Edouard cette épithète) a pourtant un mouvement d'humaine faiblesse : « Il m'a recommandé, ajoute-t-il, de ne pas vous abandonner. Ce soir... je resterai ici... Demain... » Mais Eliane voit bien que l'acte de charité d'Edouard la sépare de lui à jamais; que, sans cela, il ne serait plus un acte de charité : « Demain..., dit-elle, demain... aurons-nous encore un lendemain ? » Et lui, se retrouvant : « Non, vous dites vrai... je dois partir. J'ai obéi à ma conscience. Quoi qu'il arrive, je ne regrette rien ; j'ai fait mon devoir. Mais rester ici... hériter de son bonheur !... Non : de libérateur que je suis, je deviendrais son meurtrier. » Et ils se disent adieu.

J'ai fort goûté ce petit drame, si substantiel. Le malaise que donnent toujours les images de la folie y est compensé par le grand intérêt de la question morale débattue, et comme allégé par la beauté et la sublimité de sentiment des trois personnages. J'ai retrouvé, là, ce romanesque généreux et subtil, cet idéalisme allemand que nous avons jadis tant aimé. — Je ne ferai presque aucune critique. Je regrette seulement que le débat intérieur d'Edouard, immédiatement avant l'acte, soit un peu étranglé. Dans le style, quelques traces de phraséologie romantique (je crois que cette phraséologie n'est pas aussi complètement périmée en Allemagne qu'elle l'est en France) ; exemple : « Oh ! c'est à perdre la tête ! C'est le ciel et l'enfer dans le même rayon. Le ciel, oui, mais l'enfer aussi, et c'est l'enfer qui me reste. » Ajoutez, çà et là, un peu d'emphase et de style interjectif à la Diderot : chose demeurée très allemande encore. Je ne pense pas qu'il faille s'en prendre à M. Fredly Westphal ; car, outre que sa traduction est d'une bonne langue, je la devine fidèle, bien que j'en ignore le texte, hélas !

MLLE ELLIN AMEEN

Théatre de l'Œuvre : *Une Mère*, drame en trois actes de Me Ellin Ameen, traduction de M. le comte Prozor.

Le drame : *Une Mère*, est suédois ; *les Flaireurs* sont belges ; *Brocéliande* est celtique et parnassienne ; la satire dialoguée : *Des mots ! des mots !* est bourgeoise et pourrait, sauf un peu de débraillement, avoir été écrite par un poète « de l'école du bon sens » à l'époque où l'on jouait des « revues » en vers à l'Odéon. Ainsi le dernier spectacle de l'Œuvre fut divers jusqu'au bariolage. Vous penserez là-dessus qu'il dut être fort amusant, s'il est vrai que

L'ennui naquit un jour de l'uniformité.

Seulement, voilà : il peut naître d'autre chose encore... Puis la variété peut se trouver dans la composition d'un programme, sans être dans chacune des courtes pièces qu'il annonce. Vous vous rappelez ce distique où il y avait des « longueurs »...

Emma, fille du petit peuple, mais quelque peu affinée, aurait pu épouser son camarade d'enfance, le jeune pasteur Jean Borg, un garçon chétif et doux. Elle lui a préféré un ouvrier robuste, Hans Olson. Et elle est très heureuse d'être au monde, parce qu'elle a un beau mari et qu'elle espère avoir bientôt un bel enfant.

Or, au moment même où elle exprime à sa mère, non sans prolixité, sa joie de vivre et l'estime où elle tient la force et la beauté physique, on lui rapporte de l'usine son mari mort, les deux jambes broyées par un engrenage.

Quelques mois après, Emma met au monde un enfant « infirme », nous dit-on ; et nous comprenons que « infirme » signifie ici « cul-de-jatte. » Malgré les supplications de sa mère et les exhortations religieuses du pasteur, elle n'a pas le courage de s'occuper de son enfant, ni même de le regarder. Elle demeure tapie dans un coin, désespérée, farouche, révoltée contre Dieu. Mais, restée seule avec le pauvre petit monstre, songeant à ce qui l'attend s'il a le malheur de vivre, elle le baptise (car elle est croyante) avec l'eau d'une carafe, puis l'étouffe doucement sous des couvertures. Et c'est le deuxième acte.

Au troisième, elle confesse à sa mère et au pasteur ce qu'elle a fait, affirme qu'elle ne s'en repent point, mais, pour satisfaire à la loi humaine, va se livrer au juge.

Certes, les sentiments que comporte un tel drame sont de la dernière violence ; et quant aux souffrances qu'endure Emma, on les devine affreuses. Cela eût dû nous émouvoir, désagréablement peut-être, mais très fortement. D'où vient donc que cela m'ait laissé si froid pour ma part et ait, à ce qu'il m'a paru, si faiblement remué le public ?

Ce n'est point ici, comme dans ce tragique *Coup de grâce* dont je vous parlais précédemment, un cas de conscience qui nous est proposé. Il ne s'agit pas de savoir si l'action d'Emma est légitime. Elle ne saurait l'être. Le meurtre des nouveau-nés infirmes ou contrefaits, à Sparte, a pu tirer une légitimité provisoire et locale de ce fait même que c'était une coutume publiquement établie sans exception, consentie par tout un peuple et fondée sur l'intérêt, bien ou mal entendu, d'une cité uniquement organisée pour la guerre. Mais nous ne sommes point à Sparte ; et nous sommes, comme dit M. de Vogué, de ce côté-ci de la Croix... Même humainement, la suppression des enfants infirmes ne nous paraît pas soutenable. Car on ne saurait jamais être sûr que, ce qu'on supprime dans ce cas, ce n'est point, après tout, un peu de bonheur quand même ; j'entends une destinée telle que les raisons de vouloir vivre y soient supérieures, de si peu que ce soit, aux raisons de vouloir mourir. Cette mort prématurée qu'on inflige, de sa propre autorité, à un être qui ne la demande pas, on ne peut affirmer que, s'il eût vécu, il l'eût demandée plus tard. On se substitue à lui dans une question où lui seul est juge. Ce qu'on supprime, c'est de l'inconnu ; on viole un domaine qui n'appartient qu'à Dieu.

> Mécénas fut un galant homme ;
> Il a dit quelque part : « Qu'on me rende impotent,
> Cul-de-jatte, goutteux, manchot, pourvu qu'en somme
> Je vive, c'est assez, je suis plus que content. »

Qu'est-ce à dire? C'est que respirer l'air du ciel, se mouvoir, même partiellement, communiquer avec le monde, fût-ce seulement par deux ou trois sens, vivre enfin et assister à la vie, fût-ce par une mauvaise et étroite lucarne, cela est encore, par soi seul, un très grand bien. Et sans doute l'aveugle, le contrefait, le cul-de-jatte ou l'amputé pourra trouver sa propre vie bien dure, comparée à celle des hommes qui jouissent de leurs cinq sens et de tous leurs membres ; il lui paraîtra inexprimablement injuste et douloureux, étant un homme, de n'être pas complètement un homme ; et ne lui dites pas que, comparée d'autre part à la vie du mollusque ou de l'éponge, sa vie est un chef-d'œuvre de souffrance, mais aussi, corollairement, un chef-d'œuvre de félicité ; ne lui alléguez pas non plus, s'il est riche et si ses souffrances physiques ne sont pas intolérables, qu'il y a de par le monde de pauvres diables sains de corps et intacts de membrure qui souffrent plus que lui : il vous répondra que la pire souffrance, c'est d'être une *exception* ridicule et pitoyable, une créature *visiblement* manquée, et de s'en souvenir toujours; que là est la plus grande douleur parce que là est la plus sensible *humiliation*... Oui, nous en sommes d'accord; et cependant il y a chez l'homme une si surprenante faculté d'adaptation aux conditions d'existence les plus étranges, et l'habitude est une si puissante et si bienfaisante fée, que le plus lamentable des disgraciés physiologiques peut n'être pas entièrement malheureux. Si c'est, comme on a dit, le besoin qui « crée l'organe », c'est l'organe qui perpétue le besoin. Ne nous est-il pas arrivé, quand nous étions cloués au lit par la maladie, de ne plus rien désirer de ce dont elle nous sevrait, et d'accepter presque volontiers une vie momentanément semblable à celle d'un stropiat ? Puis, il faut considérer que le resserrement des manifestations de sa vie extérieure n'entraîne pas forcément, pour l'impotent ou le contrefait, la diminution (par comparaison avec les autres hommes) de cet excédent de plaisir qui rend l'existence supportable. Car, finalement, les infirmités de son corps le sauveront peut-être d'autant de déceptions et de douleurs qu'elles lui interdiront de joies. Et enfin il est fort possible que l'infirme soit beaucoup aimé, et avec une tendresse particulièrement délicate, à cause de son malheur même; il est possible que, par un certain affinement qui lui viendra de ce malheur encore, il soit charmant à sa manière, et qu'il se sache charmant du moins de cette façon-là, et qu'il en jouisse, qui sait ? Il peut se former, entre lui et un autre être (une femme, oui ; elles sont capables de tout) un tel lien de dévouement, de compassion et de reconnaissance, un commerce d'amour si profond et si doux, que, se sachant redevable de ce miracle à l'excès de sa disgrâce, il n'osera presque plus la maudire.

Emma Olson devrait un peu songer à toutes ces choses, avant d'étouffer son petit infirme, lequel, au surplus, se trouve fort bien dans son berceau et y rit aux anges (on nous le dit), en attendant l'heure, encore lointaine, de connaître qu'il n'est pas bâti comme tout le monde, et d'en souffrir. Et je n'ajouterai point que Emma pourrait songer aussi à l'humanité, se dire que ce pauvre bébé aux jambes rétractées aura peut-être du génie, qu'il produira peut-être des livres et des musiques par où l'âme des autres hommes sera agrandie ou consolée, ou des inventions par où sera soulagée leur dure condition terrestre, et qu'ainsi elle risque de les frustrer d'un accroissement du patrimoine commun, et en même temps de voler la gloire à son petit martyr.

Donc, la morale universelle, et non seulement la règle des Codes et celle des Eglises confessionnelles, mais la morale même du cœur ne saurait absoudre Emma Olson ; c'est bien entendu, et l'auteur, je dois le dire, ne prétend nulle part nous insinuer le contraire. Mais alors, pour qu'une mère si monstrueuse, — plus exceptionnelle en vérité par l'âme que son enfant ne l'est par le corps, — nous demeurât vraisemblable, et nous inspirât du moins une façon de sympathie épouvantée, il fallait de toute nécessité que sa fureur infanticide nous apparût purement comme une perversion du sentiment maternel, et que ses mobiles secrets fussent tous, en dépit de leur cruel aboutissement, des mobiles d'amour. Or ce n'est pas tout à fait ce que nous voyons ici.

Cette perversion de l'amour maternel pouvait avoir pour complice la foi religieuse. Emma pouvait se dire : « Si mon pauvre enfant vit, peut-être s'y résignera-t-il un jour ; peut-être sera-t-il tant aimé que le compte de sa vie se soldera par un tout petit surcroît de minutes passables ; mais cela est extrêmement douteux, si douteux que je ne veux pas, non, je ne veux pas en courir le risque. Par contre, ce qui n'est pas douteux, c'est que, s'il est baptisé et s'il meurt tout de suite après, il ira dans le ciel où il n'y a point d'estropiés, et où il sera infiniment et éternellement heureux. Cela, oui, j'en suis sûre. Et j'hésiterais, moi qui l'aime de toute la force de mon âme, et qui suis, en quelque manière, responsable de son infortune ; car c'est moi qui ai formé dans mon ventre ce corps manqué dont il souffrira tant! Je dois, je dois l'affranchir de l'enveloppe de douleur qu'il tient de moi. Cet acte sera un acte d'amour, et pleinement désintéressé, puisque par lui je me damne. Cela encore, j'en suis certaine. Mais aussi il me semble que, d'accepter délibérément ma damnation, c'est cela même qui m'absout, du moins à mes propres yeux. Car enfin, c'est bien moi, ici, qui me sacrifie, et pour l'éternité, au bonheur de mon enfant. J'ai conscience d'être une très bonne mère ».

Mais alors, il était indispensable qu'Emma Olson nous fût présentée comme une personne d'une foi ardente, d'une foi égale, par son intensité, à celle du Torquemada de Victor Hugo, si vous voulez. Or, rien de tel. Qu'Emma soit une chrétienne croyante, ce n'est, dans la pièce de Mme Ameen, qu'un simple détail, qui ne nous est indiqué que par quelques mots très courts, et qui ne nous est signifié que par le soin qu'elle prend d'ondoyer l'enfant avant de lui faire passer le goût du lait. Son principal mobile, ce n'est point l'amour maternel combiné avec la foi chrétienne : c'est, proprement, l'orgueil maternel combiné avec le goût de l'athlétisme.

Car, au premier acte, Emma Olson passe un bon quart d'heure à expliquer à sa mère pourquoi elle n'a pas voulu épouser le chétif pasteur Jean Borg ; à rappeler que, lorsqu'ils étaient enfants et qu'ils jouaient et couraient ensemble, le pauvre garçon s'essoufflait tout de suite, et que c'était elle la plus robuste et la plus délurée ; à se moquer de lui, et même en sa présence, à cause de son corps malingre et de ses épaules voûtées ; à s'extasier intermina-

blement sur les muscles et la virile beauté de son
mari, l'ouvrier apollonien ; à se délecter de la pensée qu'elle mettra probablement au monde un petit
hercule. Et quand le monstre est né, cet enfant
qu'elle prétend tuer par amour, elle ne l'approche
pas, elle ne le regarde pas, parce qu'elle est « humiliée » (elle le dit) que cela soit sorti d'elle. Elle ne
peut soutenir l'idée d'être publiquement la mère
d'une si grotesque créature. Il est de toute évidence
qu'elle songe beaucoup plus à ce qu'elle souffrira,
elle, qu'à ce que souffrira l'enfant. En sorte que,
dans l'instant où elle le délivre, nous comprenons
qu'elle se délivre surtout elle-même. Bref, le drame
est moins humain que sportique, et plus païen que
chrétien. Quand le Nord se met à être païen et quand
les dames protestantes se mettent à adorer le muscle..., c'est effrayant !

Toutefois, le goût de la gymnastique et du muscle
étant dans la nature, ce drame, plus sportique
qu'humain, pouvait être humain encore ; et il devait y avoir quelque moyen de nous intéresser, —
si démesurés qu'en fussent les effets, — au désespoir
un peu spécial de cette Suédoise si résolument lacédémonienne... Mais, à mon avis, l'auteur ne l'a pas
su ; et c'est, en somme, tout ce que je lui reproche.

SUDERMANN

Renaissance : *Magda* (*le Foyer*), drame en quatre actes, de M. H. Sudermann, traduction française de M. H. Rémon.

La Renaissance nous a donné *Magda* (*le Foyer*), comédie de M. Sudermann, un des auteurs dramatiques les plus célèbres, dit-on, de la jeune Allemagne.
Tout le monde, dans les couloirs, disait avec étonnement : « Mais c'est très clair ! Mais c'est très habile ! Mais c'est très bien fait ! Mais cela ressemble aux bonnes pièces de chez nous ! » Qu'est-ce qu'on attendait donc ? Pour beaucoup de gens, apparemment, une pièce étrangère, allemande ou scandinave, est : 1º Une pièce mal fichue ; 2º Une pièce où il y a du génie. Or, il faut en prendre son parti, *Magda* est un drame où je ne pense pas qu'il y ait du génie, mais où il y a beaucoup de talent, et c'est un drame composé avec une rare adresse.

Une seule chose m'a inquiété.

Il semble bien que, dans la pensée de l'auteur (ou

plutôt d'après ce qu'on en a dit et écrit), *Magda* soit un poème de révolte, un drame d'esprit ibsénien, c'est-à-dire néo-romantique. L'héroïne de M. Sudermann ressemble à la fois aux blondes individualistes d'Ibsen et aux émancipées de George Sand, qui étaient presque toutes cantatrices comme Magda et qui avaient, comme elle, une villa sur le golfe de Naples. Magda représente (nous connaissons cela) la protestation du droit individuel contre la loi écrite, le développement intégral de la personne en dépit des entraves qu'impose la communauté, la révolte contre l'hypocrisie bourgeoise et protestante, contre la tradition, contre le préjugé, et, notamment, contre le despotisme paternel ; bref, — dirait M. Tarde, — la révolte de l'Invention contre l'Imitation. Et sans doute, il apparaît, à des traits assez forts, que M. Sudermann est avec Magda, ou du moins qu'il veut être avec elle. Mais il nous fait un si charmant tableau d'une famille allemande soumise à la Règle la plus étroite, qu'il risque de nous rendre aimable et vénérable ce contre quoi son héroïne affecte de se soulever. Comme les socialistes allemands continuent d'aimer l'empereur, les insurgés de la littérature allemande continuent de subir le charme de la tradition. Au fond, l'esprit de révolte est absent de ce peuple. Hélas ! c'est peut-être tant mieux pour lui.

L'impression que nous donne le drame de M. Sudermann n'est donc pas parfaitement d'accord avec ce qu'on dit qu'il a voulu prouver. (Mais peut-être n'a-t-il voulu rien prouver du tout, auquel cas je retire et ce qui précède et ce qui va suivre.)

Et pourtant il fait, je crois, tout ce qu'il peut pour nous rendre sa révoltée sympathique. Il y a douze ans, son père, le colonel Schwartz, l'a chassée de sa maison parce qu'elle refusait d'épouser le pasteur Hefferdingh. Et certes, le vieux brave eut tort. Magda a été demoiselle de compagnie ; puis, comme elle avait une fort belle voix, elle est entrée au théâtre. Nous aimons son courage et son énergie. Nous ne lui en voulons pas trop d'avoir, dans la détresse où elle était, cédé aux entreprises d'un compatriote, l'étudiant Keller, rencontré par elle à Berlin ; et, quand ce pleutre l'abandonne avec un enfant, nous la plaignons de tout notre cœur. Le sentiment qui la ramène, devenue illustre, dans sa ville natale, puis dans la maison paternelle, nous paraît naturel et touchant. Nous aimons la mélancolie tendre dont elle est envahie peu à peu, en retrouvant ce foyer, qui lui fut dur pourtant, et ces vieux êtres et ces vieilles choses. Nous aimons même son refus de confesser à son père sa vie passée, — moitié parce qu'elle juge que, chassée par lui autrefois, elle ne lui doit pas de comptes, moitié parce qu'elle veut épargner l'innocence du vieillard. Nous l'aimons encore quand, dans un entretien exquis avec Hefferdingh, elle découvre que ce jeune pasteur n'est point un homme banal, et qu'il ne s'est point marié, se souvenant d'elle, et qu'il est héroïque, lui, en se soumettant à des règles qu'il a reçues et non inventées... Nous aimons le mépris terrible dont elle flagelle son séducteur retrouvé, l'onctueux et circonspect Keller, devenu conseiller d'Etat et personnage considérable... Et nous aimons enfin sa méritoire docilité aux exhortations du pasteur Hefferdingh, quand elle consent tristement à épouser ce Keller, — et plus encore, son indignation quand ce tartufe exige qu'elle tienne cachée l'existence de leur enfant...

Qu'est-ce à dire ? Que nous aimons cette révoltée surtout dans les instants où elle cesse de l'être, où elle rentre elle-même dans la Règle, où elle reconnaît les vertus et subit l'ascendant de ceux qui l'ont observée... Est-ce cela que l'auteur a voulu ?

Et, d'un autre côté, partout où l'auteur nous montre, dans Magda, la femme émancipée, c'est, en réalité, une assez fâcheuse cabotine qu'il nous fait voir. Son entrée bruyante et piaffante au foyer paternel nous offense et nous surprend, car nous supposions Magda intelligente, fine et bonne. Nous comprendrions un peu de laisser-aller professionnel, une involontaire liberté de langage et d'allures qui feraient un piquant contraste avec la décence un peu prude de cet intérieur familial. Mais Magda enveloppe sa petite sœur d'un tourbillon de baisers de théâtre, blague sa belle-mère, blague sa tante, et même un peu son père, les invite à dîner à l'hôtel, se conduit, pendant un bon quart d'heure, comme une reine sans tact en visite chez de pauvres gens, finit par s'installer chez son père avec son courrier polyglotte, sa meschine italienne, son singe et son perroquet, dort jusqu'à midi, se commande un déjeuner spécial, et remet brutalement à leur place, — et bien grossièrement en vérité pour une femme d'esprit, — les bourgeoises déprimées venues en visite chez la bonne Mme Schwartz.

C'est sans doute ce qu'elle appelle affirmer et défendre son individualisme. « J'ai l'orgueil, dit-elle, de m'être fait une personnalité. » On met ça, aujourd'hui, dans toutes les pièces, et l'on croit que c'est de l'ibsénisme. Je flaire une équivoque. Magda s'est fait une personnalité ? Non, elle s'est fait une position, ce qui est plus modeste. En fait de « personnalité » elle me paraît avoir justement celle de toutes les cabotines illustres, *prime done* ou écuyères. Elle a travaillé, lutté, fait effort, soit : mais se figure-t-elle que l'effort soit absent de la vie du pasteur Hefferdingh, et de celle du vieux colonel, et de celles même de Mme Schwartz et de la petite Marie, ou qu'il ne faille pas, souvent, autant et plus d'énergie pour vivre dans la Règle que pour vivre en dehors ? S'il y a dans la pièce une « personnalité », c'est-à-dire un caractère et une volonté, ce n'est certes point Magda, la brillante et sensuelle bohème, — qui n'eût probablement pas été grand'chose si la nature ne lui avait fait cadeau d'une belle voix, — mais bien plutôt le doux et résigné pasteur Hefferdingh, qui, lui, a accepté la Règle, mais qui l'a acceptée tout entière et qui l'a comprise et interprétée dans le sens miséricordieux et héroïque... En sorte que la pièce de M. Sudermann a, finalement, tout l'air d'un plaidoyer pour la Règle, — telle que la comprennent les âmes généreuses, — contre le pseudo-individualisme. Et je demande encore une fois, n'en sachant rien : — Est-ce là ce qu'a voulu l'auteur ?

Le dénouement aussi me chiffonne. Le vieux colonel Schwartz est tout à fait respectable ; c'est éminemment un homme de discipline. La façon dont il a compris jadis l'autorité paternelle peut après tout se défendre et d'autant mieux qu'il ne se trompait pas dans le choix qu'il avait fait du magnanime pasteur Hefferdingh. Je le goûte même pour son ingénuité. Au bout de douze ans, il voit revenir sa fille, riche, très riche, reine de théâtre, étalant un grand luxe et de très mauvaises manières, et il ne doute pas qu'elle ne soit restée vierge, puisqu'une Excellence n'a pas hésité à lui donner le bras Tant il peut tenir de candeur dans l'âme d'un vieux colonel allemand! Je consens même que, lorsqu'il entrevoit que Magda a pu, en douze années, avoir plus d'un amant, son étonnement et sa colère aillent jusqu'à l'apoplexie... Voici ce que je comprends moins : Ce dur brave homme, cet homme au cœur droit, veut non seulement que sa fille épouse son ancien séducteur (ce que d'ailleurs elle consent à faire), mais qu'elle accepte d'être mauvaise mère et de tenir éloigné d'elle son enfant, — pour ne pas blesser les convenances bourgeoises. Ici c'est donc lui, l'homme de famille, qui viole en réalité la Règle divine, humaine et sociale, qu'il sacrifie à une prétendue bienséance ; c'est lui, en un sens, qui est le réfractaire, et c'est Magda, à son tour, qui agit « selon l'ordre ». Les rôles du père et de la fille se trouvent finalement intervertis ; et cela embrouille encore l'idée de la pièce.

A. STRINDBERG

Theatre de l'Œuvre : *le Père*, drame en trois actes, de M. Auguste Strindberg, traduction de M. Georges Loiseau.

Je tâcherai surtout d'être équitable, quoique ce ne soit pas un rôle fort brillant. Vous pensez bien qu'il me serait également facile de déclarer que le *Père* est un chef-d'œuvre de philosophie, de psychologie et de dramaturgie, et que la dernière soirée de l' « Œuvre » a consommé le triomphe de la littérature scandinave à Paris, — ou de prononcer que la pièce de M. Auguste Strindberg n'est qu'un mélodrame inspiré à la fois des préfaces de M. Dumas et du théâtre de M. d'Ennery, et où le farouche enfantillage du fond et l'invraisemblance morale des personnages ne sont point suffisamment rachetés par quelques scènes d'une violence habile... Eh bien ! non, je ne développerai ni l'un ni l'autre de ces thèmes avantageux ; et j'aurai l'abnégation de ne vous dire que des choses tempérées, sensées, prudentes et ternes. Songeons que nos arrière-grands-pères ont accueilli avec le plus fervent enthousiasme des pauvretés telles que les idylles de Gessner ou les poèmes d'Ossian, et défions-nous du Nord. Mais gardons aussi que cette défiance ne nous fasse inintelligents et aveugles, et confessons que de traiter Shakespeare de sauvage ivre, comme on fit il y a cent cinquante ans, ce n'était peut-être pas lui rendre tout à fait justice... Mon Dieu, que je suis raisonnable !

Voici d'abord le résumé de la pièce.

Adolphe (l'auteur ne lui donne pas d'autre nom), capitaine de cavalerie (je ne sais trop pourquoi), est un méditatif, qui s'occupe de questions scientifiques et, notamment, de l'identité de composition chimique de la terre et des autres corps sidéraux. Il a une femme, une belle-mère et une vieille nourrice. La femme, Mme Laure, est une méchante femme ; la belle-mère est spirite ; la nourrice appartient à l'une des petites sectes de là-bas : elle est « baptiste », — et n'en est pas plus tranquille, dirait Grosclaude. Le capitaine subit depuis des années, avec une sombre résignation, la tyrannie de ces trois créatures, instinctivement liguées contre lui.

Le conflit éclate à propos de l'éducation de la petite Berthe, sa fille. Il veut arracher l'enfant à l'influence déprimante de ces trois femmes, et la mettre en pension chez un professeur de ses amis. « Un libre penseur ! » se récrie la mère indignée.

Mais, pour la première fois, le capitaine fait mine de tenir bon.

Alors, c'est bien simple, avec une paisible férocité, Laure lui insinue qu'il n'est peut-être pas le père de Berthe et qu'il n'a donc point de droits sur elle. Puis, ayant écarté le vieux docteur ami de la famille, elle mande un nouveau médecin à qui elle déclare tout de go que son pauvre mari est atteint d'aliénation mentale.

Le capitaine semble avoir pris à tâche de justifier cette énorme déclaration. Le soupçon, jeté dans son esprit, grandit en lui, le dévore, lui désagrège le cerveau. Il supplie la méchante femme de lui dire la vérité, et, si en effet il n'est point le père de Berthe, de lui en donner la preuve : il préfère tout à ce doute dont il meurt. Elle se tait : il s'avoue vaincu, misérable et faible comme un petit enfant. « Oui, comme un petit enfant », dit-elle, lui prenant la tête dans ses mains, et savourant son triomphe. Puis elle lui rit au nez, d'un petit rire sec et glacial. Sur quoi, fou de colère, il essaye de lui jeter une lampe à la figure.

Elle tient donc enfin son grief, la mâtine. Son mari est un fou dangereux ; le médecin cède à l'évidence, et ordonne l'internement. « Fou », le malheureux Adolphe l'est maintenant sans métaphore. On entend au plafond son pas forcené de bête en cage et le fracas des meubles qu'il brise. Puis il descend, enfonce la porte du salon, entre en bras de chemise, chargé de livres où il cherche des textes à l'appui de cette idée, que le père n'est jamais, jamais sûr de sa paternité. Et, tour à tour, il rugit contre la perversité des femmes, ou vagit comme un nouveau-né. Et, resté seul un moment avec Berthe, il tuerait cette enfant d'un coup de revolver, si l'on n'avait eu soin de retirer les balles...

Lentement, doucement, avec des caresses, en lui rappelant des histoires d'autrefois, du temps où il était petit, sa vieille nourrice le désarme, puis lui passe les manches de la camisole de force : « Te souviens tu, mon chéri, de ce jour où tu ne voulais pas te laisser habiller !... Je te pris sur mes genoux..., je te passai ton petit gilet... comme ceci... » C'est fait, le fou est bouclé. On l'emmène à la maison de santé.

Cette scène de la nourrice enveloppant le pauvre homme de câlineries de bonne femme, tandis qu'elle le ligote sournoisement pour le cabanon, est une horrible belle chose. Et c'en est une aussi que la scène du second acte, quand l'éclat de rire de Laure achève la déroute atroce de ce misérable homme. Le talent est incontestable. Voilà qui est dit.

Mais la pièce est d'une accablante monotonie dans l'horreur ; mais je n'ai pu comprendre si le médecin était un imbécile ou un complice résigné de la femme ; mais il m'est impossible enfin ni de prendre l'abominable Laure pour une créature de chair, ni même de m'intéresser sérieusement à l'infortuné Adolphe.

Laure est une abstraction ; Laure est une chimère, consentirait à dire Willy. Elle représente proprement la méchanceté féminine en soi, la rage de stérile domination du sexe impur. Elle est d'une méchanceté surhumaine et surnaturelle, d'une méchanceté infinie, étant en quelque façon désintéressée. Elle fait songer, — beaucoup, — à la dure et mauvaise petite femme de Charles Demailly ; mais elle n'a point, pour agir comme elle fait, les raisons de vanité et de cabotinage ulcéré que les Goncourt ont su prêter à la comédienne Marthe Mance. Elle sera bien avancée quand sa fille, qu'elle dit adorer, aura publiquement pour père un homme interné comme dément ! Ce qui la pousse, c'est donc la haine toute pure, une haine impersonnelle, — car son mari est un bon mari, — une haine qui s'attache au sexe mâle tout entier, et qui ne voit en lui qu'un instrument malheureusement nécessaire de procréation. Et la conduite de Laure n'est pas moins étrange que ses sentiments : pas un instant elle ne cache son jeu ; elle n'a pas même une minute d'hypocrisie ; cette haine, elle l'exprime à son mari sans interruption, et d'un air de défi tranquille. Et j'ai bien peur que cette invraisemblable absence de dissimulation chez la femme ne rende invraisemblable, par contre-coup, la rapide et totale défaite du mari.

Vraiment, il y apporte de la bonne volonté. Au moins la démence de Charles Demailly était l'œuvre de plusieurs mois et de toute une série de perfidies savantes. Charles « découvrait » sa femme peu à peu, et chacune de ces découvertes lui était un coup de massue. Mais Adolphe connaît tout de suite que sa femme le hait; et cette connaissance même devrait le tenir armé et, en quelque manière, lui donner du cœur. Qu'il se défende, s'il est fort ; ou qu'il s'en aille, puisqu'il est faible ! Au lieu de s'en aller, — à la brasserie ou ailleurs, — on dirait qu'Adolphe s'applique à devenir fou en un tour d'horloge pour faire plaisir à sa femme. Or, un homme qu'un doute sur sa paternité, suggéré par une femme qu'il sait le haïr, conduit au cabanon avec une si foudroyante célérité, était un sûr candidat à la folie ; et dès lors, la déroute de sa raison n'est plus spécialement et uniquement l'ouvrage de la perversité féminine, et nous pourrions presque décharger de ce crime le sexe à qui nous devons Ohola, Oholiba, Dalila, Marthe Mance, Silvanire de Terremonde et Césarine Rupert, sœurs *vivantes* de Mme Laure, cette roide entité, — mais aussi Pénélope, la servante Blandine, Jeanne d'Arc, Mlle Aïssé, la sœur Rosalie, et beaucoup d'anonymes excellentes, — et, enfin, notre mère, comme dit Gabriel Legouvé .. Bref, le capitaine Adolphe y met trop du sien, et, à cause de cela, nous nous désintéressons un peu de cette chiffe complaisante.

Oui, j'entends bien, il y a du symbole là-dessous, comme dit mon bon maître Sarcey, et c'est pour cela que les personnages sont, à ce point, outrés et simplifiés.

Le fond, c'est la lutte

Entre la Bonté d'Homme et la Ruse de Femme

(je mets des majuscules). C'est la haine d'Hippolyte contre Vénus ; d'Hippolyte s'écriant : « Pourquoi diable ne peut-on pas découvrir le moyen d'engendrer des enfants (et je pense qu'alors on se contenterait de faire des garçons) sans le secours des femmes? » M. Auguste Strindberg est, on nous l'a dit, un misogyne éminent, bien plus radical que M. Dumas, dont, visiblement, il s'inspire, mais qui, lui, ne s'insurge que contre la Bête, et qui croit à la « femme de temple » et à la « femme de foyer ». M. Strindberg n'admet pas ces distinctions. C'est au sexe entier qu'il en a. Quand ces hommes du Nord s'y mettent... Ici, je ne discute plus. La femme fût-elle toujours et par nature ce que dit cet Allemand, il me semblerait à peu près aussi philosophique de partir en guerre contre ce sexe redoutable que de protester contre la mort ou contre la loi de Newton. Mais j'avoue qu'après cela, ce qu'il y a de plus émouvant dans *le Père*, c'est bien la misogynie de M. Auguste Strindberg. C'est l'âpreté, l'amertume, la fureur apocalyptique de cet absurde sentiment qui communique à l'ensemble de l'œuvre une vie qui n'est peut-être pas dans tous ses personnages; et c'est cela qui tire du commun ce drame morose Et je suis heureux de finir sur cet éloge.

ALEXANDRE DUMAS FILS

Reprise de *la Question d'Argent*

Les propos de couloirs, à la reprise de *la Question d'argent*, étaient vraiment curieux. « Eh ! mais, se récriait-on, ce Jean Giraud est charmant. Il est même d'une très bonne moralité moyenne. Lui, un gredin ? Mais c'est un innocent auprès de nos hommes d'affaires d'aujourd'hui ! Ah ! nous avons fait des progrès depuis 1857. Etc... »

Naïf, j'avais d'abord vu dans ces discours une généreuse ironie ; j'avais cru que cette affectation de trouver Jean Giraud inoffensif et bénin par comparaison n'était qu'une façon détournée de mieux flétrir les pirates de la troisième République. Je me trompais : c'est tout de bon, paraît-il, que les philosophes des couloirs considéraient Jean Giraud comme un bonhomme « pas bien fort », c'est-à-dire à peu près irréprochable. Je n'en veux pour témoignage que ces lignes que j'ai découpées dans un journal du soir :

«... Et Jean Giraud reste, *malgré tout*, *un bon diable d'homme*, qui a bien de la patience de supporter les petites insultes déguisées de tous ces grands seigneurs qui se frottent à lui avec une satisfaction parfois malhonnête. »

A vrai dire, je n'ai point remarqué que ni Robert de Charzay, ni Roncourt, ni Cayolle, qui, au surplus, ne sont pas de si « grands seigneurs », se « frottassent » à Jean Giraud avec tant de « satisfaction ». Mais ce n'est point de cela qu'il s'agit. Quel est donc cet homme que l'on estime « malgré tout un bon diable d'homme » ?

Ses antécédents nous sont révélés par Robert de Charzay à la fin du quatrième acte : « Vous êtes un voleur... Vous êtes un voleur... Vous avez commencé votre fortune en jouant avec un dépôt d'argent qui vous avait été confié par une femme dans une position telle qu'un scandale public lui était interdit... Vous avez disparu une fois de la Bourse sans payer... Et les actionnaires des mines que vous aviez découvertes, dont vous avez racheté les actions à 75 0/0 au-dessous du prix d'émission, qu'en dites-vous ? Et vous avez gagné trois millions dans cette affaire ! »

Voilà son passé. Et voici son présent. Jean Giraud pratique des opérations par lesquelles il fait couramment rapporter à l'argent que lui confient ses amis 30 0/0 par mois, autrement dit, 360 0/0 ! Par quels procédés il obtient de si merveilleux résultats,

l'avant-dernière scène de la pièce nous l'indiquera :
« Le bruit s'est répandu aujourd'hui, dit la comtesse
Savelli, que vous aviez disparu avec l'argent que
nous vous avions confié. — J'étais au Havre, réplique Giraud ; je n'ai donc plus le droit d'aller au
Havre ? — Il paraît que non. — C'est trop fort ! Eh
bien, voici la vérité : je n'ai pas quitté Paris. C'était
une malice de Bourse pour vous faire gagner de
l'argent .. »

Telle est l'honnêteté de ce brave homme. J'ai tenu
à citer le texte même, puisqu'il paraît qu'une partie
des spectateurs de l'autre soir n'y avaient pas fait
attention ou qu'ils avaient des oreilles pour ne pas
entendre. Jean Giraud a donc commencé par le
chantage, et a continué par la faillite frauduleuse,
puis par la fausse nouvelle, les faux départs, la
baisse et la hausse fictives, le mensonge, la fourberie, l'escroquerie pure. (Et j'oubliais la scène du
contrat, celle où il explique à sa fiancée, — tranquillement et comme une chose toute naturelle, —
qu'en lui reconnaissant un million de dot, il n'a
qu'une pensée, qui est de frustrer ses créanciers en
cas de désastre.) Je ne vois donc pas qu'il soit si
petit garçon en affaires, et je cherche ce que nos
faiseurs d'aujourd'hui peuvent avoir inventé de
mieux. Car enfin, par delà ce que se permet ce
« bon diable d'homme », il n'y a guère que le cambriolage ou le vol à main armée ; et encore sont-ce
des procédés moins lâches.

Ce qui a trompé un certain nombre de spectateurs, c'est sans doute que les uns ont été inattentifs, — comme celui dont je rapportais tout à l'heure le jugement sur Giraud, — et c'est apparemment que les autres sont des inconscients comme Giraud lui-même, d'heureux individus « opérés du sens moral », ainsi que s'exprime M. Dumas dans une de ses lettres à Mirès. Cette mutilation fait l'étonnante vérité de Giraud. L'auteur nous présente en lui le type le plus commun de l'homme d'argent véreux : le gredin sans le savoir. Et il a très habilement particularisé ce type général en prêtant à Jean Giraud de la rondeur, des airs bon garçon, une certaine finesse aussi, un mélange d'humilité et de vanité, de gaucherie et d'impudence, même quelques idées pas trop basses sur le rôle de l'argent (ses moyens lui permettent de penser là-dessus un peu autrement qu'un escarpe vulgaire) et même, en certaines occasions, une certaine libéralité de sentiments et de façons (car la richesse elle-même, encore qu'ignominieusement acquise, conseille et inspire aux grands pillards certains gestes avantageux dont les petits doivent se priver ; et ne dit-on pas : Généreux comme un voleur ?) — On a prétendu pourtant que Giraud n'était pas complet ; on aurait voulu le surprendre dans ses bureaux ou à la Bourse, si toutefois ce gros personnage s'y rend encore ; le voir à l'œuvre comme forban... Bref, on lui a reproché de n'être point Mercadet. Mais j'avoue que, pour moi, l'essentiel n'est point de constater, de mes yeux, comment il combine et lance une affaire, mais comment il comprend les affaires; par quoi se traduit, dans ses attitudes, sa transformation subite de pauvre hère en roi de la coulisse, et, dans ses relations mondaines ou sentimentales, sa « moralité » si particulière. Et c'est bien cela que M. Dumas nous montre fortement et abondamment. Jean Giraud, c'est le vrai Turcaret.

Une autre cause de l'erreur où certains spectateurs sont tombés, c'est que cette pièce est, comme presque tout le théâtre de M. Dumas, d'inspiration, ou tout au moins de tendance évangélique, et qu'ils ont totalement oublié les idées, — très surannées, en effet, — de l'Evangile sur le commerce de l'argent. Ou plutôt, puisque l'Eglise, bonne à notre faiblesse, a fini par absoudre l'intérêt légal, laissons l'Evangile, qui n'avait point prévu nos civilisations industrielles, et ne parlons que de la morale naturelle et commune... Or, il n'y a pas à aller contre, l'opération de Bourse est, pour les honnêtes gens, un jeu, c'est-à-dire un acte qui est sur l'extrême frontière des choses permises; et, pour les pareils de Jean Giraud, qui forment les trois quarts des hommes d'argent, c'est un jeu où l'on se croit le droit de biseauter les cartes (prospectus trompeurs, hausse ou baisse provoquée par des mensonges, fausses dépêches, ou même dépêches vraies détenues et cachées jusqu'à ce que l'on en ait profité ;

etc.). — Quand Giraud rapporte à Durieu ses cinquante mille francs augmentés de vingt mille autres, la bonne M%%me%% Durieu n'est nullement héroïque, ni spécialement chrétienne, mais tout bonnement honnête en songeant : « Je ne sais d'où sortent ces vingt mille francs que j'ai gagnés en un mois sans travailler ; mais il faut bien qu'ils sortent de quelque part. Il faut, au bout du compte, qu'ils aient été pris à quelqu'un ou qui s'est trompé, ou qui a été trompé. Et, même dans le premier cas, je ne serais pas parfaitement tranquille. Il y a là un mystère qui m'inquiète. Remportez cela, Monsieur Giraud. Tout ce que peut se permettre un enfant de Dieu, c'est le « trois pour cent » sur l'Etat, parce que, ici, la légitimité du gain sans travail lui est affirmée et garantie par le consentement public de la communauté tout entière. Par delà, j'ai des scrupules, et je n'y vois plus assez clair... »

Cayolle, lui, irait un peu plus loin, parce qu'il a des lumières qui me manquent. Mais telle est bien la pensée de la bonne M%%me%% Durieu, de Robert de Charzay, de M. de Roncourt et de la très noble et touchante Elisa. Je n'ai le temps de vous montrer ni combien ces honnêtes gens sont divers dans leur façon d'être délicats et bons, ni comment l'auteur nous montre, dans la souffrance de chacun d'eux, un méfait spécial de l'argent, ni combien la pièce est harmonieuse et solide et comme tout s'y rapporte au même objet : les relations même de la comtesse Savelli et de Jean Giraud ont eu pour origine un sou prêté à la comtesse ; et, si vous demandez à quoi sert cette grande dame, vous verrez que son exemple nous enseigne qu'un des meilleurs emplois et une des meilleures excuses des fortunes démesurées, c'est de les jeter par les fenêtres.

EDOUARD BRANDES

Théatre d'Appel : *Sous la loi*, comédie en trois actes, de M. Edouard Brandès, traduction de MM. Fritz de Zepelin et de Colleville.

Je crois que MM. de Zepelin et de Colleville ont innocemment joué un assez mauvais tour au frère de Georges, en nous révélant son théâtre. Par contre, ils nous ont rendu service, à nous, — un peu autrement peut-être qu'ils ne le pensaient, — et c'est de quoi il convient de leur savoir gré.

Un révolté, cela peut être aussi banal et aussi insignifiant qu'un bourgeois. Un des inconvénients de l'individualisme, de l'égotisme esthétique, de la culture du moi et du culte de la sainte Energie, c'est que la pratique de ces fières doctrines est, en réalité, à la portée de tout le monde, et même des niais. Parfois admirable chez un Ibsen, toujours curieux et souvent exquis chez un Maurice Barrès, j'ai peur que l'individualisme ne devienne quelque chose de bien médiocre et de singulièrement déplaisant chez les nigauds ou les pédants que nous montre le théâtre de M. Edouard Brandès. Oh ! la « revendication du droit de l'individu à son développement intégral », malgré les religions, les codes et les préjugés sociaux ! le droit des êtres nobles et fiers contre les basses et serviles collectivités ! le droit de « se créer sa morale, sa règle », de « remplir toute sa destinée divine », d'être à soi-même son propre dieu !... Cela était tout au long dans *Lelia ;* cela n'était déjà plus neuf en 1830. Et quelle rengaine cela est en train de devenir !... Soit, « revendiquez ! » mais alors exhibez vos titres, génie ou vertu. Si c'est génie, voilà qui est bien. Si c'est vertu, encore mieux ; seulement vous rentrez du coup dans la morale universelle (dont, après tout, les lois écrites sont des interprétations qu'on ne saurait dire entièrement mensongères et qui, d'ailleurs, peuvent être à leur tour interprétées).

Les titres du capitaine Gerhart sont assez pauvres. Il n'a que beaucoup de prétention. Il répète, sans nul accent personnel, les antiques banalités de la théorie individualiste : aussi peu original dans la révolte qu'il l'eût été dans la soumission, car il est né écolier. « Hélène ! dit-il avec solennité, aucun de nous ne respecte d'autre loi que celle que nous nous donnons nous-mêmes. » Et encore : « Je n'accepte d'autre loi que celle que je me donne à moi-même : en moi est la morale, la loi et le devoir. Je n'ai rien à faire avec la société ni avec sa morale de camisole de force, faite pour tout le monde. »

La « camisole de force », ici, c'est l'obligation de la fidélité dans le mariage. Le capitaine Gerhart, marié et père d'une fillette de quatorze ans, a quitté l'armée, parce qu'il supportait mal la discipline militaire. Il s'occupe de géographie et rêve de voyages au centre de l'Afrique. Il s'est épris d'une jeune femme « très spirituelle », paraît-il, en réalité aussi prétentieuse et pédante que lui, et qui dénonce d'un tel air de satisfaction, — et comme si elle faisait une grande découverte, — les préjugés et l'hypocrisie bourgeoise, qu'elle donnerait envie de chercher des excuses à ces préjugés et même à cette hypocrisie. Elle s'appelle Hélène : elle a épousé un mari stupide et brutal, qui est devenu fou, qu'elle a admirablement soigné, nous dit-on, et qui vient d'être enfermé. Maintenant elle est libre ; Gerhart est libre aussi, puisqu'il veut l'être ; et, pour bien marquer qu'ils sont libres, les deux amants ont décidé de partir ensemble pour l'Afrique, où l'homme n'est pas encore « sous la loi ».

Et alors ils s'appliquent, comme deux bons élèves, à être très ibséniens. Tout mensonge étant indigne de la noblesse de leur âme, Hélène exige que Gerhart avoue leur amour à sa femme, une douce et bonne créature, et qu'il obtienne son consentement à leur départ. Pourquoi pas? Mme Gerhart n'adore-t-elle pas son mari, et n'a-t-elle pas dit maintes fois qu'il n'est pas de sacrifice dont elle ne soit capable pour lui faire plaisir? Gerhart le lui rappelle, et il ajoute, ou à peu près : « Le développement intégral de mon « moi », et de celui de ton amie Hélène, qui est, comme moi, un être absolument supérieur, exige que nous allions nous aimer dans l'Afrique centrale. Tel est notre devoir. Tu connais le tien. » La pauvre femme lui dit : « Tu ne m'aimes donc plus? » Il répond : « Je t'aime, mais ton être n'est point le nécessaire complément du mien. Ton idiosyncrasie te rend impropre à cet honneur. Ma vraie complémentaire, c'est l'âme sublime d'Hélène. Et nous t'en avertissons tranquillement, parce que nous sommes des ibséniens. »

Pourtant, rassurez-vous, M. Edouard Brandès a l'âme bonne au fond, et c'est la morale commune qui triomphe au dénouement.

La femme du capitaine individualiste sonne sa femme de chambre et lui dit : « Envoyez-moi ma fille. — Que veux-tu faire? dit Gerhart. — Je te permets, dit-elle, de partir avec ta bonne amie; mais, auparavant, je veux que tu expliques à ta fille avec qui et pourquoi tu t'en vas. — Mais tu n'as donc pas de pudeur ! dit le capitaine. Mais tu es donc méchante! Mais tu ne vois donc pas que ce que tu fais est effroyable ! » (Je cite, ici, textuellement, je vous assure.) La petite fille entre, dit à ses parents : « Vous n'êtes donc pas d'accord? Oh ! que ça me fait du chagrin ! — Allons ! dit la mère au père, explique-lui. » Mais notre ibsénien n'en a pas le courage. Et il embrasse sa fille en pleurant.

Au dernier acte, Gerhart avoue à Hélène, assez piteusement, que « la loi » est plus forte que lui et qu'il retombe « sous la loi ». Hélène lui pardonne dédaigneusement. Elle redeviendra la garde-malade de son mari, qu'on a ramené de la maison des fous.

Vous pensez, là-dessus, que c'est à merveille, et que l'auteur n'a donc voulu que tourner en dérision l'ibsénisme de ses principaux personnages, qui n'est d'ailleurs qu'un sandisme très attardé ? Mais point. On sent dans toute la pièce, à n'en pas douter, qu'il les prend terriblement au sérieux, qu'il les trouve beaux, nobles et grands, et que, la loi d'airain à laquelle ils finissent par se soumettre, il la subit, comme eux, en grondant, et sans trouver rien du tout de vénérable dans sa force nécessitante.

Et, d'un bout à l'autre, quels discours ! quelle emphase vide, et lourde pourtant ! quelles fausses et froides hardiesses ! et quel ennui ! Mais que le Théâtre d'Appel a bien fait de nous infliger cette danoiserie ! Nous commencions à croire qu'ils avaient tous du génie là-bas. Nous sommes rassurés. *Sous la loi* ressemble à je ne sais quel maladroit mâtinage d'Ibsen et de Dumas fils, car le dénouement fait songer à celui de *la Princesse de Bagdad*, et c'est aussi *Gabrielle* retournée. Et nous nous disons que ce n'est pas la peine d'emprunter aux étrangers leurs mauvaises pièces, car, Dieu merci ! nous en avons chez nous. Nous connaissons à peu près tout le théâtre, admirable çà et là, d'Ibsen et de Bjœrnson ; nous connaissons les principales œuvres, intéressantes encore, d'Auguste Strindberg et de Gerhart Hauptmann. Il nous reste à découvrir Sudermann. Après quoi, il se pourrait que ce fût fini, et que le Nord eût vidé son sac. Il faut remercier MM. de Zepelin et de Colleville de nous l'avoir fait pressentir. Notre dernier accès de septentriomanie touche à son terme, et nous allons pouvoir redevenir des Latins, de bons Latins.

Maintenant (car je crains toujours qu'en ces matières mes plus vives et mes plus sincères impressions ne soient injustes), on peut commettre une pièce médiocre et rester visiblement un esprit distingué, et je pense que c'est le cas de M. Edouard Brandès. J'ajoute que le texte danois peut avoir des qualités de style qui ont forcément disparu dans la traduction, et que, d'autre part, la satire des hypocrisies bourgeoises, bien vieille chez nous et bien émoussée, peut avoir encore, à Copenhague, un air d'audace et une saveur de nouveauté.

G. COURTELINE

Mlle Eugénie Nau, une curieuse comédienne, de plus de tempérament que d'art, a organisé à la Bodinière, sous le nom de *Scènes vécues*, des représentations de petits actes rapides et colorés, à deux ou trois personnages, et qui durent chacun un quart d'heure. « Du liebig dramatique », nous a dit M. Louis Marsolleau.

En tout cas, le comique de M. Georges Courteline ne serait du liebig que par l'intensité de la saveur : car il n'a rien de desséché ni de réduit, oh ! non. M. Courteline est un poète. Il a, dans la bouffonnerie, du lyrisme, de la somptuosité, un rythme large et véhément. Il magnifie « le mufle » ; il le fait débordant et démesuré. Il y a du Rabelais en lui. Comparez telles de ses fantaisies aux merveilleux chapitres de *Pantagruel* : « Quelles contenances eurent Panurge et frère Jean durant la tempête » et « Comment, la tempête finie, Panurge fait le bon compagnon », et je suis bien sûr que vous serez de mon avis. Parfois, d'un mouvement spontané, la prose délirante et harmonieuse de Courteline se tourne en vers lyriques. Rappelez-vous son *Chœur de déménageurs.* Rappelez-vous cet autre chef-d'œuvre, où, du fond d'un omnibus, une ménagère, pleine d'une assurance candide, prodigue à son fils, assis près du conducteur, les conseils de l'expérience et les recommandations maternelles de l'ordre le plus intime, ponctués par l'approbation *du Chœur des voyageurs* :

> Il pleut des vérités premières :
> Tendons nos rouges tabliers.

Rien du réalisme bas d'Henry Monnier. M. Courteline ne craint point d'user de certaines conventions effrontées, dont l'effet comique est d'une rare puissance, et qui ne sont d'ailleurs que des moyens d'atteindre à une vérité supérieure. Par exemple, il prend des bourgeois d'aspect cossu, des petites femmes qui sont presque des femmes du monde, — des gens « bien élevés » par définition, — des gens qui sont invités aux soirées des ministères ; ainsi ! Et à ces gens « comme il faut », il prête une langue d'une brutalité composite, où éclatent pêle-mêle des mots de camelots et de faubouriens, les métaphores canailles du pavé de Paris, les figures de rhétorique et les tours de phrase facétieux des commis en nouveautés qui fréquentent les courses et font la noce, le tout mêlé à des bribes de littérature, à du style de vaudeville ou d'opérette... Et cela nous heurte d'abord d'un choc inattendu : puis, à la réflexion, nous reconnaissons que M. Courteline a simplement prêté à ses mufles de « gens comme il faut » la vraie langue de leurs âmes, celle qu'ils parlent devant Dieu...

ALEXANDRE DUMAS FILS

Renaissance : *La Femme de Claude*, pièce en trois actes, de M. Alexandre Dumas fils (reprise).

Je crois qu'on a tout dit sur *la Femme de Claude*. Déjà, il y a vingt et un ans, le poète Théodore de Banville avait compris que c'était un poème, un drame symbolique. Cette semaine, et à deux reprises, M. Henry Fouquier, avec sa souplesse et sa pénétration habituelles, a fait l'exégèse de l'œuvre. Et toute la critique, en chœur, a remarqué que c'était de l'Ibsen avant l'ibsénisme. Mais si vous voulez savoir encore mieux quelle belle chose c'est que *la Femme de Claude*, et combien riche de signification, c'est encore M. Dumas lui-même qui vous l'expliquera le mieux, dans sa bouillonnante lettre à M. Cuvillier-Fleury. Je le dis sans raillerie, puisque je suis tout à fait de l'avis de l'auteur.

C'était au lendemain de la défaite irréparée. Plusieurs, à cette époque, étaient agités de très généreux sentiments, faisaient des examens de conscience cherchaient le sens de la vie, cherchaient le devoir. Tout cela a été bien oublié. Même, il y a des gens que cet état d'âme doit faire sourire aujourd'hui. Nulle régénération n'en est sortie, au contraire ; et Dieu, en nous envoyant le malheur, nous a fait un présent inutile. Mais enfin, cette noble angoisse, si passagère qu'elle ait été, c'est l'honneur de M. Dumas de l'avoir ressentie avec une intensité particulière, et de l'avoir exprimée avec une sincérité, une candeur, une émotion, un emportement qui ne furent point égalés. M. Dumas connut alors l'état proprement « prophétique », où je ne crois pas qu'il se soit maintenu. La vie ne nous permet pas d'être longtemps sublime. *La Femme de Claude* a été écrite dans une crise d'exaltation morale, analogue à celle des *nabi* d'Israël : « Ecoute, ô mon peuple, et instruis-toi ! » Le peuple a entendu, mais il n'a pas écouté, et *la Femme de Claude*, l'autre jour, lui a semblé surtout bizarre. C'est qu'il n'a pas coutume d'ouïr ces choses au théâtre.

Donc, c'est un poème, une rêverie passionnée, très simple, très grande. Il a paru au prophète que ce qui nous avait perdus, et, en général, ce qui perd les peuples, c'étaient la luxure et l'argent, c'est-à-dire les deux formes principales de la recherche des sensations égoïstes. Et il a incarné la luxure dans Césarine, comme Ezéchiel l'avait incarnée dans Ohola et dans Oholiba, et par la même démarche naturelle de l'imagination. Et, comme jadis Baal, Cantagnac représente la puissance corruptrice de l'argent, telle qu'elle s'exerce de nos jours ; il représente la banque, la spéculation financière et l'exploitation, tantôt des idées et du travail des « intellectuels », tantôt de l'effort, de la sueur ou des humbles économies des pauvres, et la mise en coupe réglée des biens de tous au profit de quelques-uns, et le cosmopolitisme, et finalement le nihilisme. Et le poète voyait juste. J'ai peur que les deux grands phénomènes sociaux qui marquent chez nous les vingt dernières années écoulées, ce ne soit précisément le développement de la luxure (voyez notre littérature, nos journaux, nos théâtres et nos boulevards) et la dureté croissante du règne de l'argent, la fréquence de ces entreprises financières... dont quelques-unes finissent en Cour d'assises, — quelques-unes seulement, parce que, en effet, l'argent est roi, roi des chefs mêmes et des conducteurs du peuple. Oui, ce poème est plein de pressentiments.

J'ai nommé les puissances noires. En face d'elles, le poète dresse les puissances blanches. Car toute rêverie qui essaye d'embrasser quelque vaste ensemble des choses terrestres est naturellement manichéenne. Ici, la luxure et l'argent, et, par suite, l'égoïsme et la négation. Là, la chasteté, le désintéressement, la charité, l'amour, la foi en Dieu, la conviction que le monde a un sens, et que l'homme de bonne volonté peut, en quelque sorte, conspirer avec Dieu aux fins de l'univers ; d'un seul mot, la

Conscience. La Conscience, c'est Claude Ruper.

Or Claude est inaccessible, étant parfait. Pour que la lutte puisse s'engager entre les anges d'Ormuzd et les anges d'Ahriman, le poète a donné à Claude un fils spirituel, Antonin, qui a vingt ans et qui peut être tenté.

La Conscience (Claude), qui est aussi le Génie, a inventé un canon ; un canon si extraordinaire qu'il doit rendre la guerre impossible et contribuer ainsi, par un détour, au bien de l'Humanité. L'Argent (Cantagnac) dit à la Luxure (Césarine) qui est sa servante : « Il me faut ce canon ! »

Et la Luxure essaye de séduire la Conscience par un mensonge d'amour. Mais la Conscience lui dit : « Arrière ! Je te connais. » Alors « dame Luxure » (comme eût dit il y a cinq cents ans un auteur de *Moralités*), se tourne vers le Disciple, et le séduit aisément. Elle se fait livrer, par surprise, la clef du coffre où est enfermé le secret du canon merveilleux. Mais la Conscience veille. Elle a pu pardonner dédaigneusement à la Luxure, tant que la Luxure se contentait d'être luxurieuse : mais, du moment que cette gueuse s'en prend directement à l'œuvre des enfants de Dieu, la Conscience, éclairée par Dieu, qu'elle implore dans une fort belle prière, se reconnaît le droit de frapper l'Ennemie, et elle abat la Luxure d'un coup de fusil perfectionné.

Mais je ne vous ai rien dit encore de Daniel et de sa fille Rébecca. A la vérité, je vois bien que Rébecca est l'amour pur, celui qui ne « consomme » pas, par opposition à l'impudicité, et qu'elle est la fiancée mystique de la Conscience. Mais je vous avoue que, dans ce drame d' « entités » (le mot est de M. Dumas, dans sa préface), je ne vois pas très clairement quelle entité figure cet Israélite qui s'en va à travers le monde, à la recherche des onze tribus et rêve de les rassembler à Jérusalem. (Car c'est la douzième toute seule, celle de Juda, qui a conquis l'Europe, et l'on ne sait pas ce que sont devenues les onze autres.) M. Dumas nous dit, par la bouche de Daniel, des choses curieuses, peut-être inquiétantes ; et son grand mérite, c'est de les avoir dites il y a plus de vingt ans :

« ... Nous avons été forcés, nous autres Israélites, de nous glisser dans les interstices des nations, d'où nous avons pénétré dans les intérêts des gouvernements, des sociétés, des individus. C'est beaucoup, ce n'est pas assez. On croit encore que la persécution nous a dispersés, elle nous a répandus ; et, nous tenant par la main, nous formons aujourd'hui un filet dans lequel le monde pourrait bien se trouver pris le jour où il lui viendrait à l'idée de nous redevenir hostile ou de se déclarer ingrat. En attendant, nous ne voulons plus être un groupe, nous voulons être un peuple, une nation. La patrie idéale ne nous suffit plus, la patrie fixe et territoriale nous est redevenue nécessaire, et je pars pour chercher et lever notre acte de naissance légalisé. J'ai donc chance de voir du pays et d'aller de la Chine au lac Salé, et du lac Salé au grand Sahara. Chacun son idéal ou sa folie. » Je conçois, par ces derniers mots, que Daniel est, lui aussi, « une conscience », mais alors il me semble qu'il fait double emploi avec Claude, et je comprends mal quel est, dans ce « mystère », le rôle propre de ce juif. Supprimez-le, et le drame restera absolument intact. Je crois que, tout simplement, — et je ne le regrette point, — parmi les idées qui bouillonnaient en lui à cette époque, M. Dumas avait son idée sur Israël, et qu'il a donc voulu l'exprimer, fût-ce par le moyen d'un personnage évidemment inutile à l'action. Mais, d'autre part, il se pourrait que Daniel fût un juif bien exceptionnel pour un juif symbolique. Je ne dis point qu'il y eût plus de raisons d'incarner l'Argent dans le juif Daniel que dans Cantagnac : je dis qu'il n'y en avait pas moins. Car, si l'Argent est protestant et même catholique, j'ai entendu dire qu'il passait pour juif aussi, quelquefois.

Je vous ai conté que la Conscience abattait la Luxure, serve de l'Argent, d'un coup de fusil nouveau modèle, et la phrase a pu vous sembler bizarre. J'aurais pu ajouter que l'Argent vient visiter la maison de campagne de la Conscience, que la Conscience conduit le Patriotisme et l'Amour pur à la gare, dans une charrette, et vingt autres singularités du même genre... C'est une façon de vous indiquer ce qu'il y a peut-être d'un peu hybride dans *la Femme de Claude*, et le seul reproche que je consentirais à faire, si l'on me pressait, à l'exécution de l'œuvre.

Des détails de la vie concrète s'y mêlent étrangement au drame abstrait. On peut trouver qu'il y a là trop de comédie pour un symbole, ou trop de symbole pour une comédie. Claude, Antonin, Daniel, Rébecca sont bien des « entités ». La fable est toute simple, et les moyens dramatiques ont une sorte d'ingénuité, comme il convient dans une « moralité » qui est aussi un « mystère ». La servante Edmée, avec son repentir subit et total, est une « utilité » presque naïve, et cela est à merveille. Mais Césarine est bien vivante ; c'est bien une créature de chair ; c'est bien une coquine du meilleur théâtre de M. Dumas ; c'est bien une sœur, un peu plus criminelle, de Suzanne d'Ange, d'Albertine de Laborde et de Sylvanire de Terremonde, une « bête » tangible, — oh ! pleinement, — odorante et élastique, déchaînée parmi des Ombres. Et, d'autre part, Cantagnac, ce faux Marseillais d'Allemand, qui sait tout, qui voit tout, qui est partout, pour qui les « états civils » les plus impénétrables n'ont point de secrets, et qui connaît ce qui se passe chez toutes les sages-femmes louches de Paris, cet agent d'on ne sait quelle Société européenne pour l'exploitation des hommes de génie, est évidemment un échappé des romans de Dumas père et presque de Ponson du Terrail. Et ainsi, *la Femme de Claude* tient à la fois du « mystère », de la comédie et du mélodrame.

C'est un mélange de haut goût. On a dit, — et je l'ai rappelé en commençant, — que c'était déjà de l'Ibsen, et cela plusieurs années avant les œuvres vraiment originales du dramaturge de Bergen. Oui et non. Vous ne trouverez chez Ibsen ni Césarine ni Cantagnac. Et quant aux personnages symboliques de l'écrivain norvégien, ils ne nous deviennent tels, dans ses meilleures pièces, que lentement et par réflexion. Ils ont une vie concrète extrêmement minutieuse et qui se développe en de longues et lentes conversations sinueuses et familières. Au lieu que Claude, et surtout Daniel et Rébecca nous expliquent *ex professo*, — ces deux derniers en un seul couplet, — leur âme et l'Idée qu'ils représentent, et disparaissent quand ils se sont définis. Si *la Femme de Claude* ressemblait à quelque ouvrage d'Ibsen, ce serait à *la Dame de la Mer* ou à *Solness le Constructeur*. Ce n'est donc pas assez de dire que M. Dumas fut ibsénien avant Ibsen : du premier coup il fut plus qu'ibsénien, et produisit, voilà vingt et un ans, un exemplaire de la dernière et de la plus étrange manière ibsénienne. Quel homme !

La Femme de Claude nous a fort amusés l'autre soir par la curiosité même de sa constitution, — émus aussi par la grandeur des sentiments qui y sont traduits et l'importance considérable des idées qui y sont affirmées ou débattues. Ce sont d'admirables morceaux, et d'une forme où M. Dumas lui-même avait rarement atteint, que la condamnation de Césarine par Claude, la prière de Claude, le *Credo* de Daniel, la déclaration d'amour de Rébecca et, dans un tout autre genre, la biographie de Césarine par Cantagnac. Et puis, enfin, il y a là de quoi faire songer. Ce n'est pas, à vrai dire, que nous ayons des doutes sérieux sur la légitimité du coup de fusil de Claude. Il y a là autre chose qu'un mari qui tue une épouse adultère. Le dernier crime de Césarine est bien de ceux qui permettent encore une sorte de pitié théorique, mais qui interdisent le pardon. La prostitution et l'avortement même ne sont rien auprès de ce qu'elle se dispose à faire. Claude, c'est l'Humanité dans le cas de légitime défense. Etant donnés les circonstances, et le forfait de Césarine, et la conscience de Claude, sa foi en un monde surnaturel et ses relations avec Dieu ; étant donné ce qu'elle a fait et ce qu'il croit, ce qu'ils sont l'un et l'autre et ce qu'ils sont l'un à l'autre, c'est nous-mêmes, au besoin, qui crierions à Claude Ruper : « Tue-la ! » Seulement nous nous demandons pourquoi, dans quel dessein, le Dieu de Claude a pu former des créatures aussi inexpiablement mauvaises, aussi évidemment damnées d'avance, que Césarine. (Son mari lui dit un mot profond : « ... Il est impossible que vos remords soient sincères; ils doivent cacher une infamie. *Il y a des fautes qui sont d'avance privées de remords*, et vous avez commis de ces fautes-là. ») En somme, le problème se ramène vite, dans notre pensée, à l'éternel problème métaphysique de l'existence du mal. Et alors, poussant plus loin, nous serions tentés de nous poser, sur le Dieu de Claude, des questions de plus en plus indiscrètes... Et, comme c'est rarement au théâtre que nous sommes induits à nous poser ces questions-là, j'en conclus que *la Femme de Claude*, qui n'est peut-être pas une œuvre dramatique parfaitement harmonieuse, est un poème diantrement intéressant.

ALEXANDRE DUMAS

Une lettre de M. Alexandre Dumas. — PORTE SAINT-MARTIN : *les Mousquetaires ou Vingt Ans après*, d'Alexandre Dumas et Auguste Maquet (reprise).

Je m'étais demandé quel lien pouvait, dans *la Femme de Claude*, rattacher le rôle de Daniel au reste de l'action. Je me l'étais demandé tout en le sachant bien, puisque ce lien est indiqué dans la *Lettre à Cuvillier-Fleury*. Mais ce lien m'avait semblé fragile. J'en avais conclu que, parmi les idées qui bouillonnaient alors en lui, M. Dumas, ayant son idée sur les juifs, avait tout bonnement voulu l'exprimer, fût-ce par le moyen d'un personnage « à côté ». Et je ne m'en plaignais pas. M. Dumas me répond :

« Voilà. Je voulais que Daniel et Rébecca s'en allassent si loin qu'on ne pût jamais les rejoindre et que Claude ne fût pas soupçonné d'avoir tué Césarine pour pouvoir épouser Rébecca. Il faut avoir fait du théâtre quarante ans comme moi pour connaître les objections stupides et toujours à sa hauteur moyenne que le public est capable de faire. Je voulais affirmer aussi que, si les hommes de la trempe de Claude peuvent arriver à la réalisation de leur idéal d'esprit, ils n'arrivent jamais à réaliser leur idéal intime, celui où il faut être deux, dont une femme. La question du juif aussi m'intéressait. Il venait de prendre une telle importance par l'argent qu'il nous avait prêté pour faire face à l'indemnité de guerre (49 milliards, ce n'étaient pas les bas des paysans qui avaient fourni cette somme) ; il avait si bien et si vite trouvé moyen, nos troupes ayant quitté Rome, de supprimer la chaîne du Ghetto et de devenir citoyen romain et de posséder le sol, ce qui lui permettrait, s'il le croyait nécessaire, d'acheter Rome et de la faire passer par un troisième état, en prévision duquel il commençait par faire reléguer le Pape dans un coin du Vatican ; il venait de contribuer si puissamment au rétablissement de la République, forme politique où il a le plus de chances d'être le roi, que j'ai cru le moment venu de le signaler aussi rapidement que l'exige le théâtre. J'ai voulu montrer le bout du filet dans lequel le monde pourrait bien se trouver pris un jour et, en empruntant pour mon personnage le nom de Daniel, il ne me déplaisait pas d'être un peu prophète à mon tour. On peut admettre que j'étais dans le vrai, en voyant l'importance que Drumont a donnée, depuis, à la question. Enfin, comme l'Italie et l'Allemagne venaient de reconstituer ou plutôt de constituer leur unité à nos dépens, il ne m'a pas paru invraisemblable qu'un Israélite plus ou moins illuminé eût l'idée de reconstituer aussi sa patrie et de rebâtir le temple de Salomon Ma conviction est qu'on vendra, un jour, les lampes du tombeau du Christ à l'hôtel des commissaires priseurs, et que c'est un Rothschild qui les achètera. Telles étaient les idées, les turlutaines où Daniel a pris naissance. On m'a ri au nez sur ce point comme sur les autres, et votre bon maître Sarcey a appelé tout ça un abominable gâchis. Dieu sait que je n'aurais jamais appelé de ce jugement, si Sarah n'avait eu l'idée de ressusciter ma gredine. Je l'ai laissée faire, pour voir. Elle y a été vraiment admirable, et la pièce est apparue sous un nouvel aspect...

« Vous ne sauriez croire combien je suis touché et reconnaissant de l'intérêt que vous témoignez à tout ce théâtre écrit avec toutes les convictions et toutes les sincérités possibles. Si l'on n'écoutait que le public, on n'irait jamais plus loin que *la Dame aux camélias, le Demi-Monde* et *Francillon*. Il ne voit pas plus haut que ça. L'idée du fils naturel qui se fait un nom au lieu de pleurnicher jusqu'à ce que son père lui ait donné le sien bouleversait déjà par son audace ce public habitué à ce que tout s'arrange ; et *les Idées de Madame Aubray* et *la Femme de Claude* le faisaient bondir, et la dernière le faisait se sauver. Il a fallu trente-cinq ans au *Fils naturel* pour vaincre toutes les résistances bourgeoises, et encore la chose n'a-t-elle pu se faire qu'à l'Odéon, dans l'atmosphère des jeunes. Il a fallu tout le talent de Sarah pour faire écouter *la Femme de Claude*. Il a même fallu qu'Ibsen s'en mêlât, sans le vouloir. Enfin la discussion y est toujours, mais le parti pris n'y est plus. Votre article et ceux de Fouquier n'y auront pas peu contribué... »

Je vous dirai naïvement quelles ont été mes impressions durant la représentation de *Vingt ans après*. Ce sont celles d'un homme pour qui Racine est dieu, et qui n'était plus tout jeune quand il lut *les Trois Mousquetaires* et *Monte-Cristo*.

A dix heures, le père Dumas ne m'avait pas encore entamé. Sarcey me dit : « Attendez ; vous verrez, c'est merveilleux. » A onze heures, je résistais encore, mais mollement. A minuit, j'étais conquis ; et à une heure du matin, je ne savais plus où j'en étais.

Où j'ai commencé de faiblir, c'est quand Porthos et d'Artagnan dégainent contre Athos et Aramis, les deux premiers étant pour Mazarin et pour Cromwell, les deux autres pour les princes et pour Charles Ier. Les quatre héros se reconnaissent, et le combat finit par une embrassade circulaire et fraternelle. Car, n'est-ce pas? avant d'être Têtes rondes ou Cavaliers, ou n'importe quoi, ils sont les quatre mousquetaires. Bravo, les quatre !

Mais Mordaunt, qui veillait, et, qui, des quatre

meurtriers de sa mère, en connaît deux : Athos et Aramis, demande à Cromwell de lui livrer ces deux-là en récompense de ses services, et les fait enfermer dans une petite maison très solitaire, très verrouillée, et munie de barreaux sérieux. Bravo, Mordaunt !

Mais d'Artagnan, chargé de garder les deux prisonniers, exige de Mordaunt, avant de les lui remettre, un ordre écrit de Cromwell, et, pendant que Mordaunt retourne auprès du général, il introduit Porthos dans la maison (comment ? je ne sais plus) ; et Porthos casse un barreau comme on ferait une allumette, et les prisonniers s'évadent par la fenêtre. Bravo, Porthos et d'Artagnan !

Mais Charles Ier est arrêté, jugé, condamné à mort. Il doit être exécuté dans les vingt-quatre heures. Et alors Aramis, déguisé en chapelain, s'introduit auprès du roi. Athos, déguisé en valet du bourreau, creuse dans le mur un trou, par où le roi s'échappera. Et, comme cela demande du temps, Porthos et d'Artagnan confisquent le bourreau et l'enferment dans un sous-sol, afin que l'exécution soit retardée. Bravo, les mousquetaires !

Mais un homme masqué se présente pour remplacer le bourreau disparu. Il décapite le roi aussi proprement que l'eût fait un professionnel. Cet homme masqué, c'est Mordaunt. Bravo, Mordaunt !

Mais les quatre mousquetaires suivent l'homme masqué, le voient entrer dans une maison des faubourgs de Londres, regardent par la fenêtre, reconnaissent Mordaunt, pénètrent dans la maison mystérieuse, disent à leur ennemi : « Nous te tenons ! Mais nous sommes des gentilshommes, nous ne voulons pas t'assassiner. Tu te battras successivement avec chacun de nous. » Et, les noms des mousquetaires jetés dans un chapeau, c'est d'Artagnan qui est désigné pour le premier duel. Et l'archange gascon tire son épée flamboyante ; et Mordaunt rompt tortueusement, et d'Artagnan l'accule enfin dans un coin de la chambre. Bravo, d'Artagnan !

Mais à peine d'Artagnan s'est-il écrié avec simplicité : « Vous allez voir, Messieurs, comment on cloue un scorpion contre un mur ! » Mordaunt disparaît dans la muraille par une porte secrète, et laisse les mousquetaires babas. Bravo, Mordaunt !

Mais cela ne les empêche point d'être des braves, et d'exprimer les plus nobles sentiments, et de répéter avec assurance : « Nous le repincerons ! » car ils savent que c'est Dumas qui les conduit. Bravo, les mousquetaires !

Mais il semble que Mordaunt doive leur donner encore du fil à retordre. La felouque qui va les ramener en France est justement celle que Cromwel avait fait machiner pour Charles Ier, au cas où l'évasion aurait réussi. Le Protecteur, qui était au courant de tout, eût même préféré que le roi s'échappât et qu'il prît ce bateau, car dans la soute et sous les cabines des passagers se trouvent des barriques qui ressemblent à des barriques de vin, et qui sont pleines de poudre. Le roi eût sauté en pleine mer, et ni vu ni connu. Mordaunt s'embarque secrètement sur cette felouque en même temps que les mousquetaires. Quand ils seront endormis, il allumera la mèche qui doit mettre le feu aux poudres, s'éloignera dans le canot et aura la joie de voir ses ennemis éparpillés en petits morceaux dans un bouquet de feu d'artifice. Bravo, Mordaunt !

Mais Dumas veille sur ses quatre mousquetaires, qu'il préfère à Mordaunt sans bien savoir pourquoi. Le laquais de d'Artagnan, ayant eu l'idée d'aller tirer du vin à l'une des barriques, s'aperçoit avec épouvante que c'est de la poudre qui a coulé dans son pot. Il fait part de sa découverte à son maître. Et alors, juste au moment où Mordaunt allume la mèche, nos quatre amis et leurs serviteurs s'esquivent par un hublot, détachent la barque, y descendent, s'éloignent avec rapidité... Et c'est Mordaunt que l'explosion envoie vers les étoiles. Bravo, les mousquetaires !

Mais Mordaunt n'est que blessé. Retombé dans les flots amers, il nage comme un enragé, rejoint le canot, demande grâce, supplie qu'on le recueille. Et comme on l'envoie promener, il saisit Athos par la jambe et l'entraîne avec lui dans le gouffre. Bravo, Mordaunt !

Mais, tandis qu'ils barbotent enlacés, Athos parvient à dénouer l'étreinte de son ennemi, et l'achève d'un coup de sa bonne dague. Et Athos, trempé mais content, remonte dans le canot ; et l'on voit flotter au premier plan, devant la rampe, le cadavre de Mordaunt, un poignard dans la gorge Bravo, Athos ! Bravo, les mousquetaires ! Bravo, Dumas !

Et la toile tombe à regret.

J'ai distribué mes encouragements aux personnages du drame avec l'impartialité la plus spontanée et la plus sincère J'ai tour à tour préféré chacun d'eux dans l'instant où il se montrait le plus adroit ou le plus fort.

J'ai eu beau faire, je n'ai pu prendre parti contre Mordaunt. Pourquoi ? Est-ce parce que je lui sais gré d'être un si bon fils ? On lui dit : « Votre mère a poignardé celui-ci. Elle a empoisonné celui-là. Elle a dénoncé et fait pendre ce troisième. Elle a séduit le petit frère du bourreau de Béthune, etc., etc. » Il répond chaque fois, et chaque fois sur un diapason plus élevé (et le père Dumas a dû trouver la réponse sublime au moment où il l'écrivait): « C'était ma mère ! » Ce garçon de noir vêtu, c'est l'amour filial « en soi ». Mais j'avoue que ce n'est pas par là qu'il m'intéresse, car je n'y songe plus du tout en le voyant agir. Je n'ai même pas besoin de savoir pourquoi il agit, ni pourquoi il déteste si fort les bons mousquetaires et le roi Charles Ier. Il m'intéresse parce qu'il est partout présent, qu'il sait tout, voit tout, prévoit tout, et qu'il est malin comme un singe tout en restant triste comme un corbeau.

De même, j'ai eu beau essayer, — peut-être par esprit de contradiction, — de me mettre du côté de Mordaunt : je n'ai pu cesser de chérir les mousquetaires. Pourquoi? Est-ce pour la qualité de leur âme ? Si vous voulez ; encore que leurs consciences soient un peu rudimentaires, que deux d'entre eux au moins se battent simplement pour qui les paye, et qu'au surplus nous nous soucions bien peu de savoir pour qui ils se battent et si leurs mobiles sont intéressés ou non. Est-ce parce qu'ils sont gais ? Mais la gaieté de Porthos est celle d'un hercule de foire, et les facéties de d'Artagnan sont vraiment pénibles. Est-ce parce qu'ils sont tristes ? Mais la mélancolie du pâle Athos est banale comme une romance. Est-ce parce qu'ils sont braves ? Certes, ils le sont. Toutefois, je remarque que ces héros sont tout le temps quatre contre un. Au moment où Charles Ier sortait du Parlement, un voyou lui a jeté une pierre Il eut tort; mais ce n'est pas un si merveilleux exploit que de se mettre quatre pour l'assommer. Quand ils pénètrent chez le fils de milady et lui proposent quatre duels successifs, je confesse que c'est pour Mordaunt que je fais des vœux Qu'importe ! Je les aime, parce que, sans être aussi intelligents ni aussi actifs que Mordaunt, ils ne laissent pas d'être malins et de se donner un joli mouvement, et de courir des périls variés, et de s'en tirer par des moyens quelquefois imprévus. Bref, je les aime, uniquement parce qu'ils sont les quatre mousquetaires.

Qu'est-ce à dire ? C'est que ce qui m'intéresse dans ce drame, c'est l'action toute pure, et les combinaisons arbitraires, mais ingénieuses, d'événements qui la diversifient. C'est l'action pure, en dehors de toute philosophie, de toute idée morale, de toute peinture des caractères (sinon superficielle et réduite, pour les mousquetaires, à des signes particuliers, pour Cromwell et le roi, à des signes généraux très faciles et voyants), en dehors enfin de toute observation, de toute émotion, de tout style. C'est le théâtre ramené à l'essentiel, puisqu'il paraît que ce qui nous charme et nous remue dans Shakespeare ou dans Racine et ce qui est chez eux le principal n'est pas du tout l'essentiel du théâtre. Et il n'y a pas à dire, c'est amusant, très amusant, bien plus amusant que les plus grands chefs-d'œuvre.

Seulement, dans ce système, tout ce qui n'est pas action pure est intolérable. Oh ! ce Cromwell ! Oh ! ce Charles Ier ! Oh ! cette Henriette de France ! Le premier Dumas était une âme naïve. Les rois l'impressionnaient particulièrement. Après qu'il nous a tant divertis avec la confession du bourreau de Béthune et le rendez-vous des mousquetaires, et leur départ, et le travestissement d'Henriette en Ecossaise, etc..., il s'imagine qu'il va nous faire fondre en larmes avec les adieux de Charles Ier, et les cheveux dénoués et les pleurnicheries de la reine, et les baisers du roi à ses petits enfants. Mais ce n'est pas ça que nous lui demandons ! Mais il ne sait pas donc combien nous nous amusions auparavant ? Mais il ignore donc que le don spécial qu'il a reçu de Dieu, c'est de nous amuser en effet et que, dans l'ordre des sentiments, il est presque incapable de trouver une phrase qui sonne juste et profond et qui ne soit pas de la rhétorique la plus plate et la plus vulgaire ? Mais il ne se doute donc pas que la scène est interminable, — et que d'ailleurs il nous eût décrit exactement de la même façon les adieux de Louis XVI, ou de n'importe quel « monarque infortuné », qu'il s'appelât Philippe, Ivan ou Oscar ? — Et dans tout le reste aussi (les derniers tableaux mis à part) il y a, à mon gré, dix fois trop de dialogue. Dans la disposition d'esprit où m'ont mis les premières aventures des quatre feutres à plumes poursuivis par le pourpoint noir, que me font, je vous prie, les desseins politiques de Cromwell? Je veux que ce pourpoint et ces feutres agissent, et que, pris, ils ne soient pas pris, et que, vainqueurs, ils ne soient pas vainqueurs, et qu'ils croisent leurs épées et leurs ruses à l'infini. Ils ne me sont ni sympathiques ni odieux en tant qu'hommes, car sont-ce des hommes ? Mais ils me passionnent en tant qu'engagés dans une partie compliquée dont je meurs d'envie de connaître le résultat. Ils ne sont, pour ainsi parler, ni dans l'histoire ni dans la morale : ils sont simplement dans l'espace et dans le temps. Et je veux, je veux savoir ce que feront ces « fous » et ces « cavaliers » de jeu d'échecs, et ce qu'il adviendra d'eux, rien autre chose. Dès lors, tout ce qui n'est pas action matérielle, mouvement physique, m'est importun. Et cette impatience, qui me fait lui manquer de respect, est un hommage au génie du premier Dumas, puisque c'est lui qui l'a créée.

Quand on aura réduit à trente ses trois cents volumes, je suis sûr que je les lirai avec un plaisir extrême et un profond émerveillement.

ALEXANDRE DUMAS FILS

Odéon : *Monsieur Alphonse.*

La reprise de *Monsieur Alphonse* et celle du *Fils de Giboyer* nous permettraient, si nous étions attentifs, d'observer comment les chefs-d'œuvre du théâtre, ou simplement les comédies excellentes, se transforment rien qu'en durant, ne nous paraissent plus, au bout de vingt ou trente ans, tout à fait les mêmes, et, jeunes d'abord, puis vieilles en quelques parties, deviennent, peu à peu, très glorieusement « anciennes ».

On a bien voulu me rappeler qu'en février 1889 j'avais entrepris de démontrer que M. Alphonse est, après le commandant de Montaiglin, le personnage le plus vertueux de la pièce de M. Dumas. Seulement, après m'être diverti à ce jeu facile, j'ajoutais :

— Oui, si l'on fait abstraction des personnes pour ne considérer que les actes (ce qui est d'ailleurs un exercice tout artificiel), M. Alphonse ne paraîtra peut-être pas plus malhonnête que Victoire et que Raymonde. Et, cependant, il n'y a pas à aller là contre, nous méprisons M. Alphonse, et nous aimons Mᵐᵉ de Montaiglin et Mᵐᵉ Guichard. Comment donc cela se fait-il ?

C'est là que gît la vérité profonde du drame de M. Dumas. Les théologiens distinguent, dans le péché, la matière, c'est-à-dire ce que le péché est extérieurement, et la forme, c'est-à-dire ce que le péché est en nous. Or, la matière des péchés de Victoire, de Raymonde et d'Alphonse peut être sensiblement la même ; la forme, non. Raymonde et Mᵐᵉ Guichard ont été impures et déloyales, comme M. Alphonse, mais non pas de la même façon. Elles aiment ; ce n'est rien, et pourtant cela suffit pour qu'elles soient d'une autre race que lui. Mᵐᵉ Guichard porte le bel Alphonse dans ses moelles. Raymonde l'a aimé ; Raymonde, en dépit de ses lâchetés et de sa trahison, aime sa fille, elle aime son vieux mari ; et elle est si malheureuse ! M. Alphonse n'aime rien que lui-même. Il s'aime, dis-je, directement, sans ce détour et cette espèce de crochet bienfaisant qu'on a nommé l'altruisme. Puis les deux femmes ont la bonté ; elles souffrent de la souffrance des autres. Enfin, elles sont capables de repentir. M. Alphonse ne saura jamais ce que c'est. Quant au commandant, s'il n'existe pas, c'est tant pis ; et peut-être bien qu'il existe après tout. Des saints, cela se rencontre, par-ci par-là. Il est, lui, la charité absolue ; et l'on sent qu'à son approche s'épure et se dégage, par contagion, ce que les deux pauvres femmes ont de bon en elles.

Et c'est pourquoi, avec le temps, M. Alphonse est allé se noircissant dans notre esprit, au lieu que Mme Guichard et Mme de Montaiglin s'y blanchissaient, et que nous comprenions mieux Raymonde elle-même, et que notre pitié finissait par l'absoudre.

Pour M. Alphonse, la transformation (en pire) a été surprenante de rapidité. Tout le monde a remarqué, l'autre soir, que M. Alphonse, à ne considérer que son rôle dans la pièce, n'était guère qu'un bon garçon sans préjugés ; autrement dit, un pleutre, un « mufle », mais rien de plus, et que sa conduite rappelait d'assez près celle de Sternay (*le Fils naturel*) ou de Fernand de Thauzette (*Denise*). Toute la différence, c'est qu'il a été à la fois l'amant et l' « obligé » de Mme Guichard ; mais il était pauvre, et qui sait ce que les deux autres eussent fait s'ils n'avaient été riches ? Au reste, la vénalité d'Alphonse n'est que très brièvement indiquée ; et la pièce subsisterait, ce détail supprimé.

Or, vous savez ce qu'est devenu M. Alphonse dans l'imagination publique. Il est devenu le « souteneur », simplement. L'indication jetée par M. Dumas a fructifié. On a chargé Alphonse, non seulement de ce qu'il fait, mais de ce qu'on le sent capable de faire, telle circonstance étant donnée. Le joli jeune bourgeois qui « se sert » des femmes à l'occasion s'est changé en homme qui « vit » d'elles, et qui pense que « l'amour, c'est l'argent des femmes ». On a prolongé et achevé son type. C'est ainsi, ou à peu près, que Tartufe, qui est, dans la réalité (voir le texte de Molière), un gentilhomme de province, un homme très intelligent, de beaucoup d'esprit, de façons séduisantes, bref, un aventurier d'assez haut vol, est devenu dans l'esprit des foules, grâce à trois ou quatre indications (d'ailleurs contradictoires à tout le reste de son personnage) sur sa trogne et sur sa gloutonnerie, un grossier bedeau, un ignoble rat de sacristie. — Pourquoi ? Parce que Tartufe et Alphonse étaient nés étrangement viables. Alphonse, comme Tartufe, a donc continué de vivre après sa première apparition sur les planches ; nous l'avons, pour ainsi dire, soumis à des expériences, suivi des yeux à travers le monde ; connaissant son vrai fond et de quels jolis messieurs il était virtuellement le frère, nous l'avons vu, au gré des circonstances, se développer selon son naturel, comme une créature en chair et en os, — ou en arêtes.

Par contre, — et pour la même raison, — nous nous sommes laissés aller à absoudre Raymonde. Il y a, certes, de bien vilaines choses dans le passé de cette malheureuse. Il y a un peu de vice ; car enfin une jeune fille, si « séduite » qu'elle soit, y met tout de même du sien au dernier moment, et nous savons bien comment se passent les choses, et que la chute proprement dite a été nécessairement précédée de caresses assez hardies et significatives pour qu'elle n'en pût « ignorer » l'impureté ; et, si elle ignorait avant, elle savait après ; et elle a recommencé. Et il y a surtout, dans le passé de Raymonde, de bien gros mensonges, et, dans son mariage, une laide trahison, et tout cela est dur à avaler. Mais il y a aussi, avant sa chute, de la dignité et du courage, et, depuis, un grand amour maternel, et toujours beaucoup de souffrance ; et il n'y a nulle part de vraie méchanceté. En nous représentant les occasions et les circonstances de ses faiblesses et de ses fautes, nous arrivons à concevoir que tout son crime c'est de n'avoir pas eu... l'héroïsme d'être héroïque, et nous comprenons aussi que celle-là est capable de progrès moral, qu'elle vaut déjà mieux depuis qu'elle vit auprès de ce vieux saint de commandant et que, si elle lui cache la vérité, ce n'est plus pour elle, c'est pour lui, ce n'est plus par intérêt, mais par affection. Les personnages dramatiques, quand l'auteur a su leur souffler une âme, sont comme les hommes et les femmes que nous fréquentons dans la vie. Vivant avec eux, nous les comprenons plus aisément ; ils nous étonnent moins ; ils nous sont plus clairs ou nous leur sommes plus indulgents ; un mot d'eux, un accent fugitif nous est une explication suffisante de ce qui, d'abord, nous déconcertait dans leur passé ; bref, nous nous habituons à eux. Il me semble que nous sommes présentement habitués à Raymonde.

Avec plus de facilité encore nous opérons, sur les faits et gestes antérieurs de Mme Guichard, un petit travail de compréhension bienveillante ; car celle-là, son « bon cœur » éclate à chaque ligne. Et quant au commandant de Montaiglin, ce n'était certes pas l'accabler que de dire, comme on l'a fait autrefois, qu'il est « exceptionnel », car l'exception existe. Mais il est même arrivé qu'il n'est plus exceptionnel tant que ça, — du moins dans les livres, — depuis que l'évangélisme coule à pleins bords dans notre littérature. Montaiglin était russe avant Tolstoï et Dostoïewski, voilà tout. Il étonnait autrefois ; nous sommes aujourd'hui si imbibés d'évangile que sa conduite nous paraît simple, commune, courante, pour un peu je dirais banale.

Reste la petite Adrienne, l'enfant prodige, la fillette de onze ans, nourrie dans un trou de campagne, et qui, soudainement engagée dans la plus obscure et la plus difficile des situations, fait des mots, mais ne fait pas une gaffe. Cette gamine, paraît-il, suffoquait jadis la critique. Songez cependant que tout ce qu'elle dit se peut expliquer par une finesse et une précocité d'intelligence qui n'est pas rare chez les petites filles, et, d'autre part, se concilier avec la plus parfaite ignorance enfantine. Elle sait seulement qu'il s'est passé, entre M. Alphonse et Raymonde, quelque chose de mystérieux et que tout le monde doit ignorer ; que Raymonde est sa vraie mère, celle qui l'a réellement trouvée sous un rosier et, plus tard, que le commandant et Mme Guichard sont ses parents « pour de rire », et, là-dessus, elle marche avec d'autant plus de sûreté qu'elle exécute une consigne dont elle ignore les raisons. Nul ne garde mieux un secret qu'un enfant, ne l'avez-vous pas remarqué ? Souvenez-vous, d'ailleurs, qu'elle est la fille du subtil et glissant M. Alphonse. Elle est insupportable, soit ; mais je la crois vraie. Je la crois plus vraie encore, quand je considère les enfants d'aujourd'hui. Ils sont bien inquiétants ; ils ignorent tout et ont l'air de tout deviner. Mystères de l'hérédité ! Ils profitent des trésors de rosserie accumulés par leurs parents. Adrienne fait des mots ? Mais tous nos Bobs en font, vous le savez bien.

Faut-il rappeler quelles objections ont soulevées, à leur naissance, tous les chefs-d'œuvre de notre théâtre classique ? Ces objections, on pourrait les faire encore, et elles seraient très solides, et bien peu de personnages de Corneille, et même de Racine, et surtout de Molière, y résisteraient. Mais on ne les fait plus, parce que ce n'est plus la peine, et parce que tels quels, et même obscurs ou contradictoires, ces personnages vivent, — à telles enseignes que nous avons pris l'habitude de vivre avec eux. *Monsieur Alphonse* me paraît entrer dans cette benoîte période où les œuvres ne sont plus discutées par la critique, mais expliquées seulement et démontrées.

ALFRED CAPUS

VAUDEVILLE : *Brignol et sa Fille*, comédie en trois actes de M. Alfred Capus.

M. Alfred Capus, romancier, est l'auteur de *Qui perd gagne*, un récit délicieusement ironique, de *Faux départ* et d'*Années d'aventure*. Il possède, à un degré éminent, le talent de « conter » ; il a quelque chose de la tranquillité et de la lucidité d'Alain Lesage. Et, toujours aussi tranquillement, il vient, pour son début au théâtre, d'obtenir un succès de la meilleure qualité et de l'espèce la plus flatteuse. C'est que, en dépit de quelques gaucheries de composition et d'enchaînement, et d'une marche un peu monotone et lente, et d'un dénouement un peu brusque et d'ailleurs conventionnel (j'expédie vite les critiques pour n'y point revenir), *Brignol* est, dans ses parties excellentes, une rare comédie de mœurs et presque une comédie de caractère.

Le principal personnage est un type tout à fait remarquable de filou qui a le don de la rêverie, d'escroc innocent à force d'inconscience et d'optimisme ; plus simplement, d'homme d'affaires « illusionniste », comme on l'a dit avec quelque impropriété, « visionnaire », comme on disait autrefois.

Mais, tout d'abord, je crois de mon devoir de déclarer que risquer et perdre à la Bourse trente mille francs que vous avez reçus en dépôt et auxquels vous avez promis de ne pas toucher; puis, ayant remarqué que votre fille fait impression sur un jeune homme très riche, admettre instantanément ce jeune homme dans votre intimité ; lui emprunter ces trente mille francs et quelques autres petites sommes ; lui faire payer les trois termes que vous devez à votre propriétaire ; ménager aux deux jeunes gens de continuels tête-à-tête avec le vague espoir, — oh! si vague! — que, entre le mariage et la séduction, votre bienfaiteur optera pour le mariage, tout cela, si je ne m'abuse, correspond peut-être insuffisamment à l'idée que nous pouvons nous former d'un honnête homme Pensez-vous comme moi? Iriez-vous jusqu'à l'affirmer ? Nous vivons dans des temps où cette affirmation n'est point inutile et ne saurait être sous-entendue.

Ceci posé, Brignol est charmant. C'est un homme qui n'a pas pour un sou de méchanceté, ni même de duplicité volontaire, puisqu'il n'a pas de conscience. Et il n'a pas de conscience, parce qu'il n'a pas où la loger : pas de for intérieur, pas de « centre » ; il n'est jamais rentré chez soi. Il n'a en lui nulle mesure morale de ses relations avec les autres hommes. Ses indélicatesses ne sont vraiment, à ses yeux, que des expédients de guerre, des moyens de stratégie dans la lutte enivrante pour l'argent ; et, d'ailleurs, comme celui qu'il escroque ne lui reste jamais entre les mains, est aventuré et perdu d'avance, il n'est pas assez attentif pour s'apercevoir qu'il le vole : comment l'aurait-il volé, puisqu'il ne l'a déjà plus ? Il marche, les yeux attachés sur de fuyants et toujours renaissants mirages d'entreprises industrielles et de spéculations financières, dont il ne voit que la beauté abstraite, — travail et intelligence mués en argent, que l'intelligence et l'audace de nouveau multiplient, — avec l'illusion qu'il est un beau lutteur, un homme à idées, bien qu'il n'ait jamais pu en préciser une seule... « C'est un homme... vague, qui commet des actions... vagues », dit de lui son beau-frère le magistrat. Bref, ce n'est point un malhonnête homme : c'est une espèce de crétin qui est un poète.

Son optimisme est fou, — et touchant. Il a été avocat dans sa ville de province. Vingt fois, des amis ou des parents lui ont offert des emplois où il aurait eu la vie assurée. Il a toujours refusé, sans hésitation. Pour qui le prend-on ? Ce qu'il lui faut, c'est l'ivresse et la poésie des grandes affaires. Quelles affaires ? Il ne saurait dire ; mais il sourit, on ne sait à quoi, à quelque chose qui est son rêve. Criblé de dettes, harcelé par les créanciers, il ne prend pas garde à ces misères ; ou plutôt il les considère comme des épisodes de la grande bataille indéterminée et noble où il se démène. Depuis vingt ans, tous les jours, imperturbablement, il déclare que demain, pas plus tard, il aura son million. Et, comme son beau-frère lui conseille de penser à l'avenir, il répond superbement : « Jamais tu n'obtiendras de moi que je m'inquiète de l'avenir : *je songe à des choses plus positives.* » Car naturellement la grande prétention de ce poète est d'être le plus pratique des hommes.

Sa fille Cécile est exquise. Elle a grandi parmi les dettes, les papiers timbrés, les réclamations hargneuses, les menaces de saisie. Ça ne lui fait plus rien : elle a l'habitude. Elle est devenue insensiblement l'innocente complice de son père. Elle excelle à calmer, à éconduire les créanciers ; elle sait entrer à propos dans le cabinet de Brignol et interloquer les mécontents par sa gentille apparition. Moitié candeur, moitié prudence, elle ne tient pas à savoir au juste ce que fait son père: elle l'aime, elle le sent incurable et elle ne le sent pas méchant, voilà tout. Elle est bien « celle qui ne veut pas savoir », mais elle est surtout celle qui ne veut pas juger. Elle est si bien née que, au lieu de prendre, comme cela pouvait arriver, une âme de petit avoué véreux en jupons, elle a conçu, à voir de quelle bassesse et de quelle dureté l'argent fait les hommes capables, le profond mépris de l'argent. Avisée pour son père, elle est honnête pour son propre compte, dans tous les sens du mot; et, dès qu'elle découvre la vérité qu'elle ne cherchait point; dès qu'elle sait que Maurice Vernot a prêté les trente mille francs à Brignol, et dans quelle pensée, et ce qu'il espérait faire d'elle, sa probité et sa fierté éclatent avec une simplicité émouvante... Je me hâte de vous rassurer sur le sort de cette charmante fille : Maurice l'aime décidément encore plus qu'il ne le croyait, et il lui demande sa main. Sur quoi Brignol, nullement étonné : « Qu'est-ce que je disais ? Tout faisait prévoir ce mariage, tout ; c'est évident. »

Je ne puis qu'indiquer les autres figures : la moutonnière et résignée Mme Brignol ; le beau-frère, Valpierre, magistrat à Poitiers, représentant digne et désolé de la morale bourgeoise et de la morale du Code et, tout de même, à travers ces traductions, de la morale tout court ; Carriard, l'homme d'affaires pratique et direct, trapu, à gants rouges, à tête de bookmaker ou d'homme d'écurie ; et le commandant Brunet, type inoubliable du vieux joueur possédé. Tout cela vit. Mais, au reste, il me serait difficile de vous faire sentir le mérite particulier de la comédie de M. Capus ; car ce mérite est surtout dans le détail. Point de mots d'auteur : des mots de nature à foison, et point « fabriqués ». Un dialogue d'une vérité vraie, — plus vraie peut-être que ne l'exige le théâtre, — et que je ne me souviens d'avoir rencontrée que dans les meilleures scènes de M. Georges Ancey, — qui lui, du reste, est un pessimiste déterminé et ajoute, le plus souvent, à la « rosserie » naturelle de ses contemporains. La vérité de M. Alfred Capus, car vous savez qu'il y en a plusieurs, est plus indulgente. — En résumé, son homme d'affaires visionnaire rappelle Mercadet, l'Arnoux de *l'Education sentimentale*, le Delobelle de *Fromont jeune*, le Micawber de *David Copperfield* et l'Ekdal du *Canard sauvage*. Il les rappelle, dis-je, tout en étant bien lui même. Il est de leur famille, et je crois bien qu'il est presque leur égal. C'est gentil pour un début.

ALEXANDRE DUMAS FILS

Comédie française : *l'Ami des femmes*, comédie en cinq actes, de M. Alexandre Dumas fils (reprise).

La comédie de *l'Ami des femmes*, telle que le Théâtre-Français nous l'a donnée l'autre jour, n'est plus tout à fait celle qui fut représentée au Gymnase en 1864.

M. Alexandre Dumas y a fait quelques additions prudentes, et surtout il y a pratiqué de très larges suppressions. Non seulement des couplets entiers de ces airs de bravoure « étincelants » et « cravachants », à la mode des chroniqueurs du Second Empire, ont été biffés, mais même d'assez longues séries de répliques. Je crois que ces suppressions, mises bout à bout, iraient bien à une quinzaine de pages. L'illustre auteur, instruit par le temps, a débarrassé son œuvre des parties caduques et des agréments qui « dataient ». Et alors, pour la première fois, le public a connu ce que *l'Ami des femmes* est au fond (bien qu'il soit encore autre chose) : une comédie à la fois d'observation et d'artifice, assez analogue à certaines inventions de M. Sardou; un des chefs-d'œuvre de ce qu'on a appelé la comédie de genre et qui se peut définir un composé de la comédie d'intrigue et de la comédie de mœurs; ouvrage non point égal peut-être, ni surtout pareil au *Demi-Monde*, aux *Idées de Madame Aubray*, à *Monsieur Alphonse* et à *Une Visite de noces*, mais, en revanche, la plus libre, la plus gracieuse, la plus spirituelle et, à proprement parler, la plus « comique » des pièces de M. Dumas.

Je vous rappelle la très ingénieuse fable, en la réduisant à l'essentiel.

M. de Ryons, célibataire, philosophe, curieux, avec un fond de générosité, « ami des femmes », non pour les perdre, mais pour profiter de leur perte quelquefois et, plus souvent, pour les sauver (car ses expériences ont éveillé en lui, peu à peu, un goût très décidé pour l'honnêteté féminine), rencontre chez des amis Jane de Simerose, jeune femme qui s'est séparée de son mari un mois après la noce. Comme il est très malin, il devine que Jane est une assez bonne petite âme et faite pour être sage ; et, comme il est bon diable, il se donne la tâche de protéger sa vertu.

Il arrive bien ! car Jane, très romanesque, est tout près de succomber aux entreprises d'un beau brun infatigable et fatal, Montègre, un de ces mâles qui ont pour fonction d'être « passionnés ». Par une série d'adroits stratagèmes, de Ryons empêche un rendez-vous projeté entre Montègre et Mme de Simerose. Pour le reste, il compte que Montègre, contrarié dans ses plans, finira par se montrer tel qu'il est : soupçonneux, jaloux, brutal, égoïste, stupide, — insupportable, — et qu'ainsi la petite femme le connaîtra avant de lui avoir cédé.

Le hasard ou la providence viennent au secours du subtil Ryons. — L'histoire de Jane, qu'il ignore jusqu'à présent et qu'il ne connaîtra qu'à la fin du quatrième acte, est assez singulière. M. de Simerose est, nous le verrons, un fort galant homme. Mais il paraît que, le soir de ses noces, il a réclamé ses droits avec si peu de discrétion que Jane, épouvantée, s'est allée blottir en sanglotant dans un coin, et qu'elle est restée tout un mois sans vouloir comprendre. Sur quoi, le mari, pressé, a soulagé son cœur auprès d'une femme de chambre. Jane, l'ayant appris, s'est retirée chez sa mère ; puis elle a voyagé ; puis elle s'est ennuyée ; puis elle a rencontré l'ardent Montègre...

Sur ces entrefaites, Simerose vient trouver sa femme et lui dit : « Je me repens ; voulez-vous me reprendre ? Non ? Tant pis pour moi. Je pars, je quitte l'Europe. Mais comme vous êtes la femme que j'estime le plus au monde, j'ose, avant de partir, vous demander un service. Je m'intéresse beaucoup à un enfant, qui est encore trop jeune pour que je l'emmène avec moi Je suis sa seule famille ; il n'a ni père ni mère... Je vous le confie... Voici son adresse... Promettez-moi d'aller le voir... » Jane promet, un peu émue.

Mais la visite de Jane à l'enfant, nécessairement secrète, a eu des airs équivoques d'expédition galante. Montègre, à qui Ryons a mis la puce à l'oreille, soupçonne Jane d'avoir un amant, et bientôt l'en accuse en face. Jane, bouleversée, le met à la porte. Puis, restée seule avec Ryons, elle s'épanche ; elle lui raconte l'étonnante aventure qui l'a séparée, vierge, de son mari .. Et Ryons, alors : « Vous n'avez jamais aimé M. de Montègre. — C'est vrai. — Mais vous aimez votre mari. — Peut-être. » Le malheur, c'est que cette brute de Montègre a entre les mains un billet de Jane ainsi conçu : « Venez demain, je ne demande qu'à vous croire... » Mais cela n'embarrasse pas longtemps notre terre-neuve : « On vous sauvera, dit-il, Mademoiselle. »

Et il la sauve. Sans en avoir l'air, il suggère à cet imbécile de Montègre l'idée d'envoyer à Simerose lui-même le billet de Jane, afin d'évincer, par la réunion des deux époux, l'amant supposé. Et, finalement, Simerose reçoit dans ses bras Mademoiselle sa femme.

Nous sommes contents, très contents. La façon dont l'ami des femmes découvre et défait le rendez-vous du deuxième acte ; la façon dont il joue de Montègre et le lance sur une fausse piste et le force à découvrir son âme de taureau sombre et l'amène à achever, sans le savoir, le sauvetage de celle dont il croit se venger... tout cela est du meilleur Beaumarchais, du meilleur Scribe, et ce n'est pas du plus mauvais Dumas. On est tranquille ; on sait où l'on va, avec la petite surprise de découvrir, à mesure, *comment* on y sera conduit. On est sûr, d'ailleurs, que Ryons prévoit et devine juste, et qu'il ne peut pas se tromper, puisqu'il ne fait qu'un avec l'auteur, et que c'est donc lui, en somme, qui dispose des événements. C'est « curieux et bien fait », comme disent les camelots, et c'est même charmant.

Mais, comme j'ai dit, il y a autre chose. Je ne vous ai pas présenté Ryons tout entier. Dumas père et Dumas fils semblent avoir collaboré à sa formation. Par lui, il y a à la fois, dans *l'Ami des femmes*, du fantastique et de l'amer.

Sa science et sa prévoyance tiennent du surnaturel. Il est sorcier ; il est le Cagliostro de la psychologie féminine. Mme Leverdet lui dit : « Vous êtes un homme effrayant. » Et elle dit à Jane : « Monsieur est le diable. » En sa qualité de sorcier, il use de formules cabalistiques. La première fois qu'il voit Mme de Simerose : « Savez-vous l'anglais, Madame ? lui demande-t-il. — Oui. — Eh bien, veuillez me répéter en anglais les mots que je vais vous dire : Monsieur, à quelle heure arriverons-nous à Strasbourg ? » — La seconde fois qu'il vient chez elle, il lui fait cadeau d'une voilette de grenadine blanche, et il est sûr qu'elle s'en servira. — Alors que ni Jane, ni nous, ni personne ne pouvait savoir que Simerose avait un petit bâtard et qu'il prierait sa femme d'aller visiter l'enfant, Ryons a déjà préparé, dans les plus petits détails, la mystérieuse expédition : « Montez dans la voiture qui est encore attelée ; faites-vous conduire à l'avenue de Wagram, numéro 67. Il y a là un petit hôtel tout neuf. Ordonnez d'avance à votre cocher de s'en aller au bout d'une demi-heure, s'il ne vous a pas vue redescendre ; sonnez, entrez. Traversez la cour et sortez par l'autre porte qui donne sur la rue des Dames. Là, vous trouverez une voiture que je vais y envoyer, et vous vous ferez conduire où vous avez affaire. » (Texte primitif, acte III, scène 8.) L'auteur est bien, ici, le fils de son père, et cela fait plaisir. — Et Ryons ne prévoit pas seulement les événements, mais les mouvements des âmes, et cela, à longue échéance. Il sait que Jane se dégoûtera de Montègre, et comment, et à la suite de quoi ; il sait exactement de quelles illusions, de quelles imprudences, de quels dépits, de quelles faiblesses, de quels affolements elle est capable, et qu'elle ira jusqu'à l'extrême bord de l'abîme, mais qu'elle n'y tombera point. Il sait qu'elle est honnête femme, mais qu'elle a en elle de quoi ne plus l'être... Autrement dit, il sait qu'elle est femme.

Et c'est ici que nous retrouvons Dumas fils, à travers les réminiscences du merveilleux enfantillage paternel. Ce qu'il y a chez Ryons, ce qu'il y a au fond de cette pièce aimable, qui nous apparaissait comme une comédie de Scribe exécutée par un grand écrivain, c'est un profond dédain pour les femmes, et c'est le plus furieux mépris des choses de l'amour.

Je vous ai rappelé le « truc » habituel de M. de Ryons. Il explique à Jane, au dernier acte, pourquoi il l'a priée de lui répéter en anglais la phrase mystérieuse : « A quelle heure arrivons-nous à Strasbourg ? » « C'est, dit-il, que cette phrase m'a été dite un jour, en vagon, par une femme voilée de grenadine blanche, et qui paraissait très agitée, et que pendant quelques minutes, cette femme et moi, nous nous sommes aimés, et que cette inconnue vous ressemblait, et que, enfin, cette inconnue, c'est vous... Vous ne voulez pas me l'avouer maintenant? Mais je suis sûr que vous me le confesserez de vous-même un jour ou l'autre. » — Il paraît que Ryons dit cela à toutes les femmes qui l'intéressent, et que, neuf fois sur dix, ça lui réussit. Neuf fois sur dix, il arrive un moment où la femme ainsi marquée par lui, et subissant une sorte de fascination, se laisse aller dans ses bras en murmurant : « Eh bien! oui, c'était moi la voyageuse, c'était moi la femme à la phrase anglaise. » Saisissez-vous à présent l'extrême commodité du truc ? C'est, pour Ryons, une manière de simplifier d'avance la besogne aux personnes qu'il a troublées, de leur épargner les longs discours, de leur préparer une chute aisée, rapide, naturelle... Mais sentez-vous aussi quelle opinion a de ses clientes cet ami des femmes ?

. Or, — et c'est là que la pensée de l'auteur tourne décidément à l'amer, — ce qui a réussi à Ryons avec tant de farceuses lui réussit même avec cette pure Jane de Simerose. Après que Jane, insultée par les accusations de Montègre, a mis à la porte cet impétueux nigaud..., je ne vous dirai pas bien ce qui se passe en elle ; mais ses souvenirs de femme séparée, — et intacte, — l'ont sans doute énervée ; la déception brutale dont a été suivie sa tentative d'amour platonique la laissé prête, par dépit, par désespoir, à un autre amour ; peut-être aussi les réalités qui l'ont épouvantée le soir de son mariage lui reviennent-elles, de loin, sous un aspect moins horrible ; peut-être encore le jeu sentimental auquel elle se livre depuis des mois a-t-il éveillé en elle ce qui y dormait, et ce qu'elle a commencé avec Montègre, peut-être a-t-elle l'obscur besoin de l'achever avec un autre ; peut-être enfin subit-elle, étant faible, l'invincible ascendant de cet homme si fort, si sûr de lui, qui lit si nettement dans sa pensée et qui a si tranquillement forcé le secret de sa vie intime... Toujours est-il que, Montègre parti, la pure Jane de Simerose, perdant peu à peu la tête, dit à Ryons : « Est-ce ainsi que vous aimiez la femme au voile blanc ?... — Oh ! non. — Si vous la retrouviez, seriez-vous homme à lui pardonner, même ce qu'elle aurait fait pour vous ?... Et consentiriez-vous a partir avec elle, à l'emmener au bout du monde ? — Tout, pourvu que je la retrouve. — Ramassez-moi mon gant, je vous prie... *Thank you, sir.* — C'était donc vous ? — Eh bien, oui, c'était moi. »

Et Jane est une honnête femme.

Et M. Dumas, qui la connaît bien, l'ayant inventée, l'apostrophe ainsi dans sa *Préface* : « Vois comme tu es faite, créature absurde ! Tu es capable, après t'être mariée par amour, de te refuser à ton époux par pudeur, et de te séparer de lui par jalousie ; puis tu passeras un an ou deux à pleurer, à voyager, à lire, à prier, à t'ennuyer ; après quoi, tu voudras recommencer le roman de l'amour, et tu offriras *ton âme* à un monsieur que tu connaîtras à peine, qui te jurera un amour éternel, et qui, deux heures après, te soupçonnera et t'insultera comme la dernière des femmes. Le jour même, emportée par le dépit et la colère, tu t'offriras *tout entière* à un autre que tu ne connaîtras pas du tout ; c'est-à-dire que tu te compromettras avec deux hommes, tout en adorant et n'ayant jamais adoré que celui que tu repousses, ton mari. Tu réuniras ainsi en toi les chastetés de la sainte, les fantaisies de la coquette, les audaces de la courtisane. Tu es donc perdue irrévocablement, à tout jamais, s'il ne se trouve là un homme d'esprit, qui a plus de curiosité de la femme morale que de la femme physique, et qui, te poursuivant à travers tes contradictions, et te tenant dans ses deux mains, toute tremblante comme un oiseau échappé de sa cage et rattrapé dans un coin, finit par te faire avouer, — quoi ? que tu es, — c'est à n'y pas croire ! — que tu es vierge ! »

Donc, Ryons, charitable, dit à Jane de Simerose : « Pourquoi me faites-vous un mensonge ? Je ne suis jamais allé à Strasbourg. L'histoire que je vous ai racontée n'est pas vraie... Ne pleurez pas... Je vous respecte et je vous sauve. » Vous songez là-dessus : — Et s'il ne la respectait pas ? Si, l'ayant prise dans ses bras pour la consoler, il s'attardait à cette étreinte ? Si le temps était à l'orage ?... Car enfin, pourquoi la respecte-t-il ? — Parce que l'action de la pièce l'exige absolument. — A la bonne heure. Sans cela j'aurais des inquiétudes. Comment a-t-il pu lui-même, au début, être si certain qu'il ne succomberait pas, sinon parce que M. Dumas s'en est porté garant ? Croirons-nous peut-être qu'il soit suffisamment défendu par la lassitude de ses sens (il a trente-cinq ans) ou par sa philosophie (Oh ! là là !) ou par sa vie passée ? Sa vie, nous la connaissons. C'est un oisif, c'est un curieux, c'est un égoïste, et c'est un monsieur qui n'est pas très dégoûté. « Je suis, explique-t-il à Mme Leverdet, l'ami des femmes qui ont eu un amant. — Vous êtes le second... — Non, je n'ai pas de numéro, moi. L'amour, tel que je le comprends, n'est qu'un nœud fait à l'amitié pour qu'elle soit plus solide. Il occupe les entr'actes des grandes passions... Je suis un amant sans conséquence et sans responsabilité... et, quand un jour la femme... fait le bilan de son passé et que sa conscience lui crie plus de noms qu'elle n'en voudrait entendre, arrivée à mon nom, elle réfléchit un moment, puis elle se dit sincèrement et résolument à elle-même : « Oh ! celui-là ne compte pas. » Je suis celui qui ne compte pas, et je m'en trouve très bien. » Autrement dit, Ryons est, moitié par prudence, moitié par curiosité, le parasite de l'impureté des autres. Il est l'amant intérimaire, l'amant qu'on oublie, l'amant non seulement sans amour, mais sans nul semblant d'amour. Bref, cet homme qui se refuse, comme il dit, à « perdre » les femmes (parce qu'il est froid et craint les embarras) ne se fait aucun scrupule d'être celui qui, dans l'intervalle d'aventures qu'excusent peut-être le mensonge de l'amour et l'apparence de la passion, les amène doucement et les habitue au vice tranquille et tout cru. L' « ami des femmes » c'est, ici, le monsieur qui « finit » les femmes, qui achève doucement leur démoralisation.

Et Ryons est un honnête homme... M. Dumas le dit, et je le crois.

Mais si, pour lui, Jane de Simerose est une honnête femme et Ryons un homme de bien, jugez de ce qu'il doit penser de l'humanité ! Sentez-vous l'âcre amertume secrète ? — Une artificieuse comédie selon Scribe ou Sardou, où l'auteur entrelace à son gré les hasards, — avec des amusettes à la Dumas père, et un fond de pessimisme chrétien, assez pareil à celui d'*Une Visite de noces*, — voilà, en résumé, le paradoxe de *l'Ami des femmes*.

Et ce n'est pas tout : ajoutez à cela les épisodes les plus comiques que M. Dumas ait écrits, l'histoire de la barbe de cet étonnant raseur de Chantrin et des amours de la jeune Balbine ; et l'originale franchise et les petites larmes de la pauvre belle Mlle Hackendorf, trop riche pour être aimée, et ce coin de « théâtre-libre » : l'admirable vieux ménage à trois de M. et Mme Leverdet et de Des Targettes ; et remarquez que le croquis de la première passionnette de Balbine et le tableau des vingt ans d'adultère de Mme Leverdet relèvent de la même conception méprisante de la femme et de l'amour, et aggravent encore la morosité cachée de cette brillante et fantasque comédie...

Je ne vous ai développé qu'une petite partie de ce que renferme *l'Ami des femmes*. Pour le reste, je vous renvoie au « Théâtre complet » de M. Dumas, et, particulièrement, à l' « Edition des comédiens »... Car M Dumas décourage la critique de deux manières : par ses pièces, — et par ses préfaces.

ALEXANDRE DUMAS FILS

Gymnase : *la Princesse de Bagdad*, pièce en trois actes, de
M. Alexandre Dumas fils (reprise).

J'ai eu bien tort de lire quelques-uns des articles qui ont été écrits depuis quinze jours sur *la Princesse de Bagdad*, car la critique excelle à embrouiller les choses.

J'ai vu dans un grand journal du soir que *la Princesse de Bagdad* était un mélodrame très déconcertant parce qu'il affecte des airs de comédie réaliste, et que Lionnette et Nourvady étaient des fous. Et j'ai vu, dans une Revue hebdomadaire, que *la Princesse de Bagdad* était précisément le contraire d'un mélodrame, car, disait-on, le mélodrame se compose de « faits vraisemblables, — relativement et selon la poétique du genre, — et de sentiments inexplicables », au lieu que, dans *la Princesse de Bagdad*, les événements sont extraordinaires et les sentiments faciles à comprendre, sinon à expliquer. Il est vrai qu'on pourrait aisément produire et défendre une définition du mélodrame qui serait exactement l'inverse de celle que je viens de rapporter. Et alors *la Princesse de Bagdad* redeviendrait un mélodrame pour les raisons mêmes qui ont servi à démontrer qu'elle n'en est pas un...

Pour moi, je vous avoue que je ne sais plus très nettement, à l'heure qu'il est, si *la Princesse de Bagdad* est un mélodrame, ou un drame, ou une comédie, — une comédie de mœurs, ou une comédie de caractères, ou une comédie d'intrigue, une pièce romantique ou une pièce réaliste, une pièce à thèse ou une pièce sans thèse, une pièce à personnages vivants ou à personnages abstraits, ou à personnages symboliques, ou tout cela à la fois et dans quelles proportions. Le peu que je démêle avec quelque clarté, le voici :

La Princesse de Bagdad est une pièce singulièrement amusante, brillante et insolente (au sens étymologique) ; improvisée, ou peu s'en faut, mais par un dramatiste qui avait derrière lui trente ans de méditations et de pratique ; improvisée, dis-je, avec une petite fièvre, et dans une des heures où l'âme charmante du « père Dumas » a le plus évidemment habité Dumas fils. Mais ce fils énergique n'a point été dépossédé pour cela de son génie propre, de son génie d'observateur, de moraliste et de logicien. D'où une œuvre très particulière, simple au fond, assez complexe et contrastée dans la forme. Les deux personnages du drame (car il n'y en a que deux), appartiennent à la fois, par leur allure extérieure, par une certaine outrance de langage, par le caractère exceptionnel de leur état civil, ou de leur condition sociale, ou de leurs qualités soit physiques, soit morales, bref, par ce qu'ils ont de « panache », à l'auteur de *Monte-Cristo,* et, par la vérité, par la logique secrète de leurs mouvements intérieurs et de leurs actes, à l'auteur du *Demi-Monde.* Mais, s'il y a là contraste (je l'ai dit), il n'y a ni contradiction ni invraisemblance. Regardez et souvenez-vous. La réalité abonde en extravagances. Et, si ce qu'on appelle le romanesque des situations peut entraîner, chez ceux qui y sont impliqués, un certain romantisme du geste, je ne vois pas pourquoi ce romanesque et pourquoi ce romantisme, — attitude occasionnelle d'âmes trop tendues, — ne recouvriraient pas des sentiments très simplement ou même très humblement humains, et très vrais ou très plausibles. Il est clair, en tout cas, que la bizarrerie cherchée de certaines circonstances n'est, dans *la Princesse de Bagdad*, qu'un ornement. Reste à savoir si cet ornement est plaisant. Il l'est, puisqu'il m'a plu.

Prenons Lionnette. Elle a pour mère la fille d'une marchande à la toilette, et pour père un héritier royal qu'on avait envoyé se déniaiser à Paris. Depuis, le jeune homme a régné, puis il est mort... (Toute cette histoire, contée en détail par Godler au premier acte, est d'une rare saveur.) Lionnette est donc fille d'une courtisane et d'un roi. Ces choses-là arrivent. Il en arrive même de plus singulières encore.

Dès lors, nous allons voir se battre, en Lionnette, la fille de roi et la fille de fille. Et tantôt ce sera le sang généreux du roi de Bagdad qui l'emportera, et tantôt le sang vil de la marquise de Quansas. Il est trop évident, n'est-ce pas? qu'une lutte analogue se pourrait livrer, entre deux sangs anonymes, chez n'importe quelle petite bourgeoise ; que nous sommes ici, tout bonnement, en présence d'une femme qui « sent deux femmes en soi », et que le drame est donc tout ce qu'il y a de plus général et de plus humain. Oui, « le sang du roi de Bagdad » et « le sang de la marquise », ce ne sont là, si vous voulez, que deux étiquettes, — mais qui illustrent et amplifient le drame et nous préparent à ce qu'il y a d'excessif, de furieux et, en un sens, d'héroïque dans les mouvements contraires de l'âme tumultueuse de Lionnette.

Elle s'est laissé épouser par le comte Jean de Hun, qui l'adorait. Elle n'aimait pas le comte et l'a donc accepté parce qu'il était riche et qu'elle était habituée à dépenser beaucoup d'argent. Et elle a totalement dévoré, en quelques années, la fortune de son mari. (Influence Quansas.)

Mais, d'autre part, elle a repoussé les cinq cent mille francs qu'on lui offrait en échange des lettres du roi son père. (Influence Bagdad.)

Un certain Nourvady quarante fois millionnaire lui dit : « Madame, je vous aime, je vous veux. J'ai acheté et meublé pour vous un hôtel, dont voici la clé. » Elle jette la clé par la fenêtre. (Influence Bagdad.)

Nourvady s'est permis de payer les dettes de Lionnette, plus d'un milion. Quand son mari l'apprend, il en conclut qu'elle a été la maîtresse de ce monsieur. Elle proteste ; il a le tort de ne pas la croire. Outrée par l'injustice de l'accusation, elle s'en va ramasser la clé. (Influence Bagdad ? Influence Quansas ? Les deux peut-être. Attendons.)

Elle va trouver Nourvady dans le mystérieux hôtel, lui dit son fait, et ajoute : « Vous ne m'aurez jamais. Adieu. » (Influence Bagdad.).

A ce moment, le commissaire de police, requis par le comte de Hun, enfonce la porte. Affolée par cette nouvelle « insulte » de son mari, elle dénoue ses cheveux, se dépoitraille, et dit au commissaire : « C'est exact ; Monsieur est mon amant. Je me suis vendue à lui, pour de l'or ! » Et elle fourrage à pleines mains dans le « million d'or vierge » que vous savez, et elle le jette autour d'elle à la volée...

Ici, il semble bien que les deux influences se confondent, et qu'elles conspirent à perdre la belle enragée. Car, si le sang de son père explique l'orgueil de ses démarches, le sang de sa mère en explique l'impudeur. Ce qu'elle a commencé par un sursaut de royale fierté révoltée, on la soupçonne de le continuer par un réveil d'instincts de fille et par un consentement soudain à une ignominie héréditaire et fatale. On dirait que, tout cet or, elle finit par le tripoter, malgré elle, avec les mains ressuscitées de sa mère la gueuse...

Remarquez, au surplus, que même ce qu'il y a de bon chez Lionnette est d'une bonté assez mêlée. L'orgueil royal n'est peut-être pas un guide suffisant dans la conduite morale de la vie. Les princes ont une tendance à se croire tout permis, à accepter des autres plus qu'ils ne sont disposés à rendre et, — comme les courtisanes, quoique dans une autre pensée, — une assez grande facilité à vivre sur le commun. J'ai dit que, lorsque Jean de Hun avait offert ses millions à Lionnette qui ne l'aimait point, c'était la fille de la courtisane qui les avait acceptés, puis mangés ; mais soyez sûrs que ce fut aussi la fille du roi...

Donc, Lionnette est bien perdue. Au premier acte, elle tenait ce propos de grue qui se croit sublime : « Ou la vie avec tout ce qu'elle peut donner, ou la mort avec tout ce qu'elle peut promettre : je ne comprends pas autre chose. » Elle se vantait ; ou bien alors elle entendait « tout ce que la vie peut donner » dans un sens assez grossier et assez bas. Elle se résigne finalement à n'être qu'une courtisane, et ne songe que peu à se tuer. Tout l'avantage qu'elle recueille du sang paternel, c'est de sentir l'ignominie où elle est condamnée, c'est de garder une certaine franchise, une certaine horreur du mensonge, c'est d'aller à sa perte avec un désespoir sombre, d'où pourra sortir son rachat.

Toutefois le dégoût d'elle-même ne suffirait point à l'affranchir. Cette créature de luxe et d'artifice, née, puis élevée dans des conditions brillantes et équivoques, fille d'une mère qu'elle n'a pu que mépriser, pourvue du nom d'un aigrefin qui n'est pas son père, bâtarde d'un roi, mariée sans amour; qui n'a jamais pu éprouver pour ceux qui l'entouraient que des sentiments douteux, mêlés, hésitants, et qui, à cause de cela, n'a pas de cœur, il faudra pour la sauver, cette sèche et douloureuse irrégulière, le coup de foudre d'un sentiment bien simple, bien naturel, qui la ramène dans l'humanité normale, qui lui révèle son cœur et qui, par là, délivre et fasse éclore en elle tous ces germes contrariés de générosité, de loyauté, de vertu. Ce qui exorcisera Lionnette, ce sera l'amour maternel. Dans l'instant où elle se dispose à suivre le brutal dompteur, son enfant, dont elle ne s'était guère souciée jusque-là, s'attache à elle, ne veut pas la laisser partir. L'homme, impatienté, bouscule l'enfant; et tout à coup, dans la fille de roi et dans la fille de fille, la mère fait explosion. Et Lionnette saute à la gorge de cet homme, qu'elle hait mortellement, depuis vingt-quatre heures, d'être obligée de le subir. L'amour maternel agit brusquement chez elle, à la façon de la grâce divine. Et c'est bien en effet, si vous voulez,

Dieu qui a pitié d'elle, et qui le lui signifie avec véhémence. Lionnette est sauvée. Elle le méritait parce que, du moins, elle n'a jamais été consciemment une femme intéressée, et parce qu'elle n'a jamais menti. Et tout de même, c'est le sang de son père qui lui a valu cela.

Toute cette psychologie est non seulement curieuse et forte; mais, j'en reviens à mon dire, elle me paraît fort plausible. Lionnette de Hun n'est, d'ailleurs, pas une isolée dans la littérature contemporaine. Elle est la sœur demi-royale des femmes nerveuses, troublées, déséquilibrées, avec un fond de loyauté et de bonté, d'Octave Feuillet et de Meilhac et Halévy Lionnette a seulement des oscillations de plus de rapidité, d'audace et d'amplitude que Froufrou ou la « petite comtesse ». Elle est plus théâtrale. Cheveux éployés, gorge étalée, dispersant à poignées l'or vierge de son million, nous la revoyons invinciblement dans cette posture et cet appareil titianesques. Lionnette, oui, c'est cela : une Froufrou à panache. Mais c'est bien une femme, et très profondément.

Et chez Nourvady pareillement je trouve, sous beaucoup de panache, beaucoup de vérité. Il a quarante millions ; pourquoi non ? Il a des inventions à la fois subtiles et fastueuses ? C'est qu'il a de l'imagination et des loisirs. M. Dumas le définit « un Antony millionnaire » ; c'est un composé assez rare, mais nullement impossible. Etant donné que Nourvady désire Lionnette avec la violence la plus extrême et qu'il a quarante millions, toute sa conduite est d'une logique hardie, mais serrée, mais irréprochable. Le romantisme de ses procédés n'est que le résultat d'un raisonnement très solide, — et qui, en outre, est bien le raisonnement d'un homme de finances. Ce qui fait de Nourvady une figure très caractéristique, et d'une vérité tout à fait large et supérieure, c'est sa foi entière, absolue, sereine, presque religieuse à la toute-puissance de l'argent. C'est cette foi qui explique les enfantillages, d'ailleurs si amusants, de la mise en scène réglée par lui : «... J'ai acheté cette maison, et je l'ai fait meubler aussi élégamment que possible. Si dans un an, dans deux ans, dans dix ans, si, — demain, — les circonstances vous forçaient à vendre cet hôtel où nous sommes en ce moment, rappelez-vous cette maison des Champs-Elysées que je n'ai jamais habitée. Les voitures attendent sous les remises, les chevaux dans les écuries, les valets dans les antichambres. La petite porte que cette clé ouvre n'est que pour vous. Cette porte, vous la reconnaîtrez facilement. Votre chiffre est dessus. Dès que vous la franchirez, si vous la franchissez un jour, vous n'aurez même plus la peine d'en ouvrir une autre ; toutes les portes seront ouvertes sur le chemin qui conduit à votre appartement. » Il croit, il sait qu'il y a, dans la seule énumération des détails de cette féerie machinée par l'argent, une force de persuasion invincible. Cette foi explique encore l'invention du merveilleux coffret au million intact, tabernacle où réside le dieu auquel Nourvady n'a jamais vu résister personne. Cette foi explique ce qu'il y a, dans ses machinations, d'ostentation arrogante, à la fois raffinée et naïve : il dispose, pour venir à bout d'une femme, le sanctuaire du dieu million, comme un prêtre disposerait une chapelle pour agir sur les âmes des fidèles à travers leurs sens. Et cette foi explique enfin certaines insolences inutiles à ses desseins, ou même très imprudentes, comme quand il ose dire à Lionnette, après qu'elle a jeté la clé par la fenêtre : « Cette fenêtre donne sur votre jardin, comtesse, et non sur la rue. Dans un jardin, une clé se retrouve. » Et celle-là se retrouve en effet.

Il raisonne admirablement, cet homme. Du moment que ce qu'il veut, c'est le corps de Lionnette et non son âme (et du reste il connaît les femmes et sait que, souvent, après avoir subi et haï la force, elles finissent par l'aimer), il est certain que, en payant les onze cent mille francs de dettes de Lionnette, il a trouvé le seul moyen infaillible de tenir à sa merci la femme et de paralyser le mari. Sur ce dernier point, sur la situation inextricable faite au mari pauvre par l'audacieux stratagème de l'amant riche, écoutez le comte de Hun lui-même, au troisième acte : « Alors vous comprenez pourquoi je n'ai pas provoqué cet homme. Si j'avais été tué, un soupçon aurait toujours plané sur ma mémoire. M. Nourvady avait payé les dettes de ma femme ; on aurait dit que je n'avais pas trouvé que ce fût assez, que j'avais demandé plus, qu'il s'y était refusé, qu'alors je l'avais provoqué ; qu'il m'avait tué et que c'était bien fait. Si je l'avais tué au contraire, on eût dis pis encore, que j'avais attendu qu'il eût payé toutes les dettes de la maison, qu'il eût donné à ma femme une fortune ;... qu'après tous ces honteux trafics j'avais tué cet amant généreux, et que c'était là ma manière de solder mes créanciers et de faire aller mon ménage. »

Nourvady a prévu tout cela... Quand Lionnette le somme de « réparer, avant qu'il soit irréparable, le mal qu'il lui a fait », il répond avec beaucoup de justesse : « Je n'y peux rien moi-même. J'ai précisément employé ce moyen parce que je le savais unique et irrémédiable. Il faudrait que vos créanciers consentissent à reprendre leurs créances et à rendre l'argent : croyez-vous qu'ils y consentent ? » La position de Nourvady est tellement inexpugnable que, ayant dit à Lionnette : « Si vous étiez à ma place, vous feriez ce que j'ai fait », elle ne trouve d'abord à répondre qu'une niaiserie : « Si j'étais homme et que je prétendisse aimer une honnête femme, quoi qu'il advînt, je respecterais toujours en elle sa dignité et *les convenances de son monde* ». Oui, Nourvady a tout prévu, et tout va lui réussir. Seulement, voilà, il n'avait pas prévu l'enfant. Il y a des choses que les hommes d'argent ne prévoient pas, ne peuvent plus prévoir. C'est beau, ce savant édifice de corruption élevé par un homme de tant de volonté, de tant d'intelligence et de tant d'argent, renversé par le cri d'un bébé.

En somme, on a dit que Lionnette et Nourvady étaient des fous : et il m'a paru qu'ils agissaient d'un bout à l'autre conformément à la logique de leurs passions. On a dit qu'ils étaient des personnages abstraits (attendu que *la Princesse de Bagdad* est une des dernières pièces de M. Dumas, et que les écrivains commencent d'ordinaire par l'observation et finissent par l'abstraction, et qu'ils n'ont pas le droit d'échapper à cette règle) : et j'ai vu que Nourvady et Lionnette vivaient avec intensité. — Et mon opinion est la vraie, mais l'autre se peut aussi démontrer. Quelle bonne plaisanterie que la critique !

ÉMILE AUGIER

COMÉDIE FRANÇAISE : Reprise du *Fils de Giboyer*, comédie en cinq actes, d'Emile Augier.

J'ai indiqué précédemment ce qu'était devenu, au bout de vingt ans, *Monsieur Alphonse*. Voyons ce qu'est devenu, au bout de trente ans, *le Fils de Giboyer*.

Il y a, dans la pièce d'Augier, une comédie politique et une comédie romanesque, très habilement rattachées l'une à l'autre. Sauf erreur, c'est la comédie politique et ce sont les acteurs de cette comédie qui ont le mieux résisté au temps, et qui paraissent, après plus d'un quart de siècle, le plus vivants et le moins fanés.

C'est que cette comédie politique est un épisode d'un grand drame historique, qui dure encore, et dont le dénouement, s'il survient jamais, sera celui de la Révolution elle-même. C'est le sujet traité déjà dans la partie historique de l'inépuisable roman de Flaubert : *l'Education sentimentale* : comment la bourgeoisie française, ayant fait la Révolution et la jugeant définitivement close, puisqu'elle lui avait donné la fortune et la prépondérance politique, s'aperçut, vers le milieu du siècle, avec étonnement, puis avec colère, que ça n'était pas fini du tout, que ça continuait sourdement, mais non plus à son profit, et, du coup, demanda secours à la classe, aux croyances et aux traditions contre qui la Révolution avait d'abord été faite. Bref, ce qu'on trouve dans *le Fils de Giboyer*, comme dans *l'Éducation sentimentale*, c'est, pour ainsi parler, la confrontation effarée, hypocrite et renégate de la bourgeoisie riche avec les principes de Quatre-vingt neuf, dans l'instant où ces principes commençaient à développer des conséquences qu'elle n'avait point prévues. Et, donc, les fils des acquéreurs de biens nationaux estimèrent qu'il faut une religion pour le peuple, et retournèrent eux-mêmes à la messe.

La plupart de leurs petits-fils n'y vont plus, mais ils connaissent encore les transes et, sous d'autres formes, les lâchetés et les hypocrisies de Maréchal. Comme lui, ils voudraient bien que la Révolution fût finie. Leurs pères juraient qu'elle l'était. En vain Lamartine les avertissait de leur erreur, leur remontrait que le transport de la richesse d'une classe à l'autre était un médiocre fruit d'un si grand bouleversement, qu'ils ne feraient pas mal de s'occuper des « questions sociales » avant qu'elles devinssent pressantes, et qu'enfin la Révolution, sous peine de se renier elle-même, devait être évangélique. Ils ne l'ont point écouté : tant pis pour leurs descendants; tant pis pour nous.

En réalité, Louis Veuillot eût pu approuver une grande part de la comédie d'Emile Augier. Tous deux pensaient sensiblement de même sur la valeur morale de la bourgeoisie conservatrice. Mais il est vrai qu'ils différaient de sentiment sur tout le reste. Et, en outre, Veuillot avait quelque raison de se croire personnellement insulté sous les espèces de Déodat. Moi-même je n'ai pu, l'autre jour, entendre sans chagrin le portrait outrageant du grand publiciste catholique. Mais quoi! Augier péchait par ignorance. Mieux informés, réconcilions ces morts.

Donc, l'aventure historique esquissée dans *le Fils de Giboyer* est encore chose d'aujourd'hui. Elle est seulement devenue plus tragique peut-être, sans cesser d'être plaisante. Et c'est pourquoi ce solennel crétin de Maréchal est demeuré si vivant, et aussi ce grand moqueur de marquis d'Auberive, qui tire de cette histoire une des morales qu'elle comporte, et pareillement ce philosophe bohème de Giboyer, qui en tire une autre. Et, chacun de ces trois personnages ayant encore parmi nous son équivalent, tous leurs mots « portent », comme au premier jour.

Je ne suis pas éloigné de voir dans Giboyer un des plus excellents types du théâtre moderne. Comme les Tartufe et les Alphonse, il est ensemble très général et très particulier. Il y a en lui du Fréron et du

Desfontaines, et aussi du neveu de Rameau et du Figaro. Sa vive intelligence, son talent, et certains coins de générosité intacte ne permettent point de le confondre avec les petits bandits vulgaires qui ont, paraît-il, depuis trente ans, envahi le journalisme. Son immoralité même nous laisse reconnaître en lui, à certaines marques, la noblesse originelle de sa profession. Déshonoré, il n'est pas tout à fait sans honneur. S'il écrit contre sa pensée pour gagner son pain, il garde pourtant la fierté de penser librement et de parler sans fard; et l'on sent qu'à cette joie d'esprit il sacrifierait, s'il le fallait, son pain même. J.-J. Weiss le disait fort bien à propos des *Effrontés* : « On a vu souvent et l'on voit encore tous les jours, dans pis que Giboyer, la qualité maîtresse qui fait le journaliste héroïque : le besoin presque invincible de se dévouer au public et d'arracher pour le service du public, coûte que coûte, tous voiles menteurs. M. Emile Augier n'a pas manqué de donner à Giboyer ce trait de caractère et de profession. Oh ! dans le journal de Vernouillet, Giboyer dira tout ce que l'on voudra pour ou contre les gouvernements, pour ou contre les individus sans en penser un mot. Il faut vivre et payer son terme. Mais ailleurs, et pas plus loin que la brasserie du tournant de la rue, nulle crainte des puissants du jour, nul respect des opinions régnantes ne l'empêchera, vienne l'occasion, d'épancher ce qu'il pense vraiment et qui l'étouffe; il irait plutôt le hurler sur la place de la Concorde. Et ce qu'il pense et dit n'est pas si banal ! »

Comme Harpagon, ou l'avare, est amoureux d'une fille pauvre, et comme Alceste, ou le misanthrope, est amoureux d'une coquette, de même, et beaucoup plus naturellement, le type général du journaliste bohème est particularisé, chez Giboyer, par sa passion paternelle. Il a voulu faire de son fils un honnête homme dans le même sentiment qu'une courtisane veut faire de sa fille une honnête femme. Et c'est cette passion rédemptrice, à laquelle il s'immole, qui réveille et qui empêche de périr ce qu'il y a de bon en lui. Ce fils, ce sera la revanche et le rachat de son déshonneur; ce sera sa vertu, et ce sera surtout sa pensée. Et ainsi le caractère de sa paternité est en étroit accord avec le reste de son personnage. Forcé de mentir dans les feuilles, ce qu'il rêve et ce qu'il met au-dessus de tout, c'est la joie et la gloire de dire publiquement la vérité : telle la bonne courtisane, forcée d'être impure, met d'autant plus haut la pureté. Il veut que son fils soit spécialement le champion du vrai, comme elle veut que sa fille soit la servante de la pudeur. Et le parallèle se poursuit : car le désespoir de Giboyer à voir Maximilien tenté de trahir la pensée de son père, — et cela pour avoir lu un discours où ce père a menti pour de l'argent, — c'est précisément la douleur de la courtisane bonne mère à voir sa fille corrompue par son propre exemple. — Avec cela, général à la fois et particulier, comme j'ai dit (selon la classique et très juste formule), très complexe par conséquent, « datant » peut-être un peu par son extérieur (bien que les journalistes ne ressemblent pas encore tous à des chefs de bureau ou à des sportsmen et que le débraillé des façons et du costume n'ait pas totalement disparu du monde de la presse et de la littérature), Giboyer pourrait fort bien ne pas vivre. Mais il vit, c'est un fait, et M. Got, simplement admirable dans ce rôle, nous l'a bien fait sentir.

Vivants aussi, à des degrés divers, ce marquis d'Auberive, dont M. Leloir a bien rendu la spirituelle impertinence, mais en lui prêtant une parole et une allure trop lentes à mon gré; et M. Maréchal, un peu vaudevillesque au dernier acte, et dont M Laugier a mieux traduit la niaiserie que l'importance et la carrure ; et le comte d'Outreville, le jeune gentilhomme sacristain, décidément caricatural, j'en ai peur, et que M. Truffier est assez excusable d'avoir tourné au Thomas Diafoirus. Et la baronne Pfeiffer « n'est pas non plus dans un sac », si j'ose m'exprimer ainsi. J'ai seulement un scrupule sur la manière dont la belle Marsy l'a interprétée. Je crois que Augier n'avait jamais vu Mme Swetchine et qu'il la connaissait et la jugeait mal ; mais, enfin, il avait quelque peu pensé à elle en dessinant la baronne Cette intrigante est une dévote, — aussi jolie, aussi spirituelle, aussi coquette, aussi séduisante et d'ailleurs aussi peu sincère qu'on voudra, toutefois une dévote ; et il doit y avoir dans ses façons, dans ses attitudes, dans son élégance même de grande dame, quelque chose qui nous en avertisse. Or, c'est ce que ne font guère, c'est ce que ne font vraiment pas assez les cheveux fous, la voix éclatante, la bouche épanouie et l'air de franchise heureuse de Mlle Marsy. Vous me direz que ce n'est pas sa faute, et qu'elle est tout de même bien bonne à voir et à entendre, et c'est tout à fait mon avis.

J'ai un peu moins de considération pour la comédie romanesque mêlée à la comédie politique et à l'aventure de Giboyer. C'est la vieille histoire du secrétaire pauvre qui épouse une héritière. Dans la réalité, nous savons comment les choses se passent : ou le secrétaire n'épouse point ; ou, s'il épouse, nous gardons des doutes invincibles sur la beauté de son âme. Je confesse, du reste, que ce conte bleu se développe ici dans de fort jolies scènes, et que les deux héros sont charmants, et que même Fernande n'est pas du tout une poupée, et que son baiser, au dernier acte, est peut-être le moyen le plus élégant et le plus hardi qu'on ait trouvé de dénouer une histoire de ce genre... Et puis, que voulez-vous? comme le dit Maréchal de la religion, il faut du roman pour le peuple.

En somme, excellente soirée pour Augier et pour nous. Ce vieux voltairien d'Augier ignore tout à fait « le frisson du mystère » ; mais il est lucide et solide ; et, si l'animal de rêve n'est pas son fait, il connaît bien, dans l'homme, et peint fortement les mouvements de l'animal social. Ce n'est pas tout, mais c'est quelque chose : je voudrais que les doux jeunes gens de « l'Œuvre » en fussent persuadés.

VICTORIEN SARDOU

Renaissance : *Gismonda,* drame en quatre actes, cinq tableaux, de M. Victorien Sardou.

Vous savez déjà, n'est-ce pas ? que *Gismonda* est, comme on dit, « un succès énorme ». Jamais M. Victorien Sardou ne s'est montré plus habile (il l'est, à un ou deux moments, jusqu'à mépriser ses ordinaires habiletés), ni plus sûr de ses moyens, ni plus connaisseur de la foule, de ce qui lui plaît, de ce qui la secoue et de ce qui l'amuse. Et dans ce drame, qui est le comble du métier, se détache, au troisième acte, une scène qui est le comble de l'art, et telle que l'auteur n'en avait point écrit d'aussi parfaite depuis *Patrie* et depuis *la Haine*. En sorte qu'il y en a pour tous les goûts, et que M. Sardou a contenté cette fois tout le monde et la critique, du moins je l'espère.

Ah! oui, c'est un joli travail. Dès le lever du rideau, les yeux sont pris. L'action est si adroitement située ! Saviez-vous seulement qu'il y eut, entre les deux prises de Constantinople, l'une par les Croisés et l'autre par les Turcs, une Grèce féodale et un duché d'Athènes? Ou, si vous le saviez, combien de fois par an y songiez-vous? Moi, pas souvent. Mais il y songeait, lui, le peintre, — ou le badigeonneur prestigieux, — de décors historiques, et il se disait que ce serait une chose charmante à nous montrer que la rencontre des barons chrétiens avec les dieux antiques, et la somptuosité des costumes florentins, — déjà proches de la Renaissance, — mêlée de quelque reste de harnachement moyenâgeux, sur un fond serein d'architecture athénienne.

Il a tout prévu, même l'arrivée tardive des gens du monde, et le bruit des petits bancs, et l'inattention des loges et des baignoires où l'on s'installe. Et c'est pourquoi, pendant dix bonnes minutes, dans les jardins de la duchesse Gismonda, des seigneurs sans importance nous font un cours d'histoire, nous content des événements compliqués, où des noms propres, sonores et bizarres, s'enchevêtrent si bien qu'il est impossible d'y rien comprendre. Et c'est donc le procédé d'exposition de la tragédie classique, et, en particulier, de celle du vieux Corneille, à cela près qu'il est, ici, tout à fait inutile d'écouter.

Voici tout ce qu'il en faut retenir et qu'on apprend, sans se donner de mal, un peu plus tard. La duchesse Gismonda est restée veuve avec un enfant de six ans, le petit Francesco. Quatre seigneurs lui font la cour. Pourquoi quatre seigneurs? Parce que cela fait quatre beaux costumes. Car pour ce qu'ils ont à dire !... Survient un cinquième prétendant, Zaccharia, qui sera « le traître ». Ce Zaccharia a de vagues droits au duché d'Athènes comme étant le fils d'un ancien duc dépossédé. C'est un homme sans préjugés, qui a passé plusieurs années à la cour du Sultan Mourad, qui est soupçonné d'avoir renié son baptême et qui tient des discours effroyablement impies et immoraux. Sa pensée est non seulement d'épouser Gismonda, mais de supprimer l'héritier légitime. C'est ce qu'il insinue délicatement à l'ex-spadassin Grégoras, son confident et son homme à tout faire, présentement chambellan de la duchesse.

Or, je ne sais quel prince d'Asie vient d'envoyer à Gismonda un tigre, que l'on garde provisoirement au fond d'une citerne. Le subtil Grégoras mène le petit Francesco voir la grosse bête, et a la maladresse de laisser choir l'enfant dans la fosse. Gismonda, affolée, crie aux quatre seigneurs : « Je jure devant Dieu que ma personne et mon duché seront à l'homme qui aura sauvé mon fils ! »

L'enfant est sauvé, non par l'un des quatre prétendants, mais par le fauconnier Almério, bâtard d'un gentilhomme vénitien et d'une servante athénienne. La duchesse n'avait pas prévu ce pauvre diable, — qui est d'ailleurs un beau grand diable. Elle lui dit : « Je te comblerai de richesses et d'honneurs. » Il répond : « La récompense que je demande, c'est celle que vous avez promise. » Et l'évêque Sophron ajoute : « Madame, c'est ennuyeux : mais il n'y a pas à dire : vous avez juré. »

A l'acte suivant, nous retrouvons Gismonda dans un joli couvent où elle est venue faire une retraite, — un peu comme la reine Fiammette dont elle est assez proche parente ; ce qui veut dire qu'elle est éminemment femme. Elle a fait demander au Pape de la délier de son vœu, — non gratuitement. L'évêque Sophron lui apporte le refus du Souverain Pontife. Ce bon Pape ne voit, pour elle, qu'un moyen de se tirer de là : qu'elle se fasse religieuse ; le Saint-Père se chargera de la régence de son petit duché. Gismonda prend mal la chose ; elle allègue le cas de la reine Jeanne de Naples qui, ayant tué son mari et épousé son amant, fut absoute par le Pape, lequel eut ainsi Avignon à bon compte. Elle manque totalement de respect au chef de la chrétienté, mais elle finit par se soumettre, crainte de l'excommunication, étant, avec cela, bonne catholique. L'évêque, lui, est très digne, très ferme, très imposant, très évêque de vitrail. Et cela fait une fort bonne scène de drame historique, haute de couleur et plausible de ton. Il y a de tout dans cet ingénieux ouvrage !

Cependant, la duchesse ayant promis le comté de Soula à celui qui débarrasserait le pays des pirates catalans installés à Marathon, Alméria, ce Ruy-Blas à l'âme de don Sanche, a rassemblé une troupe de bons compagnons, surpris et massacré les forbans,

et rapporté la tête de leur chef pendue à l'arçon de sa
selle. Et tout le peuple athénien, qui l'aime pour
son héroïsme et parce qu'il est né d'une Athénienne,
monte au couvent en criant : « Vive Almério ! »
dans un tumulte d'émeute. Almério les apaise ; puis,
introduit auprès de Gismonda, de nouveau réclame
son dû. Mais les quatre seigneurs et le traître Zaccharia l'accusent de rébellion et demandent sa mort.
Et sans doute l'orgueil de la duchesse est encore
invaincu ; mais, tout de même, ce beau gars lui a
rendu son fils et vient de délivrer sa terre ; ce
manant est plus noble par le cœur que les gentilshommes qui s'acharnent contre lui. Et voulant du
moins lui sauver la vie, elle le fait enfermer dans
une confortable prison.

Au troisième acte, après quelques scènes sans
grand intérêt et une autre scène, peut-être superflue,
entre la duchesse, Zaccharia et l'inévitable quatuor
des inutiles seigneurs, Gismonda, troublée (car le
spectre agréable et exigeant d'Almério hante ses
nuits), veut voir son prisonnier en tête-à-tête. O
l'admirable morceau ! et comment vous le résumer ?
La petite duchesse dit à Almério (plus longuement) :
« Tu es beau, tu es brave, et je t'ai les plus grandes
obligations. J'ajouterai à ton comté de Soula d'autres terres et d'autres châteaux, et je te marierai à
la plus jolie de mes filles d'honneur, qui est riche et
qui a du goût pour toi. Moyennant quoi tu me délieras de mon serment. » Mais lui, farouche et entêté :

« Non » ! Elle l'insulte : « Ah ! misérable : tu as bien l'âme rapace d'un Vénitien et d'un Grec ! Ce que tu veux, c'est mon duché, c'est toutes mes richesses et tous mes honneurs ! — Vous vous trompez, dit Almério, ce que je veux, c'est vous, c'est votre personne : je me moque de votre duché ! »

Ici, la scène tourne. C'est donc bien elle qu'il aime, ce beau sauvage héroïque, elle n'en saurait douter. Cela change bien les affaires : « Ainsi, dit-elle, si j'étais ta maîtresse, tu me tiendrais quitte ? — Oui, ma donna. — Jure-le ! — Je le jure. — Jure que, si je t'appartenais, tu ne le dirais à personne. — Je le jure. » Mais cela ne contente plus la petite duchesse, à qui la fantaisie est soudain venue d'éprouver et de dompter ce fauve. « Jure-moi, ajoute-t-elle, qu'en t'engageant à tout cela, tu ne me tiens, moi, pour engagée à rien ! Jure-moi que tu me délieras publiquement de mon vœu, sans rien exiger en retour. » Ici Almério hésite un peu, car, tout de même, c'est dur. « Allons, jure-le ! » répète Gismonda ; et avec quels yeux ! et de quelle voix ! Et nous avons envie de crier au beau gars : « Mais jure-le donc, grosse bête ! » Il se décide enfin. Et alors la petite femme, dans un grand cri : « Oui, tu n'es qu'un manant et un valet de faucon. Retourne donc dans ta masure... Mais laisse ta porte ouverte cette nuit ! » — Scène d'une incomparable maîtrise d'exécution, mais aussi d'une belle vérité féminine et humaine ; si humaine et si vraie qu'elle pourrait être, le plus aisément du monde, muée en scène de vaudeville, et que nous n'aurions non plus aucun étonnement de la rencontrer dans une comédie de Marivaux.

... C'est la nuit, la nuit bleue, sur une colline aux beaux contours. Gismonda, accompagnée de sa nourrice, sort de la masure pittoresque appuyée aux ruines d'un temple d'Aphrodite, où elle vient de faire un heureux... Il semble, ici, que, dégoûté de sa propre habileté et de quarante ans de roueries dramatiques, M. Sardou se soit dit : « Soyons simple ! Soyons d'une gaucherie grandiose, comme Eschyle. » Et, en effet, ça n'est pas compliqué. Les deux femmes, ayant vu venir de loin deux ombres, se cachent derrière un arbre. Les deux ombres s'arrêtent pour s'entretenir de leurs petites affaires : c'est Zaccharia et Grégoras. Zaccharia, après avoir regardé par la fenêtre ouverte de la masure, dit au ruffian : « Alměrio dort ; tu vas entrer chez lui, et le poignarder. » Le spadassin renâcle : « Qu'est-ce qui te prend ? dit à peu près Zaccharia ; tu n'as pas fait tant de façons pour laisser choir l'enfant dans la fosse » Gismonda, derrière son arbre, a tout entendu. Elle étouffe un rugissement de colère, gagne par un détour rapide le seuil de la masure, surgit devant Zaccharia au moment où il veut y entrer, et lui fend la tête avec la hache abandonnée par Grégoras.

Car, Mme Sarah Bernhardt ayant, dans divers

drames, perpétré divers meurtres par le poison, le poignard, le revolver, la carabine et le fusil, il fallait trouver autre chose. Et M. Sardou a trouvé la hache : voilà.

Et comme aussi nous l'avions déjà vue mourir de toutes les façons possibles, l'auteur, pour changer, a imaginé ceci : qu'elle ne mourrait point cette fois, mais qu'elle serait heureuse et qu'elle épouserait celui qu'elle aime. Et c'est encore une fort bonne idée, car il est vraisemblable qu'une pièce qui, finissant mal, aurait deux cents représentations, en aura trois ou quatre cents si elle finit bien.

Et donc, après le tragique coup de hache, voici l'enchantement du dernier tableau. Une église byzantine, ornée comme une immense châsse ; la procession la plus brillante, la plus harmonieuse par le choix des couleurs amorties et assorties, la plus riche, la plus soignée qui se soit jamais déroulée sur les planches d'un théâtre d'opéra ou de féerie. Il y a un autel où M. de Max dit la messe. Quelle messe ? Une messe de théâtre, la plus bizarre et la plus surprenante des messes. Après avoir marmonné on ne sait quoi, cependant que les principaux assistants discourent devant la rampe, le digne évêque se tourne à un moment vers les fidèles et psalmodie : *Benedicat vos Dominous in æternoum*, — formule que vous chercherez en vain dans la liturgie du saint sacrifice. C'est qu'il ne s'agit, en effet, que d'une messe de conte bleu. Et quelles étranges choses se passent, dans cette église, pendant cette messe, derrière la chasuble de l'officiant !

Almério se présente d'abord et déclare publiquement qu'il délie la duchesse de son vœu ; et voilà qui va bien. Mais, un instant après, un serviteur vient annoncer à Gismonda qu'on a découvert, dans un ravin de la colline des Nymphes, le corps de Zaccharia assassiné. Puis c'est Grégoras qui se précipite en criant : « Le meurtrier est Almério ! » Almério dit : « C'est vrai ! » Sur quoi Gismonda le prend à part : « Mais, malheureux, lui dit-elle, sais-tu bien ce qui t'attend, et qu'ils te feront mourir dans les tortures ? — Je le sais, répond le généreux fauconnier ; mais j'ai juré que personne ne saurait ce que vous avez fait pour moi. Je meurs content, puisque je vous sauve, et d'ailleurs j'ai eu déjà ma part de bonheur. » Gismonda feint d'accepter cette sublime immolation ; puis, tout à coup, elle commande aux archers d'empoigner Grégoras. « Ce misérable, dit-elle, soudoyé par Zaccharia, a voulu jeter mon fils au tigre. Et Zaccharia eût assassiné Almério pendant son sommeil, si je n'avais moi-même, d'un coup de hache, fendu le crâne du traître. Je sortais de la masure d'Almério, et je venais, Mesdames et Messieurs, d'être sa maîtresse, pour le récompenser de m'avoir relevée de mon serment, — ainsi que je l'en avais prié : en quoi j'étais lâche, et je le confesse pour m'en punir. » Elle s'agenouille devant Almério : « Pardonne-moi tout ce que je t'ai fait souffrir. Je veux présentement t'aimer à la face du ciel, parce que tu es le plus beau et le plus grand des hommes. Je tiens mon serment et je t'épouse. Saint évêque, bénissez-nous ! » Et toute l'assistance, seigneurs habillés par Veronèse ou Tiepolo, demoiselles d'honneur costumées par Botticelli, jolies filles déguisées en enfants de chœur, tous couronnés de fleurs rares (Gismonda elle-même est coiffée d'orchidées à un louis la pièce, et l'on dirait que Burne-Jones fut son habilleur, et l'ensemble fait songer aux « Femmes-Fleurs » de Georges Rochegrosse), tous entonnent l'*alleluia* devant les saints autels stupéfaits.

Toutes les adresses les plus séduisantes ; un « milieu » charmant, mais au reste si peu lié à l'action que celle-ci pourrait aussi bien se passer en Souabe, à Pise ou dans l'Inde, et il y a deux ou trois mille ans aussi bien qu'il y a cinq siècles ; un gentil fabliau, un conte bleu qui ne devient noir que cinq minutes à peine, le temps de nous donner une secousse qui nous fait mieux jouir de l'apothéose fleurie du dernier tableau ; un sujet fait pour plaire à la foule, et même à la démocratie, car c'est ici, comme dans *Madame Sans Gêne*, une histoire de parvenu ; des discours athées, — dans la bouche du traître, il est vrai, — et un aperçu de la politique de la Papauté au moyen âge fait pour ravir les galeries supérieures ; les personnages accessoires multipliés sans autre raison que d'amuser les yeux ; une œuvre façonnée presque entière par un inexorable désir de plaire et de « réussir », — désir légitime, avouable et que nous avons tous, mais que, tout de même, ni Corneille, ni Racine, ni Molière, ni Augier, ni M. Dumas, n'ont jamais connu à ce degré; un drame le plus divertissant du monde, mais qui perdrait vraiment trop à être joué dans une grange (à quoi l'auteur répondra que ce n'est pas non plus à une grange que sa pièce était destinée) ; parmi tout cela, au troisième acte, une scène supérieure, d'une extrême beauté, et qui est, dans ce travail plus digne d'émerveillement que de respect, comme le rachat de l'âme de M. Victorien Sardou : voilà, autant que j'en peux juger, le bilan de *Gismonda*.

VICTORIEN SARDOU

Porte-Saint-Martin : *Thermidor*, drame en quatre actes et six tableaux, de M. Victorien Sardou.

Frappé, il y a cinq ans et un mois, de la plus inique et de la plus brutale des interdictions, le drame de M. Victorien Sardou, *Thermidor*, a eu, lundi dernier, à la Porte-Saint-Martin, sa troisième représentation. Le succès en a été éclatant.

Je vous ai soigneusement rendu compte du drame à son heure. Mais M. Sardou a profité de ces cinq ans pour l'« améliorer ». Je veux dire qu'il l'a rendu encore plus amusant qu'il n'était à l'origine. Plus émouvant, c'est une autre affaire.

Il a ajouté deux tableaux, d'un grouillement extraordinaire : la séance de la Convention où tomba Robespierre, et la délivrance, par le faubourg Antoine, des condamnés de la dernière charrette. Présentement, *Thermidor* est, je pense, le seul drame qui, dans la plus grande partie de son développement, soit un drame de foule, et qui, dans quatre tableaux sur six, ait pour acteurs cent, deux cents, trois cents personnages, — et combien adroitement manœuvrés! Toute la pièce est en « clous », si je puis m'exprimer ainsi. Oh! dans le premier tableau, l'envahissement de la berge par le bataillon des tricoteuses, et leurs mouvements de houle, tour à tour furieuse et clémente, autour de Fabienne Lecoulteux ! Oh ! les « bruits de coulisses » du deuxième tableau, la clameur qui s'élève de la rue, grondante comme une mer qui déferle; les voix qui hurlent *la Carmagnole*, et les autres voix, les voix des nonnes chantant leur cantique ! Et tantôt le chant religieux et le chant féroce se mêlent, tantôt la pieuse mélodie perce la rumeur et est aussitôt recouverte et submergée par les vociférations croissantes de la populace... Oh ! dans le quatrième tableau, la séance de la Convention, les députés sur leurs bancs, les loges bondées ; sous la tribune, Couthon et ses béquilles, et la cravate du pâle Saint-Just ; les discours de Billaud-Varennes, de Vadier et de Tallien ; les glapissements de Robespierre, et les hochements enragés de son profil de couteau, et, dix fois repoussés, ses gestes de noyé pour agripper la tribune !... Oh! dans le cinquième tableau, la cour grouillante de la Conciergerie et les tricoteuses juchées sur la crête du mur, et le défilé des condamnés entre deux rangs de gendarmes et deux haies de curieux, cependant que les tricoteuses tour à tour réclament la tête de Fabienne et s'apitoient gauloisement sur la grossesse de cette servante de Dieu !... Oh ! dans le sixième tableau, la barricade dressée par le faubourg Antoine, l'arrivée de la dernière charrette, les gendarmes désarmés par les femmes, et, quand on croit tout fini, la pluie, une vraie pluie, et qui mouille, et qui inonde les planches, et qui continue après le lever du rideau, et qui sonne encore sur le parapluie de M. Coquelin, quand il reparaît pour jeter au public le nom de M. Victorien Sardou !

Nous nous amusions trop, voyez-vous ; et c'est justement pour cela, j'en suis à peu près sûr, que, dans les scènes sérieuses, dans celles où M. Sardou s'est appliqué, où il a voulu être éloquent, émouvant, sublime, nous n'étions pas prêts, nous ne pouvions plus nous mettre « à la hauteur ». Et cependant, le cas de Fabienne, au deuxième acte, avait de quoi nous toucher. Quand, pressée de questions par Martial, elle lui avoue que, l'ayant cru mort, elle a récemment prononcé ses vœux et qu'elle ne peut donc plus être sa femme ; et quand Martial lui explique qu'il y a maldonne, que son retour la délie d'un engagement pris par erreur, et quand il ajoute tout ce que peut trouver un cœur vraiment amoureux, et qu'elle résiste en sanglotant... nous devrions être remués, nous intéresser à l'angoisse morale de la jeune fille, à ce cœur partagé entre la passion et le plus fort, le plus compréhensible, le plus vénérable des scrupules. Or, la scène, si bien faite qu'elle soit, nous paraît interminable, et nous n'avons qu'une idée : « Mais qu'est-ce qu'elle attend donc pour tomber dans les bras de son militaire ? » — De même, au dernier acte, quand Fabienne s'entête, pendant dix minutes, à ne pas signer la déclaration de grossesse qui la sauverait, nous devrions être avec elle, nous intéresser à elle comme nous nous intéressons à Polyeucte. Notez que ses raisons sont très fortes; puisque le mensonge (momentané) qu'on lui demande déshonorerait en elle non seulement la femme (ce dont elle pourrait prendre son parti), mais la religieuse. N'importe : elle peut être sublime tant qu'elle voudra ; peu s'en faut que nous la jugions insupportable, et nous avons envie de lui crier avec les tricoteuses : « Mais signe donc, ma fille ! signe donc ! » D'où nous viennent ces lâches sentiments ? C'est peut-être que l'auteur n'a pas assez pris soin, en commençant, de nous renseigner sur la profondeur de la foi et de la piété de Fabienne ; mais c'est surtout que, distraits par tant d'amusettes, nous ne sommes décidément plus en goût d'entrer dans les âmes ni de faire le petit effort qu'exige cette opération.

Heureusement il y a la scène des dossiers. Celle-là, nous y pouvons entrer sans préparation : le cas de conscience qui nous y est proposé est saisissant et tragique en lui-même, indépendamment des personnages qui le discutent. Vous vous rappelez ? On pourrait sauver Mlle Lecoulteux en substituant à son dossier celui d'une homonyme. Labussière dit : « Ce serait mal ». Martial dit : « Que m'importe la mort d'une inconnue, si je sauve celle que j'adore!... » Et il presse, il supplie son ami. Labussière cède, mais il en a chaud. D'une main qui hésite et tremble, il atteint les dossiers... Il lit : « Madeleine Lecoulteux, quarante ans, deux enfants... Marie-Clotilde Lecoulteux, vingt-six ans... » Celle-là ferait l'affaire. D'ailleurs c'est une fille galante, une créature. « Une créature de Dieu ! » répond Labussière. Et, tout à coup, les deux hommes sentent qu'ils n'ont pas le droit de faire ce qu'ils font, qu'ils *ne peuvent pas.*

Ce veto de la conscience de deux honnêtes gens, cette incapacité subite de tuer une inconnue pour sauver une tête connue et chère, et cela dans un temps où le prix de la vie humaine a si fortement baissé ; ce recul silencieux de toute l'âme devant un crime si énergiquement conseillé et, semblait-il, absous par les circonstances, et qui n'est d'ailleurs un crime qu'à partir du moment où l'on se demande si c'en est un... savez-vous beaucoup de conceptions dramatiques d'une aussi riche signification morale ? « Un fantôme a passé devant ma face, et mes poils se sont hérissés », dit le prophète. Ici, c'est l'Impératif catégorique qui passe, tout simplement...

FRANÇOIS COPPÉE

Odéon : *Pour la couronne*, drame en cinq actes, en vers, de M. François Coppée.

Le drame de M. François Coppée, *Pour la couronne*, représenté à l'Odéon avec un si éclatant succès, a d'abord un mérite. C'est d'être, à un degré qui rend la chose originale en ce temps de septentriomanie, — peut-être, il est vrai, finissante, — un beau drame français, écrit en français, avec une ingénuité, une générosité, une chaleur et une clarté toutes françaises, par un Parisien de Paris.

Dès les premières minutes, on éprouve un sentiment de grande sécurité. On est certain, tout de suite, que l'ouvrage sera propre et que ce sera de l'ouvrage de chez nous ; qu'il y aura de l'ordre dans les pensées, de la vérité dans les sentiments et de la justesse dans les images ; que les métaphores seront suivies, que toutes les périodes retomberont sur leurs pattes, et que les développements seront conformes aux règles de la rhétorique, c'est-à-dire de la raison. On prévoit même les rimes la plupart du temps, et d'autant mieux qu'elles sont plus rares ; prévision qui est un des charmes ou des inconvénients (comme il vous plaira) de la rime parnassienne...

L'exposition est simple et lumineuse. Nous sommes dans une place d'armes des Balkans, vers la fin du quinzième siècle. La conversation de deux soldats avec un chanteur bohémien, Benko, nous apprend tout ce que nous avons besoin de savoir. Depuis douze ans le prince Michel Brancomir combat pour la Croix, et tient les Turcs en échec au bas de son rocher. Michel a un fils de vingt ans, Constantin, au cœur de héros et à l'âme de jeune fille, vaillant et pur comme un chevalier de la Table-Ronde. Michel a épousé en secondes noces une Grecque, Basilide, descendante des anciens empereurs de Constantinople, belle et qu'il adore, et qui le mène, et qui le voudrait roi. Justement, le roi des Balkans est mort, et les Bulgares sont assemblés à Widin, capitale du royaume, pour élire son successeur. Mais, selon toute apparence, c'est le saint évêque Etienne qu'ils nommeront, estimant que la place du dur soldat est à la frontière plutôt que sur le trône...

Voici venir alors Michel et sa Byzantine et, dès les premiers mots qu'ils échangent, nous voyons que c'est le ménage Macbeth ou quelque chose d'approchant, et par où cette Grecque tient son Bulgare. — Je ne songeais point, dit-il, à la couronne :

Mais dans nos belles nuits d'amour, nuits où l'on veille,
Tu murmuras le mot fatal à mon oreille...
Être roi ! Le désir cruel m'avait mordu...
Il peut me perdre !... Soit, je veux être perdu !
Je t'aime ! La saveur de ta chair jeune et chaude
Dans les combats, autour de moi, circule et rôde.
Dans l'âcre odeur du sang je ne puis oublier
L'odeur que tes cheveux laissent sur l'oreiller...

Cris, fanfares. C'est Constantin, qui, revenant du combat, ramène prisonniers un officier turc et une fille de bohème. Le jeune héros a épargné, malgré la consigne, le Turc blessé, que Michel fait tranquillement mettre à mort. Toutefois, on lui laisse sa bohémienne. Elle s'appelle Militza, et c'est une espèce de Mignon, souillée, mais ingénue, qui adore du premier coup son jeune maître et le supplie de la laisser vivre à ses pieds.

Nouvelles clameurs, nouvelles fanfares. Le saint évêque Etienne, élu roi par la Diète, vient bénir en passant les défenseurs de la Croix ; et Michel Brancomir subit, en rugissant, la bénédiction du vieux roi mitré...

Allons maintenant un peu plus vite. — Le joueur de guitare Benko s'appelle de son vrai nom Ibrahim Effendi. C'est « le traître », sans signe particulier, sinon qu'il est bon musulman. Il a proposé à Basilide ce marché : « Que Michel Brancomir livre aux Turcs la citadelle, et le sultan le fait roi des Balkans, moyennant un léger tribut. Voici, pour en témoigner, un parchemin revêtu de son sceau, auprès duquel ton mari n'aura qu'à mettre le sien. » Une scène ardente, où Basilide attise les rancunes et les ambitions de Michel, et lui souffle tout son furieux désir et le grise de sa beauté offerte, emporte les derniers scrupules du rude soldat. C'est dit. Michel, à minuit, ira relever lui-même, sous un déguisement, un des guetteurs qui gardent les défilés, et qui ont pour consigne d'allumer à la première alerte les bûchers disposés sur les hauteurs. Là, il trouvera Othorgul, le chef de l'armée turque, et s'entendra avec lui ..

Mais quelqu'un veillait : Militza-Mignon, l'almée au cœur vierge, le « bon chien » du jeune maître. Elle a reconnu le traître Benko et surpris, entre Michel et lui, des regards complices. Averti par elle, Constantin a écouté, derrière une tenture, l'entretien décisif de son père avec sa marâtre ; et il est sorti de sa cachette en disant : « Mon père trahit, et je le sais. Que faire ? »

Ici, la grande scène qui a soulevé la salle. — Michel est venu relever le guetteur, et il attend Othorgul. C'est Constantin qui se présente.

Que viens-tu faire ici ?

demande le père.

Qu'y faites-vous vous-même ?

répond le fils. Michel reprend :

Que viens-tu faire ici ?

Et Constantin :

> Mon devoir ; je sais tout.

Il vient faire « son devoir », c'est-à-dire allumer le bûcher et par là sauver, du même coup, son pays et l'honneur de son père... Mais ici je voudrais vous indiquer du moins le dessin du dialogue.

Constantin espère un instant qu'il s'est trompé. Sans doute Michel a seulement voulu abuser sa femme. Il va allumer le bûcher, écraser Othorgul pris au piège ? Mais Michel : — Je ne te dois pas de comptes. Va-t'en. Obéis. — Ainsi, c'est donc vrai ? Eh bien, je viens vous sauver de la honte.

> Place ! Je veux saisir cette torche !
>
> — Jamais !

Alors le fils : « — Je le vois bien, je devais vous dénoncer. Je n'en ai pas eu le courage. Je n'ai pu supporter l'idée de votre déshonneur. Mon père, ne me faites pas repentir de ma faiblesse. » — Mais le père : « — Tant pis pour toi ! Moi, ce que j'ai résolu, je le fais.

> Et je ne permets pas qu'on touche à ce bûcher !

La chrétienté a été ingrate. Dieu s'est moqué de moi... Je veux être roi, et je le serai. » Sur quoi le fils :

> ... — Peut-être !
> La couronne est parfois trop large au front du traître,

> Elle peut tout à coup, nouveau roi du Balkan,
> Vous tomber sur l'épaule et devenir carcan !

Mais, à peine a-t-il outragé, qu'il supplie et qu'il adjure :

> Je ne sais plus que dire et j'appelle au secours !
> A l'aide, ô souvenirs guerriers des anciens jours !
> . . . .
> Vieux souvenirs de gloire et d'héroïsme, à l'aide !
> . . . .
> Devant ce malheureux, accourez, surgissez !
> . . . .
> Dites, oh ! dites donc, au héros qui défaille
> Que ses soldats tombés sur les champs de bataille
> Savent qu'il a rêvé ce rêve exorbitant,
> Qu'ils en parlent entre eux sous terre, et qu'on entend,
> Quand on passe, le soir, vers leurs tombes guerrières,
> Un murmure indigné courir dans les bruyères !

Et ça continue ; et je vous réponds que c'est une belle ruée d'alexandrins ; et c'est de l'éloquence, mon Dieu, oui, de l'éloquence latine, chose décriée, mais, si j'en crois les acclamations de l'autre jour, toujours puissante...

Non pourtant sur le vieux traître, sourd d'ambition et aveugle de luxure et tout possédé par l'idée fixe. Il déclare :

> On n'allumera pas ce bûcher, moi vivant.

Il a tort de dire ça. Ce mot : « Moi vivant », suggère à Constantin une terrible pensée... Si le traître vit encore, si les Turcs vont être là tout à l'heure, c'est lui, Constantin, qui en est responsable... Chaque instant perdu le rend complice du crime paternel... Son devoir est effroyable, mais si impérieux et si net ! Il tire son épée ; Michel tire la sienne ; le père et le fils ferraillent un moment ; puis le père tombe, frappé à mort... Constantin met le feu au bûcher ; on voit au loin, dans la montagne, s'allumer d'autres signaux, et on entend retentir le canon d'alarme. Et l'héroïque parricide, attestant, dans les lueurs éternelles qui sont peut-être ses regards, le Dieu qui lit dans les consciences, et qui a voulu que, obligés envers nos générateurs terrestres, nous le fussions plus encore envers la patrie, la terre elle-même et le mystérieux univers :

> Vous êtes les témoins, astres, regards de Dieu !
> Mais devant ce cadavre et devant cette flamme,
> J'ose vous regarder et vous montrer mon âme.
> Mon père allait trahir sa patrie et sa foi !
> Etoiles ! j'ai tué mon père... Jugez-moi !

Et c'est ce qui s'appelle élargir une scène.

J'ai voulu vous en montrer, un peu en détail, la composition. Si vous considérez la forme, c'est un bon, un excellent morceau de « rhétorique » classique, — et vous disant cela, je ne crois pas faire à l'auteur un mince compliment. Cela est solide, exactement déduit. Les sentiments successifs du jeune Constantin s'appellent et s'entraînent logiquement, soit qu'ils aillent du semblable au semblable, ou du semblable au contraire. Leur progression dans la véhémence est constante, — avec quelques retours et répits, ainsi qu'il est naturel. Et chacun de ces sentiments est *entièrement* exprimé par des séries de formules (il y en a généralement trois), de plus en plus serrées ou éclatantes. Le jeune orateur « épuise » vraiment tous les arguments de sa cause, et il les place dans le meilleur ordre, de façon que la force du discours aille toujours grandissant. Je vous le dis parce que je le crois : cette scène est à mettre à côté des mieux « faites » de notre théâtre du dix-septième siècle, et, insérée dans le plus scrupuleux *Conciones*, ne le déparerait point. Et je ne dis pas que Corneille n'eût su trouver des traits plus ramassés et plus forts, ou Shakespeare des mots plus imprévus et plus profonds (car je n'en sais rien) ; mais l'ordre, la clarté, l'harmonie sont admirables ; nous sommes en pleine lumière, en plein art gréco-latin ; et, que voulez-vous ? cela fait grand plaisir.

Pour le fond, la situation est d'une hardiesse cachée, mais singulière quand on y songe. Constantin tue son père, sous nos yeux et presque sans hésitation. Il balance moins pour tuer son père qu'Hamlet pour tuer son oncle. Pas de parricide plus net, plus franc, plus explicite. Et pourtant nous en admettons aisément l'horreur, et nous sommes plus pleinement avec Constantin qu'avec Hamlet, ou Oreste, ou Severo Torelli.

C'est qu'ici, des deux devoirs contraires entre lesquels la lutte s'engage, l'un prime l'autre avec la plus fulgurante évidence. Sans doute Hamlet, Oreste, Severo vengeaient leur père ou leur mère, et, de plus, vengeaient leur ville ; et certes une telle vengeance est un droit, mais non, peut-être, de ceux qu'on a le devoir absolu d'exercer, et sans ajournement. Dans le drame de M. Coppée, la situation est telle que Constantin est rigoureusement obligé de choisir, — et tout de suite, — entre ce qu'il doit à son père et ce qu'il doit à sa patrie et à l'humanité. Son cas est aussi clair que celui des Horaces et des Curiaces, mais plus pressant et beaucoup plus douloureux.

Jésus dit : « Jacques et Jean, fils de Zébédée, suivez-moi et laissez votre père », et au jeune homme dont le père vient de mourir : « Laisse les morts ensevelir les morts ; et toi, va annoncer le royaume de Dieu. » L'homme doit à ses parents avant de devoir à l'humanité ; mais il doit à l'humanité plus qu'à ses parents. Le mérite de M. Coppée est d'avoir imaginé un cas d'incompatibilité intense, si je puis dire, entre ces deux devoirs.

Et enfin, — suprême habileté, — le poète a voulu que Constantin conciliât en quelque manière ces deux devoirs opposés, puisqu'il tue son père pour le sauver du crime, en même temps qu'il sauve son pays du malheur et de la servitude. Et il le tue en combat singulier : il en appelle réellement au « jugement de Dieu », et il peut croire que c'est bien Dieu qui juge entre son père et lui...

Dès lors, Constantin devrait être tranquille, ne vous semble-t-il pas ? — Or, nous voyons bien dans la suite que Constantin est sans repentir (il persiste à affirmer la bonté de son acte) ; mais nous voyons qu'il n'est point sans remords, et qu'il ne dort plus, et que des spectres hantent ses nuits. Cela n'est-il pas excessif? N'y a-t-il pas là quelque convention? Et ne suffisait-il point de répandre sur le front du jeune parricide un voile de mélancolie ?

Non, je ne le crois pas. Car on peut bien sacrifier l'amour et le devoir filial à la « charité du genre humain », mais non peut-être trancher du même coup les profondes racines que le premier de ces amours eut dans notre cœur. Notez, au surplus, que la pierre du foyer fut le plus antique fondement de la morale humaine ; et que, historiquement, le devoir violé par Constantin est le principe et l'origine du devoir plus général qu'il s'est cru obligé, malgré tout, d'accomplir. Voilà certes de quoi troubler son imagination et son cœur, sinon sa raison.

— Ajoutez à cela que la tradition a longtemps attaché la souillure à l'acte matériel, quelle que fût la pensée qui a dirigé la main. Ainsi Œdipe se punit de crimes involontaires. Ainsi Oreste, tout en estimant que son âme est restée pure, se croit tenu de purifier son corps... Il reste, dans Constantin Brancomir, quelque chose de cet instinctif « préjugé ».

Au troisième acte, Constantin était dans la morale éternelle : il est, aux deux derniers, dans la morale traditionnelle et historique.

Et puis, il y a autre chose. Parce qu'il a, ne pouvant ni ne devant faire autrement, versé le sang paternel, il veut que sa piété filiale demeure héroïque et irréprochable dans les choses qui dépendent de lui. Il veut que son parricide serve du moins la mémoire de son père. Son silence sur le crime de Michel dût-il lui coûter, à lui, l'honneur et la vie, il veut, dans une pensée d'expiation, sauver la gloire et peut-être, à force de souffrance (cela est, je crois, indiqué), l'âme du pauvre mort...

Tout cela me paraît justifier amplement la conduite de Constantin durant les deux derniers actes du drame. Le malheureux, qui voudrait mourir, fatigue son armée en combats inutiles, et qui tournent mal... Ses soldats commencent à le soupçonner de trahison ; et l'atroce Basilide l'en convainc en montrant le parchemin qu'elle a conservé et qui porte le sceau du Grand-Turc et celui des Brancomir. Constantin se tait, car il ne peut se disculper qu'en dénonçant l'infamie de Michel. Et sans doute il pourrait, ici, révéler la vérité à l'évêque-roi qui serait tenu par le secret de la confession ; et la situation serait assez forte ; et M. Coppée a dû y songer... Mais il a craint, je pense, de nouvelles et inextricables complications...

Donc, pendant que la Diète assemblée délibère

sur son sort, Constantin interpelle la menteuse statue de bronze de Michel Brancomir. La harangue est solide, toute boulonnée de fortes antithèses, à la Corneille ; et je vous en citerai quelques vers, pour mon plaisir :

> Compare nos destins, ô mon père ; confronte
> Ta gloire imméritée et mon injuste honte.
> Tu mérites l'opprobre et tu m'en vois couvrir ;
> Ton juge est condamné, ton bourreau va mourir.
> En nous deux, la justice est deux fois outragée ;
> Spectre, es-tu satisfait ? Victime, es-tu vengée ?
> Triomphe, homme d'airain, on va meurtrir ma chair.
> . . . .
> Il est bon que je meure, il est bon que j'expie.
> J'ai dû frapper, je n'ai pas pu faire autrement,
> Mais j'ai tué mon père, il faut un châtiment ;
> Et nous fûmes tous deux, dans l'affreuse aventure,
> Lui, traître à son pays, moi, traître à la nature.
> Je t'ai pris, justicier intègre et convaincu,
> La vie, à toi sans qui je n'eusse pas vécu :
> Il est juste, à présent, que je me sacrifie
> Et sauve ton honneur en te donnant ma vie.
> Je suis quitte envers toi.

Savez-vous que cela est dans la meilleure et la plus pure veine classique et française ?

J'abrège. Constantin est condamné à vivre, enchaîné au pied de la statue de Michel, d'où il subira, à perpétuité, les insultes et les crachats du peuple : supplice pire que la mort. Mais Militza-

Mignon, d'un coup de poignard, le délivre et se tue sur son corps.

En somme, *Pour la couronne* est partout l'œuvre d'un excellent ouvrier et, çà et là, d'un vrai poète dramatique, et toujours d'un homme de droite conscience et de généreux cœur. Et certes je pourrais hasarder quelques objections et critiques : mais, comme elles s'adresseraient en même temps à tout le théâtre de Corneille et à celui de Hugo, et qu'elles se réduiraient, au fond, à déplorer que M. François Coppée ne soit pas aussi racinien que je voudrais, je ferai plus sagement de les garder pour moi.

PAUL DÉROULÈDE

Porte-Saint-Martin : *Messire Du Guesclin*, drame en trois actes et cinq tableaux, en vers, de M. Paul Déroulède.

M. Paul Déroulède a évidemment une âme excellente. Cette excellence l'a même fait poète dans une certaine mesure. L'année qui suivit la défaite, il écrivit *les Chants du soldat*, dont plusieurs sont de merveilleuses petites chansons patriotiques et guerrières, d'un rythme entraînant de régiment en marche, d'une forme énergique et simple, non sans quelques gaucheries, mais qu'on a accusée à tort de n'être pas assez savante ; car la recherche parnassienne eût été, là, fort déplacée. Ce fut le beau moment de M. Paul Déroulède. Il se trouvait alors en pleine communion avec la France populaire. Depuis, l'accord s'est rompu ; mais ce n'est pas M. Déroulède qui a changé, c'est le pays. La France, qui avait paru d'abord prendre son devoir très au sérieux, glissait peu à peu à des distractions : naturalisme, pornographie, Exposition universelle, jeux stériles et abominables de la politique, brigandages financiers, etc. etc. Le poète des *Chants du soldat* demeurait, lui, fidèle à son rêve. Et c'est pourquoi, dans ce monde de résignés et d'indifférents, de cyniques et de voraces, il semble, aujourd'hui, singulier. Les grands gestes qu'il continue de faire étonnent. Il a l'air noblement désorienté d'un héros inemployé, je le dis sans aucune ironie. Il donne l'idée mélancolique d'un grand diable de moulin à vent qui ferait virer ses longs bras pour ne rien moudre, et dont la généreuse gesticulation paraîtrait sans objet.

Et ce n'est pas lui que je plains.

Il n'a, d'ailleurs, rien de commun avec ces patriotes qui, suivant une jolie phrase de Huysmans, réclament une revanche « dont l'éventualité lointaine les rassure ». Il a montré, en plus d'une circonstance publique, une incontestable bravoure. Et l'on me dit qu'il est charmant et que tous ses amis l'adorent. Je le juge, pour ma part, digne d'estime et de respect...

Vous songez, j'en suis sûr : « En bonne rhétorique, ceci est le prélude d'un éreintement. » Oh ! Dieu ! non. Mais j'ai tenu à marquer, — quoique cela se pût aisément sous-entendre, — que, ayant à juger *Messire Du Guesclin*, mon jugement sur la pièce, quel qu'il dût être, n'impliquerait à aucun degré mes sentiments sur la personne même de l'auteur ; convaincu, du reste, que M. Déroulède aime encore mieux être loué pour ses vertus que pour sa littérature. Et maintenant je me sens bien à l'aise.

Si *Messire Du Guesclin* avait été signé d'un nom inconnu (il est vrai qu'alors il n'eût pas été joué à la Porte-Saint-Martin ni peut-être ailleurs), j'aurais certainement fait, de cet ouvrage, le compte rendu que voici. — Et pourquoi en ferais-je un autre ?

Le prologue nous montre le dauphin Charles s'échappant la nuit du Paris d'Etienne Marcel dans la barque d'un passeur. Ce prologue, très court, a paru assez insignifiant.

Au tableau suivant, Du Guesclin, dans son château de Pontorson, reçoit l'argentier Jacques Bureau, qui vient, de la part du régent Charles, implorer le secours du capitaine breton. Après en avoir délibéré avec ses lieutenants, Bertrand, qui pressent et désire l'unité française, promet son aide au régent de France. La scène a quelque grandeur. Et puis, « Aux armes ! » Ici se place un assez beau morceau lyrique, que j'aurais cité si j'avais la brochure. Quelqu'un ayant dit : « Nous ne connaissons pas la peur », un soldat reprend: « La peur, la peur, je la défie… » ; puis c'est le chœur gémissant des femmes, qui, humbles, avouent leur épouvante ; et c'est enfin le couplet de Du Guesclin lui-même, qui dit à peu près : « La peur, je la connais ; qui ne l'a pas connue n'est pas un héros ; mais je la dompte avec l'aide de Dieu… » Le tout forme une sorte de « ballade héroïque de la Peur », qui, après s'être tournée en prière, se termine par une grande clameur enthousiaste. Et c'est là, assurément, ce qu'il y a de meilleur et de plus original dans la pièce.

Au troisième tableau, encore une délibération, — dans une salle du donjon de Vincennes. Bertrand parle abondamment en présence du régent Charles et des grands vassaux, et les décide à tenter de reprendre Paris avant de marcher aux Anglais. A ce moment, un homme (Jean Maillard) vient conter à Du Guesclin que, après avoir cru fanatiquement à Etienne Marcel, il s'est détaché de lui quand il l'a vu s'allier aux Anglais et au duc de Bourgogne, et qu'il vient d'assassiner le tribun. Dès lors, la prise de Paris est facile.

Bilan de ce tableau : une délibération et un récit. Le récit en lui-même n'est pas sans intérêt. Le cas de Maillard, insurgé crédule, mais patriote, y est assez fortement déduit ; et nous approuvons assurément cette condamnation détournée de l'insurrection de 1871. Mais que ce récit est long ! Et, enfin, où donc est le drame ?

A l'acte suivant... Eh bien ! c'est toujours la même chose. Encore une délibération et une prise d'armes. Cela se passe la veille de la bataille de Cocherel, et se pourrait passer la veille de toute autre bataille.

Du Guesclin, nommé connétable par le roi Charles (le roi Jean vient de mourir en Angleterre), impose son autorité aux seigneurs récalcitrants et leur explique son plan de bataille. Par la même occasion il leur reproche leur orgueil, leur égoïsme, leur dureté pour les pauvres, leur dit que « l'anarchie est en bas parce qu'elle est en haut », et tout en leur affirmant qu'il faut un maître, leur fait un petit cours de socialisme évangélique. (Le morceau m'a paru bon et fermement écrit.) Et puis, pour la troisième fois, « aux armes ! »

Le dernier tableau nous montre, dans la mesquine cathédrale que nous avons déjà vue aux représentations de *Jeanne d'Arc*, le sacre, vite expédié, de Charles V. Et puis : « Vive la France ! » Epilogue aussi insignifiant que le prologue. La seule raison d'être de l'un et de l'autre, c'est qu'ils se font pendant.

Mais j'ai oublié de vous dire l'aventure de Julienne, la sœur de Duguesclin. Julienne est aimée d'Olivier de Mauny, chevalier irréprochable, élève favori de Bertrand. Mais elle aime le routier gascon Raoul de Caours. Ce Raoul, beau parleur, a des idées ; il a de la sympathie pour Etienne Marcel et dit que « Marcel, c'est peut-être l'avenir ». Vers la fin, il offre ses services à l'ennemi, parce que les vivres manquent et qu'on lui fait attendre le payement de sa solde. Bertrand découvre sa trahison et le chasse, un moment après que l'imprudente Julienne vient d'engager sa foi au brillant mercenaire. Puis Mauny le tue en duel. Julienne, je crois, se retire au couvent. Cette aventure nous laisse indiciblement froids.

En résumé, le drame est amorphe. Cette série de délibérations et de départs pour la bataille, de dissertations sur tel ou tel moment de l'histoire de France, et de discours patriotiques, pourrait continuer indéfiniment Puis, tout en acceptant volontiers le Bertrand de la légende, je lui eusse voulu, je l'avoue, d'autre signe caractéristique qu'un peu de rudesse çà et là. Le Du Guesclin de M. Déroulède s'appellerait presque aussi bien Bayard, Hoche ou même Jeanne d'Arc. Quant aux vers, ils ne sont certainement pas aussi mauvais qu'on l'a dit; mais ils ne sont peut-être pas partout aussi bons, ni aussi beaux de « simplicité travaillée » que l'a affirmé l'auteur dans de nombreuses interviews.

J'ajoute tout de suite que le succès, à la première représentation, a été éclatant. Vous ne pouvez vous imaginer quels applaudissements et quels cris ont accueilli les tirades imprévues (quand je dis imprévues, je ne songe qu'à la chronologie) de messire Du Guesclin. C'est ainsi. Quand on lui jette publiquement certains mots, la foule se jugerait déshonorée si elle ne paraissait pas profondément émue, et il y a des vers qui sont la carte forcée de l'applaudissement.

Moi, j'aime bien les vers patriotiques ; mais je les aime dans la mesure où ils sont beaux, et il me plaît mieux de les lire tout seul, pudiquement, que de les entendre hurler par un masque de théâtre. J'étais donc un peu gêné l'autre soir. Mais, en y réfléchissant, j'ai vu que c'était là sentiments étroits d'humaniste. Après tout, ce qu'on acclamait, c'était, — tout souci littéraire écarté, — le Courage, la Pureté, la Fidélité, l'Héroïsme, la France et l'Armée française ; et ce sont choses plus intéressantes, en effet, et plus émouvantes que la beauté plastique des vers et même que la profondeur et la vérité des peintures dramatiques. J'ai conçu, avec un peu de honte, combien les âmes de ce public (où il n'y avait certainement ni filles, ni fêtards, ni brasseurs d'affaires, ni politiciens prévaricateurs, ni gouapes aux dernières galeries) étaient en cette occurrence plus belles que la mienne ; et alors j'ai applaudi comme les camarades.

MARCEL PRÉVOST

Gymnase : *les Demi-Vierges*, comédie en trois actes de M. Marcel Prévost.

La comédie de M. Marcel Prévost, amusante et raccrocheuse comme son titre, me paraît souffrir, — oh ! légèrement, — d'une double équivoque. Ni la « fable » n'en est parfaitement nette, ni l'impression morale qu'on en reçoit.

La première équivoque vient de ce que les convenances du théâtre ne permettaient sans doute pas à M. Prévost de définir explicitement le cas de Maud de Vouvres. Il s'ensuit que les vraies raisons du dénouement sont dans ce que l'auteur ne nous a pas dit, et que dès lors ce dénouement semble insuffisamment justifié.

La seconde équivoque vient de l'espèce de désaccord (inconscient ou prémédité) qu'il y a, chez M. Marcel Prévost, entre le peintre très complaisant et le moraliste très sûr : en sorte que l'on ne sait trop, jusqu'au bout, si son œuvre est décidément libertine ou austère.

Examinons le premier point.

Qu'est-ce qu'une demi-vierge ? Ce n'est pas seulement une jeune fille coquette, provocante, imprudente, libre de propos et de façons. Ce n'est pas seulement une jeune fille qui « sait », et dont l'âme est déveloutée. C'est une jeune fille qui accorde à un jeune homme, — ou à des jeunes gens, — « tout, excepté ça », pour parler comme la petite Mme Campardon de *Pot-Bouille*. « Tout », vous m'entendez bien. Ce « Tout », c'est ce que les femmes vraiment chrétiennes rougiraient d'accorder à leur mari. En réalité, une demi-vierge est beaucoup moins vierge que quantité de femmes mariées. Ce qu'elle défend d'elle, par un froid calcul, devient tout à fait négligeable en comparaison de ce qu'elle livre. Elle est plus impure que Jeannine, que Denise ou que Claudie ; son péché, prudent et patient, est pire que le leur, et bien plus fâcheux à imaginer. N'hésitons pas à placer la demi-vierge un peu au-dessous de la courtisane de profession.

Le roman de M. Marcel Prévost ne nous laissait aucun doute sur ce dont il retourne ici. Par des détails sournoisement révélateurs, par des insinuations et des périphrases d'un art achevé, par d'exquises adresses et prouesses d'expression, il nous faisait tout comprendre, voir et toucher. Mais l'auteur ne pouvait évidemment transporter dans sa pièce ces gentillesses hardies. Et dès lors, que reste-t-il ? Ceci :

Maud de Vouvres est une fille de vingt-quatre ans, élevée dans un monde très brillant et très libre. Elle a aimé et aime encore Julien de Suberceaux, un gentilhomme taré qui vit de jeu et d'expédients. Elle se laisse embrasser par lui, et a pris l'habitude de le recevoir dans sa chambre. Il est entendu qu'ils ne se marieront pas, parce qu'ils n'ont le sou ni l'un ni l'autre.

Or Maud a rencontré (aux bains de mer, je crois) un Nanjac qui s'appelle Maxime de Chantel. Elle s'est montrée à lui sous son meilleur jour, et ce provincial s'est mis à l'adorer. Elle le « soigne », le prépare, l'amène à faire sa demande.

Mais Suberceaux (il est très vivant, ce personnage, très saisissant, dans son ignominie, par la profondeur et la violence de sa passion, — honteuse, oui, restée insatisfaite pour les plus bas motifs, mais grandissante et exaspérée d'être insatisfaite), Suberceaux est pris d'une sorte de folie à la pensée que Maud va donner à un autre ce qu'il a eu la bêtise et l'on peut dire la bassesse d'épargner. Il veut la prendre de force, la meurtrit de baisers où il peut, et la jeune fille ne se débarrasse de lui, à grand'peine, qu'en lui donnant rendez-vous pour le lendemain.

Le lendemain, elle file à la campagne, où elle retrouve Chantel chez des amis. Leur mariage est décidé. Mais Suberceaux, de plus en plus déchaîné, vient dire à Chantel : « Vous ne pouvez épouser cette femme ; elle est ma maîtresse. » Maud, qui survient, s'écrie : « Vous en avez menti ! » et sabre de son ombrelle le visage du ruffian. Julien sort à reculons en mâchant des mots : « Maud, je te veux... Maud, tu n'as pas pu oublier... Maud, je vais me tuer, je te jure que je vais me tuer. — Eh bien ! tue-toi donc ! » dit-elle.

Hum ! ce tutoiement... Chantel dit à Maud : « C'est à mon tour de partir, n'est-ce pas? » Mais il ne part point. Car Maud, avec un grand accent de sincérité, et *en ayant l'air* de se confesser tout entière : « Ecoutez, dit-elle à Maxime, je n'ai jamais été la maîtresse de cet homme. Vous me croirez, car j'ajoute qu'il m'a aimée, que je l'ai aimé... que je l'aimais peut-être encore hier. » Chantel veut savoir ce que cela signifie au juste. Il l'interroge ; elle avoue des baisers, même des tête-à-tête (et peut-être croit-elle avoir *tout* dit). Mais c'est, ajoute-t-elle, qu'elle considérait Julien comme son fiancé. Et elle plaide, avec une adresse qui ressemble à de la franchise et à de l'humilité, les circonstances atténuantes. Elle allègue son éducation, le milieu où elle a vécu. Après tout, Maxime sera plus sûr d'elle qu'il ne le pourrait être d'une ignorante. Enfin (et c'est son meilleur argument), elle l'aime, et lui apportera tout son corps et toute son âme de « vierge amoureuse » (c'est ainsi qu'elle se qualifie).

Un peu fausse et inquiétante, cette dernière note. Mais le public est conquis à Maud. A en juger par ce que la pièce nous apprend, Chantel, en somme, aura à pardonner à cette fille de vingt-quatre ans, coupable, sans doute, mais repentante et, au fond, généreuse, beaucoup moins que ce que Bardannes et Camille Aubray ont pardonné à Denise et à Jeannine et, en tout cas, des fautes *du même ordre*... Si, à ce moment, Maxime de Chantel eût ouvert ses bras à Maud de Vouvres, le public eût été ravi d'aise et l'auteur tenait peut-être, comme on dit, un grand succès.

Mais admirez ici (je le dis sans aucune raillerie) le scrupule et la bravoure de M. Marcel Prévost. Cet écrivain, trop malin ailleurs, a comme cela, parfois, des mouvements par où son âme sera sauvée, — sinon ses pièces.

Oui, sans doute, ce qu'on nous a dit, bien que grave, nous permettrait encore d'accepter ou même de souhaiter le mariage et le rachat de Maud. Mais il y a autre chose : il y a ce qu'on ne nous a pas dit ; et c'est ce qu'on ne nous a pas dit et que l'on continuera à nous taire qui fera le dénouement.

M. Marcel Prévost n'a pas oublié, lui, que Maud est une « demi-vierge » et ce que cela signifie au juste, bien qu'il n'ait pas osé nous l'expliquer. Une demi-vierge est, il le sait, une créature beaucoup plus souillée qu'une fille-mère. Un honnête homme, fils de bonne race, qui a une sœur innocente et une mère vertueuse, ne peut pas, ne doit pas la prendre pour femme. Il pourra la plaindre, croire à son repentir; mais il pensera que le repentir de certaines fautes ne vaut que par une expiation effective, par une pénitence, et qu'une fille de cette espèce ne saurait être rachetée que si elle comprend d'abord elle-même qu'elle s'est mise hors des conditions du mariage. Non, non, il ne faut pas que Maxime épouse Maud; et tant pis pour la sensibilité d'un public immoral et veule !

Et c'est pourquoi, — à l'instant où Maxime de Chantel va absoudre Maud de Vouvres et où nous n'attendons plus que ça pour nous en aller contents, nous souciant d'ailleurs très peu de la banalité de cette solution, — l'auteur amène, dans le crépuscule, Jeanne de Chantel, la sœur de Maxime, pure et blanche comme les jeunes filles de Scribe qui sont au fond les seules vraies, et son amoureux Hector Letessier, un demi-Jalin conquis par cette entière ingénue. Et, les entendant causer, Maxime conçoit clairement la différence qu'il y a entre une demi-vierge et une vierge totale. Comme malgré lui, il écarte sa petite sœur de la pauvre Maud, prononce quelques phrases où il est question du mariage chrétien, et, brutalement, se retire. Et Maud, se retrouvant (à sa manière) comme Maxime s'est retrouvé, expédie un mot encourageant au baron de Harden, proche parent de Nourvady et du baron de Horn, et qui, depuis quelques semaines, se tient à sa disposition.

Le public a trouvé Maxime bien dur, et d'une dureté bien imprévue après l'explication qu'il vient d'avoir avec Maud. Et c'est ici que gît l'équivoque. Maxime traite comme une Suzanne d'Ange une personne qui ne nous a été montrée, à nous, au bout du compte, que comme une Marcelle un peu accentuée. Celle qu'il écarte de sa petite sœur, c'est donc une autre Maud que celle que nous voyons. Les raisons de la conduite de Maxime paraissent faibles, parce qu'il n'en peut donner les véritables, ou parce que, peut-être, il ne les connaît pas. Sans doute l'auteur les connaît pour lui. Mais le public ne juge les choses que sur ce qui lui a été dit formellement ; et cela le déconcerte, ce dénouement soudainement imposé par il ne sait quoi de sous-entendu.

Tout cela forme un drame sommaire, en trois ou quatre scènes, où quelques points restent un peu obscurs, notamment la transformation des sentiments de Maud, la fin de sa passion pour Julien et le commencement de son amour (?) pour Maxime, et les degrés, — et les moments, — de sa sincérité vis-à-vis de l'un et de l'autre. Puis Maud, qui, étant l'héroïne de la comédie, devrait être la « demi-vierge » par excellence, n'a déjà plus, même au premier acte, — mais là, plus du tout! — le langage ni les manières d'une demi-vierge ; et cela contribue encore à tromper le public sur son cas et, par suite, à rendre le dénouement plus dur.

Le reste de la pièce, c'est-à-dire plus de la moitié,

est tout en bouts de scènes épisodiques, joints avec adresse, mais avec une adresse qui peine un peu et laisse sentir le travail de raccord et de mosaïque. C'est surtout dans ces épisodes qu'on peut relever l'autre équivoque dont j'ai parlé.

Passons donc à ce second point.

J'ai loué la morale très sûre, et même austère, de M. Marcel Prévost. Il est un des très rares écrivains de ce temps qui aient la notion du péché et qui sachent faire avec certitude la distinction du bien et du mal. Il doit cela sans doute à son éducation religieuse. L'idéal qu'il se forme de la jeune fille et du mariage est très étroitement chrétien, comme il apparaît dans la courageuse conclusion de son drame. Il marque assez son sentiment sur Luc Lestrange, le faiseur de demi vierges, le déflorateur professionnel, en faisant de cet « ami des jeunes filles » un pleutre, un lâche, un « demi-homme ». Quand il nous montre son bataillon de jeunes dessalées : Jacqueline de Vouvres, la plus jeune, la plus spirituelle, la plus cynique et la plus prudente de ces gourgandines, et dont on ne sait trop si, mariée à un robuste gars anglais, la froideur de son tempérament, jointe à la terreur de cette poigne, la sauvera, ou l'induira, au contraire, en des expériences d'autant plus nombreuses et enragées ; Dora la dinde, la créole indolente et grasse qui se laisse embrasser tant qu'on veut ; Etiennette Deroy, fille de fille, dégoûtée d'avance des hommes pour avoir vu les hoquets de sa pauvre vieille catin de mère, mais qui pourtant, elle le dit, aurait cédé à Paul Leteissier s'il avait insisté et qui, refusant de consommer pour son compte, prête sa chambre aux sales rendez-vous de ses amies avec leurs amis ; Cécile Ambre, l'inséparable de la comtesse Ucelli, et les sœurs Reversier, ces deux potaches vicieux, et les autres..... l'auteur, assurément, les estime à leur juste prix ; il sait que la plus pardonnable ne vaut pas cher, et comment les traiterait leur confesseur si elles se confessaient ; il sait quelles épouses elles promettent et quels ménages elles feront, et quelle conception elles auront de la vie, et comment elles élèveront leurs enfants si elles en ont ; il sait que c'est bien une plaie et une pourriture qu'il nous révèle et qu'au fond il n'y a pas là de quoi tant rire.

Seulement, voilà ! M. Marcel Prévost est un moraliste qui, assuré de ses conclusions, aime à s'étendre sur ce qu'il condamne. Je l'ai appelé naguère un érotique chrétien ; et il a accepté ce qualificatif avec une extrême bonne grâce. Il est déjà arrivé plus d'une fois que le charme savant des peintures qui lui servent de considérants compromît l'autorité et l'efficacité de ses arrêts. Imaginez Bourdaloue motivé par Laclos. Cela est curieux, cela est savoureux, mais cela est tout de même un peu hybride.

Plus encore que dans le roman, cette contrariété éclate au théâtre, bien que les choses y soient nécessairement atténuées. Mais c'est que, là, elles prennent corps. A deux reprises, au premier et au deuxième acte, nous voyons venir toutes ces demoiselles au salon. Elles ont les yeux allumés, des robes qui les dévêtent et qui les offrent ; et l'on sent qu'elles viennent d'être longuement serrées et pétries par des danseurs aux regards plongeants. Elles n'ont qu'un sujet de conversation, un seul, et qui n'est pas l'amour selon Dante ou Pétrarque. Les gravelures que leurs parents écoutent dans le salon voisin, elles les connaissent par cœur et se réunissent pour les réciter. Une d'elles leur chante une bergerie du dix-huitième siècle, d'une obscénité sournoise, au compte-gouttes ; et toutes reprennent le refrain en chœur. Et cette douzaine de jolies filles « en peau », qui ne pensent qu'à « ça » et qui se frottent l'une contre l'autre en y pensant, avec des gloussements et des petits rires... il est bien évident que c'est cela, uniquement cela, que les gens du monde et les bourgeois riches viendront voir, entendre et renifler. Ils y trouveront de quoi entretenir leur... gaieté naturelle, et cela leur fera tant de plaisir que, sincères pour une fois, ils trouveront la sévérité du dénouement « vraiment exagérée ». (Je n'ignore pas moi-même qu'en résumant ainsi la partie joyeuse de la pièce j'y envoie des spectateurs, et que je fais donc un drôle de métier.) — Et l'auteur aura le chagrin de voir ses intentions méconnues, et de découvrir qu'un public frivole, écartant une leçon qu'on l'a mis préalablement hors d'état de recevoir, ne vient chercher qu'un divertissement de haut goût dans cette œuvre où les blandices de l'exécution et l'âpre honnêteté du dessein se contrarient, dirai-je si ingénieusement?

J'ajoute que la pièce est difficile à juger parce que ce qui plaira le plus en elle n'est ni proprement littéraire ni proprement dramatique. A mon avis, l'action principale aurait pu y être traitée plus à fond. Elle est comme dévorée par les épisodes. — En dehors des passages où il se relève d'argot mondain, le dialogue est d'une langue souple et fluide, mais qui manque de « ramassé ». Il y a trop d'air entre les répliques ; il est trop rare qu'elles semblent s'appeler nécessairement... Avec tout cela il est clair, n'est-ce pas? que M. Marcel Prévost a beaucoup de talent, et qu'on lui en trouverait plus encore s'il avait moins de succès. Mais n'ayant à le juger aujourd'hui que sur sa pièce, je dirais volontiers que *les Demi-Vierges* sont l'œuvre d'un demi-auteur dramatique, — et d'un demi-moraliste.

HENRI LAVEDAN

Vaudeville : *Viveurs !* comédie en quatre actes,
de M. Henri Lavedan.

Parmi nos jeunes peintres de mauvaises mœurs mondaines, M. Henri Lavedan... Mais d'abord laissez-moi faire cette prière : — « Seigneur, préservez-moi de la lourde manie d'assigner des rangs, à tout propos, et de distribuer des prix d'un air assuré et péremptoire ; faites que je sente toujours la risible suffisance qu'il y a à dire : — « Ceci est *la* pièce de ces dix dernières années » ou : « Un seul homme possède *le* style du théâtre » ou : « Ce drame anglais de la fin du dix-septième siècle surpasse et efface Shakespeare, et il s'y trouve une scène qui est la plus extraordinaire et la plus puissante de tout le théâtre ancien et moderne. » Comme si nous pouvions savoir ces choses-là, et comme si nous pouvions être sûrs d'autre chose que de l'impression que telle œuvre a faite sur nous à tel moment ! Montrez-moi bien, Seigneur, la vanité de pareils jugements et laissez-moi goûter l'innocent plaisir de voir ces arrêts rendus précisément par des gens aux yeux de qui tout professeur est un cuistre. »

Et, maintenant, je reprends avec modestie : — Entre les spirituels écrivains qui, depuis quelques années, nous peignent la pourriture du monde qui s'amuse, j'ignore si M. Henri Lavedan est le premier (peut-être, d'ailleurs, n'y en a-t-il pas un qui soit « le premier »), mais il mé paraît que c'est M. Henri Lavedan le plus inquiet, le plus nerveux, parfois le plus outré dans ses procédés (voyez, notamment, son dernier livre, *le vieux Marcheur*) ; et je crois que, avec tout cela, c'est lui le moins sceptique, c'est lui qui a, parmi beaucoup de faiblesses sans doute, l'âme la plus pure et le plus solide fond traditionnel d'éducation religieuse et morale.

Et donc, puisque sa vraie âme, sinon le plus rare de son talent, est en réalité dans les sincères discours moraux de son quatrième acte, je n'hésite pas à lui reprocher, à lui, ce que je passerais à d'autres : je lui reproche l'exhibition, — inutile à son dessein de moraliste et même d'auteur dramatique, — de toutes ces gorges et de toutes ces aisselles au premier acte. Le reste, — mots brutaux et poivrés, franches peintures de vilaines mœurs, silhouettes de personnages immondes, satire véridique et qui ne craint pas d'appeler les choses par leur nom, - je l'accepte et même je le loue Mais cela me chagrine que l'auteur délicat et fier de *Leurs Sœurs* et de *Petites*

Visites ait consenti à transporter dans sa probe comédie ce qui s'étale en ce moment sur tant de scènes parisiennes; et le secret motif qui, seul, a pu l'incliner à cette complaisance me rendrait suspectes les belles indignations de son dénouement, si je n'en connaissais, par ailleurs, l'absolue sincérité et si, au surplus, je ne savais pertinemment quelles faiblesses peut conseiller à un honnête homme, en ce temps de si dure concurrence, l'ardeur de réussir.

Voilà, je crois bien, le seul grief un peu gros que j'aie contre l'œuvre nouvelle de M. Henri Lavedan; et vous voyez qu'il n'est pas proprement littéraire. J'ajoute que, par une inégalité de traitement dont M. Lavedan devra me savoir gré, je ne formule ce grief contre lui que parce que « c'est lui ».

Quant à la pièce, — attendu qu'elle m'a amusé, intéressé ou charmé sans une minute de répit et que même mon plaisir fut aigu à certains endroits, — j'admets très aisément que les deux premiers actes soient, comme on dit, « sans action, » et ne forment qu'un tableau de mœurs, et que le drame ne commence qu'au troisième acte pour se dénouer, très rapidement, au dernier. Et si ce drame est simplement l'histoire d'une jeune femme qui se dégoûte enfin de sa vie de « plaisir » épileptique, — histoire à laquelle se mêle l'aventure d'une jeune fille mal élevée qui se trouve finalement être une honnête fille; et si celle-ci rappelle la Marcelle du *Demi-Monde*, et si celle-là fait songer un peu à Froufrou, je dis que c'était inévitable; que ce drame-là était un des deux ou trois drames qui devaient sortir nécessairement de ce « milieu », et que tous les sujets peuvent et doivent être repris tous les vingt ans, tous les dix ans, et même tous les ans, si cela nous plaît ainsi. Car, comme dit le prince d'Aurec, « il y a la manière », et celle de M. Henri Lavedan est singulièrement personnelle.

Voyons d'abord le tableau de mœurs. — Le monde des viveurs dans *Viveurs!* c'est spécialement la bourgeoisie riche de la troisième République. Négociants, industriels, boursiers, médecins, artistes, — « travailleurs de la fête » (ceux qui ne font que cela) et « fêtards du travail » (ceux qui piochent le jour pour faire la fête le soir et la nuit), - se ruent au plaisir avec une furie mécanique. Ils entraînent dans cette danse de Saint-Guy leurs femmes et leurs filles, et ils y coudoient tantôt le monde de la galanterie et tantôt celui du journalisme suspect. C'est le grand carrossier Blandain; c'est le coulissier Paul Salomon, un faux juif qui a pris ce nom comme porte-veine, et qui est l'amant de Mme Blandain, et aussi de Mlle Louise Dubois, la « première » du grand couturier Cassel, laquelle est également la maîtresse de son patron, etc., car je ne saurais vous dire tous les entrecroisements de cette chiennerie. C'est le vieux marcheur Dupallet, père de Mme Blandain ; le docteur à la mode Guénosa, célèbre par ses piqûres de sérum réconfortant; les sous-journalistes Duvanneau et Durzac, le morphinomane Bel-Ivry ; un peu en marge : la marquise de Saint-Eloi, chroniqueuse mondaine, et l'androgyne Paf, qui écrit dans des Revues catholiques ; le beau Morvillette, de son état amant de cœur de l'imposante grue Claudine de Jersey ; enfin se prêtant à la fête, mais ayant en eux de quoi s'en tirer : Alice Guénosa, le peintre Corbinel et le provincial Octave Lacroix, c'est-à-dire (pour abréger) la Marcelle, le Jalin et le Nanjac de ce nouveau « demi-monde ».

Ce tableau de mauvaises mœurs est un diptyque. — Premier panneau : un salon d'essayage, chez le grand couturier Honoré Cassel. Dans un décor exquis et d'une exactitude divertissante, parmi le plus joli tohu-bohu, et le plus ingénieusement réglé, d'allées et venues et de conversations, — un simple paravent séparant les mondaines et les filles sans empêcher les communications entre ces deux mondes qui se comprennent si bien, — circulent les « viveurs » au travers des « viveuses » en jupon et en corset ; et c'est ce que tout Paris et la riche bourgeoisie de province, dans un rayon de cent lieues, voudra absolument voir, — afin de l'avoir vu.

A retenir pour la suite : Mme Blandain, encore que loufoque, est du moins très sensuellement éprise de Paul Salomon qui commence à la trouver collante ; cependant que le bon petit Lacroix se sent tendresse de cœur pour la vierge sans duvet qu'est cette malheureuse petite Alice Guénosa.

Deuxième panneau (qui me paraît encore supérieur au premier) : un souper chez Durand, dans une des salles communes. Nos viveurs et nos viveuses y arrivent successivement par couples ou par petits paquets. Quelques-uns et quelques-unes viennent de voir le « massage d'Angèle », dans je ne sais quel café-concert borgne des boulevards extérieurs. Ils sont tout chauds d'un prurit d'encanaillement et tout tortillés d'un besoin de sensations brutales. On se promet d'aller voir guillotiner à la prochaine occasion. On soupe : consommé froid, veau froid, salade de museau de bœuf, bière. Paul Salomon, venu en retard, s'étant mis seul dans coin, Mme Blandain, bloquée par ses voisins, saute pardessus la table pour aller, au nez de son mari, rejoindre son amant. — Et c'est, tout autour du principal groupe, la petite vie nocturne du restaurant, d'une drôlerie surprenante dans l'observation du détail.

A retenir pour la suite : Octave Lacroix, ayant entendu Morvillette tenir des propos malséants sur Alice Guénosa, provoque le beau souteneur.

Ce que je ne puis vous rendre, c'est l'intense vie extérieure de ces deux tableaux, la saveur des courts dialogues, tantôt avachis et tantôt cyniques, sans compter la justesse d'agencement de toutes ces petites scènes éparses. — Cela est vide d'action ? — Mais précisément, la caractéristique de ces brutes bien mises et de ces « mufles chics », c'est le mouvement enragé et morne dans le vide. — Ces silhouettes nerveusement croquées demeurent superficielles? — Mais, précisément, ce monde-là n'est que superficie, n'a point d'âme, — ni d'autres « dessous » que ceux de ses femelles. Et si l'amour de Mme Blandain ne nous est indiqué que par des gestes rapides, des mots glissés à l'oreille entre deux portes ou sur un escalier, et de courts apartés noyés dans le tourbillon de la fête, il me semble que c'est là un trait de vérité de plus; que ce genre d' « exposition » suffit et convient à un amour d'une espèce aussi élémentaire, et que les analyses raciniennes auraient été ici sans objet.

Du tableau de mœurs passons au drame.

Il s'engage, au troisième acte, avec une souple brutalité. Nos principaux personnages se rencontrent dans un des salons réservés du docteur Guénosa Paul Salomon, qui en tient pour Alice, lui fait une déclaration de « mufle » et lui propose tranquillement de « marcher ». La honte et la douleur de l'affront réveillent, chez Alice, l'honnête jeune fille qui sommeillait en elle, ou plutôt qui y dormait à poings fermés. Elle dit son fait au goujat ; et ce qui est charmant, c'est que son indignation s'exprime sans emphase, que sa fierté blessée conserve une allure ironique, et qu'elle blague encore tandis que les larmes lui montent aux yeux. Surprise par son père au milieu de ce trouble : « J'étais, dit-elle, en train de conseiller à M. Salomon, qui est souffrant, le traitement par les injections de sérum. Il hésite, car il est douillet. Je vous le livre et vous le recommande. Soignez-le. » Le docteur a compris, et, un instant après, un hurlement de Salomon dans la coulisse nous avertit que le père vient de venger, par une piqûre un peu accentuée, la pudeur de sa fille.

Cependant, le petit Octave Lacroix a touché au bras le faux bretteur Morvillette. Il vient demander à Alice, à qui il fait depuis quelque temps une cour grondeuse, si elle voudrait être sa femme. Il lui tait, par délicatesse, qu'il s'est battu pour elle ; mais, Salomon ayant dit à Alice que c'était pour une cocotte, la pauvre enfant, révoltée par toutes ces ignominies, refuse la main d'Octave Lacroix.

Heureusement, Mme Blandain arrive à la rescousse du bon jeune homme. Non par amour de la vertu : mais, sachant que son amant poursuit Alice, elle veut absolument marier la jeune fille. Elle dit à Alice : « C'est bien pour vous que Lacroix s'est battu, » et au docteur : « Mon petit docteur, il faut que vous donniez votre fille à Octave ; il le faut absolument, je vous en supplie. » Elle est étrangement pressante et laisse entendre au galant médecin que, s'il fait cela, elle ne sera point ingrate... La jalousie la tord ; de petits frissons la parcourent ; ses lèvres blanchissent et ses yeux chavirent, tant elle est possédée par son vilain amant : capable de tout pour le garder, et même d'en subir un deuxième.

Grâce à sa véhémente intervention, le mariage d'Alice et d'Octave est décidé.

Au quatrième acte, l'auteur éprouve le besoin de « délivrer son âme » en tirant, avec une noble sévérité, la morale de cette histoire.

Dans son cabinet de toilette, qui est un rêve, Mme Blandain empile dans une malle, qui est un autre rêve (oh! la jolie malle!), les dentelles, les batistes et les soies molles de ses chemises et de ses pantalons. Car il est entendu que la folle bande part pour Stockholm, avec l'intention de s'y amuser ferme sous l'éclairage du soleil de minuit. Mais Mme Blandain fait ces préparatifs sans joie et d'une main fébrile : elle sait que, décidément, Paul Salomon ne l'aime plus, et elle le soupçonne d'avoir, par la plus lâche vengeance, fait insérer dans le *Petit Rossard* un écho qui déshonore Alice Guénosa. Et c'est pourquoi, lorsque le pleutre se présente, elle lui crie : « Va-t'en ! j'en ai assez de toi. » Et comme il réplique : « C'est aussi ce que je venais te dire », elle éclate.

L'antique *surgit amari aliquid* lui montant aux dents comme un vomissement, elle dit son dégoût de son amour ou de ce qu'elle prenait pour l'amour, et de son amant, et de ce monde, et de la vie qu'elle mène depuis cinq ans ; et que les viveurs sont les forçats du plaisir, qu'il ne voient rien, qu'ils ne comprennent rien, qu'ils n'aiment rien, qu'ils sont bêtes, qu'ils sont vides, qu'ils n'ont point d'âme ; qu'ils se croient des Gramont-Caderousse (ce qui serait encore fort peu de chose), et qu'ils ne sont que des voyous, et qu'elle-même a été plus méprisable que les filles à dix francs. Elle dit le hideux réveil après cette stupide ivresse : pas de foyer, nulle affection, nulle raison de vivre, puisqu'on a éliminé le devoir de sa vie. Et elle songe à la mort, elle évoque le spectre inévitable et inattendu ; et elle en est si bouleversée qu'elle en devient ibsénienne. Et quand on croit qu'elle a fini, elle repart, intarissable : c'est Froufrou (aggravée) à Pathmos.

Et tout cela est réellement très éloquent, — trop éloquent. C'est l'auteur qui se soulage par la bouche de l'éperdue carrossière. Car nulle part nous n'avions aperçu, dans son vice médiocre ou même dans sa charnelle amourette d'inconsciente poupée, les germes possibles d'une si belle et si furibonde transformation morale. Nous ne la jugions capable que de dépit et d' « embêtement », tout au plus. Nous avons l'impression que ces véhéments discours, d'une substance toute chrétienne, elle s'est d'avance rendue indigne de les tenir jamais, par la façon simplement absurde dont nous l'avons vue vivre, et qui n'était même pas celle d'une grande pécheresse ou d'une grande passionnée. Cela nous étonne qu'elle se découvre une âme, puisque visiblement elle n'en avait point. Oui, c'est bien M. Lavedan qui parle ici ; c'est lui qui nous dit, avec une généreuse âpreté, toute son honnête pensée.

Il a si bien compris lui-même que Mᵐᵉ Blandain ne *méritait* pas d'éprouver les sentiments qu'il lui prête, qu'après s'être servi d'elle comme d'un porte-voix, il la rejette dans sa basse géhenne. Et voici le vrai châtiment de cette bourgeoise pervertie. On n'échappe pas au « plaisir ». Toute la folle bande, son imbécile de mari lui-même, n'entendent pas qu'elle se libère. On devait aller à Stockholm ; on ira à Stockholm. Paul Salomon, naturellement, est de la partie. « Nous sommes collés à vie », dit à Mme Blandain son ignoble amant. Et de nouveau elle se rue à la fête, avec la fureur d'un désespoir auquel nous ne croyons qu'à moitié. Un omnibus des pompes funèbres attend les joyeux touristes pour les conduire à la gare. Ça, c'est une idée du vieux Dupalet. Il ne vous échappera pas que cet omnibus est un symbole, et que c'est le char qui convient à ces morts-vivants.

Je ne me résume point. Vous avez pu voir, au cours de cette analyse, par quelles impressions j'ai passé, et que presque toutes furent exquises, et que je m'en suis ressouvenu dans les endroits même où j'ai paru insinuer que cette comédie, qui est une merveille d'esprit et, très souvent, d'observation extérieure, n'est peut-être pas, à un égal degré, une merveille de logique et de construction. Qu'importe ? Là où j'aimais un peu moins la pièce, je ne cessais pas d'aimer l'auteur. Il est si curieux! Par nos hérédités trente fois séculaires, nous sommes presque tous plus ou moins partagés entre le sentiment chrétien et quelque autre sentiment. M. Henri Lavedan est de ceux chez qui ce partage est le plus visible. C'est un des points (entre beaucoup d'autres) par où il se distingue de M. Maurice Donnay, si tranquillement voluptueux, et de M. Paul Hervieu, si durement déterministe...

ABEL HERMANT

Renaissance : *La Meute*, pièce en quatre actes, de M. Abel Hermant.

Le sujet était admirable : la curée, par une meute de parasites, d'une de ces fortunes à l'origine desquelles il y a toujours, comme dit Bourdaloue, « des choses à faire frémir », fortune tombée sur les faibles épaules d'un héritier sans défense, né repu et las, en sorte que le fils de l'homme de proie devient proie à son tour. Sujet comique par les mœurs bariolées et les comportements des entremetteurs et larrons de tout poil acharnés sur ce sac, et par les couleurs contrastées de ces figures ambiguës qui sont encore du « monde » et qui sentent pourtant la « caverne ». Sujet tragique par la violence des appétits qui se ruent, et par le sang qui tache, à un moment, les gueules et les crocs de la meute, et aussi par la détresse de la bête pourchassée. Sujet philosophique même, si le châtiment du riche, ou du fils du mauvais riche, par ses millions, l'aventure d'une fortune démesurée construite par la spéculation scélérate et défaite par un concours d'escroqueries et de menus pillages, et la reprise, par des volereaux, des rapines d'un grand voleur est un bon exemple de la « justice immanente des choses ».

Comment M. Abel Hermant a traité ce sujet, la meilleure façon de vous le faire entendre est sans doute de vous raconter d'abord la pièce.

Le fils de l'homme trop riche s'appelle Claude Rennequin. Ce n'est qu'une ombre, et j'y consens. Son plus grand effort d'imagination a été de reproduire Versailles dans son hôtel et Trianon dans son parc. Fort bien ; je voudrais seulement que cette indication de l'effacement d'esprit et de la manie imitatrice du pâle archi-millionnaire fût un peu plus poussée. Mais voici, au premier plan, sa meute. Il y a là un masseur, Samé, qui est un Crispin empesé et digne ; une manicure, Mme Laveuve, qui est la « Mme La Ressource », et la marchande à la toilette, la « femme d'intrigues » de l'ancien répertoire remise au point ; un gros avoué fringant ; divers gentilshommes tarés, dont les variétés vont du tapeur au souteneur ; Marthe Chevance, la maîtresse du patron, et la bande bruyante et dévorante de ses petites camarades, etc...

Mais le plus gros chien de la meute, — un chien de race, — c'est le vicomte Amaury de Lanspessade. Il est le meilleur ami de Rennequin, son confident, son conseiller, son factotum. Rennequin l'a installé dans le pavillon du parc, et c'est Lanspessade qui gouverne la maison, administre les écuries, engage, surveille et renvoie les domestiques ; tout cela, très strictement, et avec une sévère économie, car, en défendant « le dîner de son maître », il défend son propre dîner. Ses plans datent de loin. Il fut le camarade d'enfance de Claude, dont il eut la précaution, — à quatorze ans, — de séduire la sœur, — qui en avait seize, — afin de mieux s'incruster dans cette fortune. Un peu plus tard, Catherine s'est acheté un mari, le baron de Meyrieux, dont elle est maintenant séparée ; et elle est demeurée la maîtresse de Lanspessade, qu'elle aide à vivre et, si vous voulez, qu'elle entretient discrètement.

Mais il paraît qu'elle l'entretient mal, car Amaury est dans des embarras d'argent et il a déjà été obligé de « faire le coup » du collier de perles acheté à crédit et revendu à une personne obligeante. Une seule ressource lui reste : le mariage américain, le trafic de son nom contre une dot d'outre-mer. Justement la jolie Yankee Miss Lilian Blancksmers vient de débarquer à Paris, en quête d'un mari sérieusement titré. Voilà bien l'affaire d'Amaury. Mais deux grosses difficultés surgissent.

Il a une vieille canaille de père et une toujours jeune catin de mère, le marquis et la marquise de Bonnancourt, qui vivent séparés à l'amiable. « Je sais ton projet de mariage, dit le marquis à son fils. Pour qu'il réussisse, nous devons d'abord nous refaire une façade. Il convient que nous nous remettions ensemble, la marquise et moi. Puis, je viens de prendre la forte culotte, et je dois payer sous peine d'être affiché. Le tout ensemble ira à deux cent mille francs. Je ne sais pas, je ne veux pas savoir comment tu te les procureras ; mais il me les faut. » Or, Amaury s'est fait une règle de ne jamais demander à Claude de service d'argent, afin de le mieux tenir. Comment donc faire ? L'ingénieuse manicure Mme Laveuve lui déniche un certain Victor, polytechnicien anarchiste, qui a de faux brevets d'invention à vendre. Amaury les fait acheter quatre cent mille francs par Claude et partage avec l' « inventeur ».

L'autre grosse difficulté, c'est la jalousie enragée de Catherine de Meyrieux. Cette détraquée a « dans le sang » l'homme qui la prit à peine pubère. Elle le connaît et le méprise, mais elle ne peut se passer de son baiser. Amaury croit habile de jouer avec elle cartes sur table : « Nous ne sommes pas deux amants de rencontre ; nous sommes un couple. Tu dois donc comprendre que je songe à mon avenir. Laisse-moi me marier ; tu n'y perdras rien. — Jamais ! » répond-elle.

Il passe outre et commence l'investissement de Miss Lilian. Il a vite deviné que cette Américaine aux façons hardies est une fille naïve, généreuse et romanesque. Et c'est pourquoi, après lui avoir fait une cour assez vive, il se retire d'elle, subitement ; et comme elle lui demande l'explication de sa conduite (la scène se passe dans une garden-party offerte par Rennequin à la belle étrangère), Amaury lui allègue, avec une émotion de parfait comédien, qu'il a peur de ses millions et qu'il renonce à son amitié afin de conserver son estime. Et ça prend très bien, et tant de noblesse d'âme achève d'allumer la candide enfant.

Mais ici éclate un incident imprévu, d'où sortira la ruine des projets de Lanspessade. Au cours de la fête, la valetaille, grise de champagne, et soulevée par les propos révolutionnaires d'un cocher que Lanspessade a congédié pour ses friponneries, jette les « insignes de la servitude », perruques, livrées, habits à la française, et chambarde en hurlant les tables et les couverts du lunch champêtre. Et, quand arrivent les invités, attirés par le bruit, le cocher « gueule » que Lanspessade n'est, lui aussi, qu'un larbin, un larbin « à l'œil », mais « entretenu par la sœur du patron ».

Et, sans doute, Lanspessade a bravement fait tête à l'émeute, et il l'a domptée par la seule puissance de son « regard d'acier », comparable à celui de Bidel. Mais vous comprendrez que l'« incident » ait été fort désagréable à Rennequin. Surtout la révélation de la liaison de son ami et de sa sœur a été à ce naïf garçon un coup d'assommoir. D'autant plus furieux qu'il avait pour Lanspessade une réelle affection, il déclare qu'il va l'« exécuter », et raide ! Catherine le supplie de n'en rien faire : « Laisse-le-moi, va ! Puisqu'il ne m'aime pas, ce sera pour lui le pire châtiment. » C'est qu'à ce moment-là elle est persuadée qu'Amaury a rompu avec Lilian. Mais, un peu après, les ayant surpris en flagrant délit de conversation tendrement romanesque (« J'ai honte, dit Amaury, de ma vie passée ; je sens en moi un homme nouveau, et c'est vous qui me l'avez découvert. — Et c'est vous, dit Lilian, qui m'avez appris la pitié et l'amour douloureux ; » etc.) Catherine, folle de jalousie et de colère, s'écrie : « Cet homme est un escroc ! » raconte le coup des faux brevets (dont elle a été informée par le bavardage d'un des familiers de la maison), et dit à son frère : « Je vous livre ce misérable ! » Et Rennequin s'en va chez le juge d'instruction. Et Lanspessade, un peu secoué, mais toujours maître de lui, sentant chez l'amoureuse Lilian une crédulité infinie, et comprenant que la meilleure habileté est ici de ne pas se défendre, dit à cette romanesque fille : « Je ne veux pas répondre *devant vous* à une pareille accusation », et la renvoie convaincue de son innocence. Et nous avons donc l'idée que le gaillard s'en tirera.

Et, en effet, nous voyons qu'à l'acte suivant cet homme aimé se trouve avoir le choix entre deux « positions » superbes. Car, d'une part, Miss Lilian, éperdument crédule, ou prise d'une rage de rédemption, lui a fait savoir qu'elle est prête à l'épouser comme il est. Et, d'autre part, Catherine a négocié son divorce avec son mari et, ne pouvant décidément vivre sans Lanspessade, l'a fait mettre en liberté et vient lui offrir d'être sa femme. Mais il refuse pareillement l'une et l'autre aubaine. Il repousse Catherine parce qu'il la méprise, et Lilian parce qu'il se méprise lui-même. Quelques jours de cellule lui ont fait une âme neuve. Il reproche à sa vieille canaille de père de l'avoir mal élevé, de l'avoir lâché dans la société comme un loup dans un bois ; puis il se fait sauter la cervelle.

Passons maintenant aux critiques, puisqu'il le faut.

Vous avez remarqué que, résumant avec le plus d'exactitude que j'ai pu la pièce de M. Abel Hermant, je n'ai pas un instant quitté Lanspessade, et que c'est l'histoire du seul Lanspessade que je vous ai contée. Rennequin est demeuré à l'arrière-plan dans mon compte rendu, comme il est dans le drame, où il ne se montre un peu que pour interroger les domestiques après l'émeute, pour s'étonner et se plaindre qu'on le lâche quand on a fait sa pelote (j'ai oublié de vous dire que sa maîtresse se faisait épouser par un des gentilshommes de la bande) et pour nous dire, dans une tirade fort bien faite, les tracas, les dégoûts, les écœurements, — et les terreurs, — attachés à l'état d'homme trop riche. Et tout cela st juste, mais peut-être insuffisant. C'eût été pourtant digne d'une étude approfondie, les naïvetés, les susceptibilités et les ombrages, les expériences, les surprises et les amertumes de ce malheureux découvrant peu à peu sa propre détresse, et qu'un homme comme lui est, en réalité et par la force des choses, le plus lamentable des solitaires. Cas plus curieux, à mon sens, que celui de Lanspessade C'est sur ce dernier que l'auteur a porté presque tout son effort. Libre à lui ; mais pourquoi le début de sa pièce semblait-il annoncer autre chose ? C'est comme si, dans *Turcaret*, le personnage central n'était pas Turcaret, mais le marquis Dorante.

Au moins Lanspessade, devenu protagoniste de l'affaire, nous satisfait-il entièrement ? Oui, dans les trois premiers actes, où il nous apparaît comme une nouvelle « épreuve », élégante et nette, de Paul Astier et autres personnages néo-balzaciens. Oui, tant que nous pouvons croire qu'il joue un rôle auprès de Miss Lilian... Au fait, à quel moment commence-t-il d'être sincère ? C'est ce qui nous échappe et que nous voudrions pourtant bien savoir, — fût-ce par un monologue. Et nous consentons qu'il aime son Américaine, car ces choses-là arrivent. Mais, que cet amour et Mazas le transforment et le purifient au point que nous voyons, cela est tout de même un peu étrange, étant donné le personnage et ses vingt ou trente ans de méthodique ignominie morale, et ses prévoyants débuts à quatorze ans (vous vous souvenez ?) Nous avons tous cette impression que, dans la réalité, ou Lanspessade laisserait racheter son âme, — très cher, — par l'Américaine emballée, ou il accepterait les millions de Catherine, quitte à tricher, comme il pourrait, sur les conditions du pacte, et qu'enfin il n'est pas assez « perdu » pour retrouver une conscience, puisqu'aussi bien tout lui sourit de nouveau, et qu'il doit à sa prison même d'avoir maintenant le choix entre deux sacs. On a vu d'ailleurs des hommes de sa sorte, et plus éprouvés que lui, sortir de Mazas avec insolence. Notez qu'il ne lui serait pas moins loisible de dire son fait à sa ieille crapule de père, et que l'auteur pouvait, même en restant véridique, sauver une scène fort saisissante, à laquelle il doit tenir, et avec raison. Bref, je ne crois pas à la conversion ni au suicide de Lanspessade. « Je n'y crois pas pour ce que je n'y crois pas », voilà tout.

Cette déviation du sujet (l'aventure de Lanspessade se substituant presque à celle de Rennequin) et cette déviation du caractère de Lanspessade lui-même, s'aggravent d'une composition souvent un peu embrouillée. C'est touffu et c'est confus. Cela offusque par une mauvaise économie, une espèce de gaspillage des « moyens » dramatiques. Je conçois que les subalternes dussent figurer dans cette histoire ; cela était conforme à la vérité. Mais les rôles du masseur, de la manicure et du cocher finissent par être encombrants. Il m'a paru qu'il y avait comme des doubles emplois et que, ce que Rennequin apprend successivement du cocher, du masseur et de la manicure, il pouvait l'apprendre, beaucoup plus simplement, — et sans dommage pour l'intérêt dramatique, au contraire, — de sa sœur Catherine. Mais peut-être que je me trompe. Puis, cela est vraiment trop morcelé ; sauf au troisième acte, chaque scène commence invariablement par un coup de timbre annonçant un visiteur. Je n'ai pas vu de pièce où l'on fît un tel abus de la sonnerie électrique. Le résultat, c'est que l'ensemble manque de liaison, de suite, de teneur.

Voilà bien des menus défauts. Un mot encore avant d'arriver aux compliments.

M. Abel Hermant s'est défendu d'avoir voulu écrire une « pièce à clefs », et je crois, pour ma part, à ses déclarations. On peut dire cependant qu'il n'a peut-être pas assez pris le temps ou la peine de généraliser ses notules et de transformer la réalité en vérité, ce qui est presque le tout de l'art. Je passe condamnation sur le personnage même de Claude Rennequin, que l'auteur a éloigné, autant qu'il a pu, de son original ; et ce n'est point sa faute si nous avions tous un même nom à la bouche, si nous étions tentés d'en vouloir à Rennequin de ne pas ressembler plus exactement à celui auquel nous pensions tous, et si le personnage feint nous paraissait languir auprès de celui que nous avons connu vivant. Mais on m'a assuré que beaucoup de spectateurs donnaient malgré eux, à Lanspessade aussi, un autre nom et qu'ils rebaptisaient, avec la même facilité, le marquis et la marquise de Bonnancourt. De même, l'insurrection des domestiques, — passablement invraisemblable en son lieu et dans les conditions où l'on nous la montre, et qui ne sert d'ailleurs à rien qu'à donner au philosophe Lanspessade une impression de « fin de société », — rappelait à certains, m'a-t-on dit, une anecdote fort connue. On savait encore de qui était le mot d'Amaury : « Je ne l'aimerais pas davantage, même si elle était pauvre », et le mot d'une des amies de Marthe : « Je suis comme Louis XIV, j'ai failli ne pas venir. » Et quand Amaury, accusé devant Lilian, refuse de se défendre et que la jeune fille lui tend la main, des gens informés ont cru se souvenir qu'un gentilhomme étranger, se trouvant un jour dans une posture semblable, avait déjà employé ce « truc » du silence, avait reçu d'une jeune fille crédule le même réconfort public, et avait dû à son sang-froid un fort beau mariage. Etc. etc... Et certes, de croire « reconnaître », tout au long de la pièce, les personnages et les situations, cela fait plaisir ; mais cela vous trouble aussi et vous distrait ; cela vous excite sur autre chose que sur la beauté de l'œuvre ; et l'anecdote empêche de voir la pièce.

M. Abel Hermant est la victime, — charmante et pas très à plaindre, — d'une double obsession : celle du fait-divers (on l'a vu dans *la Meute* et on l'avait vu dans ses romans) et celle de l'écrivain de la veille. Oh ! nous sommes tous les imitateurs de quelqu'un ; il n'y a pas là de quoi rougir ; et j'ai fort approuvé cet exquis Wyzewa, le jour où il conseillait énergiquement aux jeunes auteurs l'imitation, si toutefois l'on peut conseiller ce qui est inévitable. Mais, généralement, on ne se modèle que sur un ou deux auteurs favoris. M. Hermant est remarquable (je le dis sérieusement) par l'étonnante diversité de ses imitations et par la souplesse d'esprit dont cette diversité témoigne. Naturaliste, impressionniste, psychologue, dialoguiste mondain, conteur à la façon du dernier siècle, on l'a vu se souvenir successivement, dans des exercices accomplis, de Zola, des Goncourt, de Bourget, de Gyp et de Lavedan, et de Laclos ou même de Louvet. Je me hâte d'ajouter que cette incroyable aptitude d'imitateur magistral (si je puis dire) à se modeler et façonner en diverses figures est elle-même une façon d'originalité, et qu'au travers de ses savantes accommodations aux rhétoriques qui tour à tour lui agréent il reste, dans ses meilleures pages, Abel Hermant par quelque chose de fin, de distingué, de ciré, de cassant, de pincé, de froidement outré, qui lui est propre, et que je l'engage à sortir tout à fait, à cultiver et à « isoler ».

Pour en revenir à *la Meute*, quelques critiques que j'en aie faites, il est certain que les morceaux en sont fort jolis; que la scène de Lanspessade et de Lilian au deuxième acte est délicieuse ; que celle où Rennequin dit sa détresse affreuse de Crésus, et celle encore où Amaury juge sa vieille fripouille de père, sont éloquentes et même dramatiques ; qu'il y a partout du mouvement, de l'observation pinçante, de vifs claquements de fouet, et encore de l'esprit à fleur de phrase, sans trop d'esprit de mots ; que cela pique, excite, harponne, et que le tout n'est pas un instant ennuyeux, ce qui est un grand point.

HECTOR CRÉMIEUX

ET LUDOVIC HALÉVY

Variétés : reprise de *la Chanson de Fortunio*, opéra-comique en un acte, de MM. Hector Crémieux et Ludovic Halévy, musique de Jacques Offenbach.

Au Figaro : Concert d'instruments anciens.

La Chanson de Fortunio, que les Variétés ont eu la bonne pensée de reprendre, est certainement, livret et partition, un petit chef-d'œuvre de grâce, d'élégance et de tendresse, avec un fond de mélancolie et d'ironie qui l'empêcherait d'être insignifiant, si la jeunesse et le printemps pouvaient l'être (voilà que je parle comme une romance).

Vous connaissez cette « suite » ingénieuse, ce « quarante ans après » du *Chandelier* de Musset. Le petit Fortunio frise à son tour la soixantaine ; le petit Fortunio est maintenant maître Fortunio. Il a succédé à maître André. Il a épousé, lui aussi, une trop jeune femme, qui s'appelle Laurette et qui ressemble à Jacqueline. Et ce que fit le petit clerc Fortunio à maître André, un petit clerc, du nom de Valentin, voudrait bien le faire à maître Fortunio...

Mais Valentin n'ose... Heureusement il retrouve, oubliée dans un vieux dossier, la fameuse chanson qui rendit, jadis, Fortunio irrésistible. Cette chanson, Valentin la dit à Laurette, et, comme Jacqueline autrefois, Laurette en est tout émue... En sorte que maître Fortunio est victime de la même chanson qui lui servit contre maître André, et que, chantant son premier amour voilà quarante ans, il prépara, sans le savoir, son propre cocuage. Une providence bien spirituelle est présente à cette jolie aventure.

Voilà l'ironie. Et quant à la mélancolie, la voici. Quoi! ce petit Fortunio si gentil, si tendre, si naïvement et si profondément amoureux, et si naturellement héroïque dans son jeune amour, cet adolescent délicieux, ce Chérubin sans polissonnerie, est devenu ce vieux notaire dur, maussade, soupçonneux, jaloux, égoïste, ridicule? Cela est-il possible? Et est-ce bien le même homme? Mon Dieu, oui; et vous le reconnaîtrez sans peine si vous faites attention qu'au bout du compte ce petit coquin de Fortunio n'avait d'autre mérite que la fraîcheur de ses impressions et la grâce de son adolescence, et qu'il ne faisait qu'aller à son plaisir, — comme le vieux Fortunio ne songe qu'à garder le sien, et par un instinct tout semblable. La

seule différence, c'est que Fortunio, amoureux et
jeune, était plaisant aux yeux et qu'il avait pour lui
l'assentiment de la nature et de la poésie et l'approbation de tous les hommes, — le mari excepté ; —
au lieu que Fortunio, vieux mari jaloux d'une trop
jeune femme, est fâcheux à considérer et a contre
lui cette même nature et cette même poésie, et la
tradition, soit romanesque, soit gauloise, et enfin
tous les « honnêtes gens ». Mais, au fond, c'est bien
le même, ici et là ; et maître André n'est qu'un vieux
Fortunio, et Fortunio n'est qu'un jeune maître
André...

Que si ces considérations vous affligent, le petit
poème de Crémieux, d'Halévy et d'Offenbach vous
offre aussitôt de quoi vous consoler. Car il célèbre le
perpétuel recommencement de la victoire du printemps et de l'amour. Cela nous est merveilleusement
signifié par cette chanson qui passe, après quarante
ans, des lèvres du petit clerc Fortunio aux lèvres du
petit clerc Valentin — et par l'arrivée des autres
petits clercs, chacun avec sa chacune, vainqueurs
par cette romance, que d'autres chanteront quand
ces petits clercs devenus tabellions ne la chanteront
plus, et ainsi jusqu'à la fin de ce vieux monde mêlé
de tant de maux qu'on oublie et de quelques biens
dont on se laisse invinciblement duper... De façon
que le mièvre opéra-comique s'élargit vers la fin, et
sans effort, en une apothéose de l'éternel amour, en
une vision d'embarquement indéfini pour Cythère,

un port où tout le monde n'arrive pas, où ceux qui arrivent ne séjournent point, mais pour lequel les Fortunio continueront de s'embarquer dans les siècles des siècles...

.*.

Le *Figaro* a offert l'autre jour à ses amis un concert d'instruments anciens, qui a eu beaucoup de succès. J'y ai pris, pour ma part, un très vif plaisir, et je vous en dirai mes impressions, qui sont celles d'un ignorant, mais qui ont du moins le mérite de la fraîcheur et de la naïveté et qui, par là, sont peut-être un peu moins méprisables que celles d'un demi-connaisseur.

Ah! les douces, les expressives voix que celles de la viole d'amour, de la viole de gambe, de la vielle et du clavecin!

La viole d'amour (quel joli nom!) est un violon un peu plus grand que le violon d'aujourd'hui, et qui a sept cordes. La viole d'amour n'a point de secrets pour M. van Wœfelghem.

La viole de gambe (quel nom pittoresque!) est un violoncelle à sept cordes, et un peu plus petit que le violoncelle d'à présent. M. Delsart fait ce qu'il veut de la viole de gambe.

La vielle... C'est plus difficile à expliquer. C'est comme qui dirait un composé du violon et de l'harmonium ; mon Dieu, oui. Imaginez un petit clavier adapté à une « âme » de violon. D'une main, l'artiste presse les touches et, de l'autre, il tourne, à l'extrémité la plus effilée de la machine, une petite manivelle... La vielle obéit comme une esclave à M. Grillet.

Et, comme il est le dompteur du piano, M. Louis Diémer l'est aussi du clavecin. Mais, il n'y a pas à dire, le clavecin est beaucoup moins embêtant que l'instrument honni par Ernest Reyer. Il est moins sec, moins dur, moins mécanique, moins dénué d'entrailles, moins inhumain. Ses sons un peu grêles ont un timbre délicat, des vibrations, un accent, de la vie enfin. Le piano, c'est du bruit, — modulé, rythmé, haché ou roulant, mais du bruit : le clavecin, c'est une voix. D'autre part, je trouve, dans la viole de gambe et dans la viole d'amour, qui, généreusement munies de leurs sept cordes, — comme la lyre antique, — facilitent sans doute le travail du virtuose, n'obligent pas ses doigts à des tours de force, un je ne sais quoi de plus uni, de plus *lié*, de moins inquiet et trépidant, de plus parfaitement mélodieux que dans le violon et le violoncelle. Et quant à la vielle, c'est un pur enchantement ; la douceur riche, la continuité souple du son y est admirable ; on dirait une voix de velours.

Pourquoi a-t-on remplacé ces vieux instruments délicieux ? Et par quoi ? Je soupçonne les Erard et les Sax d'être de grands coupables.

Ces délicieux vieux instruments nous ont joué des airs qui leur furent contemporains, des airs tristes ou gais du dernier siècle, des mélodies simples et très claires, et tantôt très légères et tantôt très pénétrantes, de Martini, Bach et Rameau, que je connaissais tout de même un peu, et de Couperin, Locatelli, de Caix d'Herveloy, Marc Giroflée et Daquin que je ne connaissais pas du tout. D'un bout à l'autre, j'ai été ravi, et sans me donner aucun mal pour cela. Or j'ai souvent cru que j'étais fermé, ou par nature, ou faute d'exercice, à l'intelligence de la musique ; et ce qu'on appelle la grande musique de mon temps ne m'a jamais donné, — je l'avoue, et non pour me vanter, — que des joies excessivement rares et laborieuses. Qu'est-ce à dire ?

Cela veut dire simplement que mon goût musical retarde de cent cinquante ou deux cents ans sur mon goût littéraire. Cela veut dire que j'ai exactement, en musique, le goût que j'aurais en littérature si je considérais comme non avenus Chateaubriand, Lamartine, Hugo, Flaubert, Leconte de Lisle, et si je regardais comme incompréhensibles et superflus la rhétorique de l'auteur de *René*, ses épithètes et ses images, et la versification, et le vocabulaire, et la période à grand orchestre du poète des *Contemplations*, et tout ce que nous devons aux romantiques et aux parnassiens, tout cet enrichissement de la langue et du rythme et de leurs moyens d'expression, et l'impressionnisme fiévreux de Michelet, et le mysticisme sensuel et le style malade de Baudelaire, et bien d'autres choses encore... Bref, je suis, musicalement, le vieux monsieur des académies de province qui en est resté aux poètes du dix-huitième siècle, qui trouve déjà des témérités dans le style de Voltaire et qui signale des traces de mauvais goût dans *les Orientales*. Je suis sûr qu'il y a des gens que j'ai pris pour des imbéciles précisément parce qu'ils avaient en littérature les préférences que j'ai en musique. Et je ne me dissimule pas que cela est assez humiliant...

Humiliant ? Pourquoi ? Ou, du moins, qu'importe ? Je veux dire : qu'importe pour mon plaisir ? Quand J.-J. Weiss écrivait avec insolence : « Parny, l'un des poètes les plus absolument poètes de la littérature européenne... Parny, ce délice », il est évident qu'il percevait et sentait dans Parny ce qui n'y est pas ou ce qui n'y est qu'en germe : la mélancolie de Lamartine, si vous voulez, ou la passion de Musset. Il eût pu dire de tel vers des *Poésies érotiques* ou des *Déguisements de Vénus* :

> Je ne sais pas, pour moi, si chacun me ressemble,
> Mais je sens là-dessous un million de mots.

Les vers grêles du chevalier étaient à J.-J. Weiss un « signe », suffisant pour lui, de tout un infini de rêverie et de tendresse. — De même, il n'est pas impossible que la musique un peu simple et un peu courte, mais, pour moi, très évocatrice, d'un Rameau, ou même d'un Martini, suscite en moi des ressouvenirs, des songeries, des sentiments, bref, un « état d'âme » très approchant de celui où sont conduits les connaisseurs par une musique beaucoup plus complexe et plus savante. Je mets, dans telle mélodie du dernier siècle, ce qu'elle me fait sentir et ce qu'elle n'exprime pas, et qui est précisément ce que les musiciens de ce siècle-ci expriment et ne me font pas sentir. Ou si vous voulez, le plus naturellement du monde, je retrouve, sous une musique qui retarde, l'expression de ma propre sensibilité affinée par une littérature qui a avancé. Et si mon Beethoven s'appelle Rameau, tant pis. Cela m'est tout à fait égal.

EDMOND ROSTAND

RENAISSANCE : *la Princesse lointaine,* pièce en quatre actes, en vers, de M. Rostand.

Critiquerai-je *la Princesse lointaine ?* Non pas. Un conte bleu, pourvu qu'il soit bien conté (et c'est le cas), échappe, par définition, à la critique. Mais je vous dirai simplement l'histoire charmante de Mélissinde, de Joffroy Rudel et de Bertrand d'Alamanon.

La princesse lointaine, Mélissinde, est une très belle princesse qui règne à Tripoli. Le jeune prince aquitain Rudel, l'ayant entendu vanter par les pèlerins et les troubadours, a résolu d'aller la voir, et, malade et mourant, s'est embarqué sur une belle nef peinturlurée, avec son mire, son capellan, et son fidèle ami Bertrand d'Almanon, troubadour de Provence.

Depuis des jours, le navire vogue dans le brouillard, les mâts fracassés, les voiles déchirées. Les matelots grelottent de fièvre. Mais Bertrand leur chante une petite chanson où il glorifie les prunelles perses, les cheveux et la bouche de Mélissinde, et ils sont consolés : car tout l'équipage a pour la princesse invisible les yeux du prince Rudel. Et le chapelain ajoute : « Courage ! En aimant Mélissinde, vous sauvez votre âme, et ce voyage vaut une croisade : car M. Renan a dit que la beauté valait la vertu, et que l'amour d'une femme et l'amour de Dieu, c'était tout à fait kif-kif ! »

Cependant, le brouillard se dissipe, et la blanche Tripoli apparaît. Le prince mourant s'est fait porter sur le pont du navire, Bertrand lui dit : « Attends-moi, je vais chercher la princesse et je te l'amènerai. Sois sage. »

Or, dans un palais moresque, Mélissinde, esthète irréprochable, rêve, coiffée de lis, et des lis à la main, tel M. Oscar Wilde. Et comme elle est promise à Manuel, empereur d'Orient, et que ce sage souverain n'a pas grande confiance en elle, elle est gardée par un géant qu'on appelle « le chevalier aux armes vertes ».

Mais, sous couleur de lui vendre des parfums, des perles et des tapis, un marchand génois s'introduit auprès de Mélissinde, et l'avertit qu'un beau jeune homme rôde sous les murs du palais. C'est le troubadour Bertrand d'Alamanon, mais elle croit que c'est le prince Joffroy Rudel : car, tandis que Rudel voguait vers Mélissinde qu'il adore sans l'avoir vue, Mélissinde attendait Rudel qu'elle n'a point vu et qu'elle adore.

Bertrand n'a presque aucune peine à forcer les grilles, à disperser les gardes, à pourfendre le chevalier à l'armure verte. Il arrive, sanglant, devant Mélissinde, tombe à ses genoux. Elle lui demande : « Qu'as-tu donc à me dire ? » Il répond : « Des vers. » Et il lui dit la chanson de la Princesse lointaine, et, d'elle-même, elle achève la chanson.

Le troubadour s'évanouit : elle lui soutient la tête de son bras nu, lui lave sa blessure, le tapote doucement... Revenu à lui, le beau gars s'acquitte enfin de sa commission : « Mon ami le prince Rudel vous attend, mourant, sur son navire. Venez, Madame. » Mais elle, connaissant alors sa méprise : « Non, non, dit-elle, je n'irai pas. »

C'est fait : Mélissinde aime Bertrand, comme Marianne aime Octave ; et elle ne se soucie de Rudel non plus que Marianne de Cœlio. Elle ne tarde pas à confesser ses sentiments au beau troubadour. « Je rêve, murmure-t-elle, un plaisir délicat. Trahis pour moi ton ami mourant. La perversité est à la mode : il sied donc que je sois perverse. Et il me plaît aussi de « peser sur une destinée » d'homme, comme les femmes du Norvégien Ibsen. Sois à moi. Mais un symbole, ici, fera bien. Fermons cette fenêtre qui donne sur la mer, et par où nous pourrions voir le navire de Joffroy et la voile noire qui nous doit annoncer sa mort. Cette fenêtre fermée signifiera que le plaisir est égoïste et qu'il ne veut rien savoir. »

Ils roulent donc, enlacés, parmi les coussins... Soudain, un coup de vent rouvre la fenêtre symbolique ; ils aperçoivent, dans la rade, le signal funèbre, et sentent l'horreur de leur trahison. « Je suis un misérable, dit Bertrand. Cela n'a d'ailleurs rien d'étonnant, puisque je suis un homme de lettres, un être faible, impressionnable, incertain, incapable de faire avec suite le bien, ni même le mal. »

Par bonheur, ils s'étaient trompés : la voile noire était celle du navire qui emporte le cadavre du chevalier aux armes vertes. La nef de Rudel a gardé sa voilure blanche. « Ah ! songe Mélissinde, je viens d'aimer un journaliste. Mais cela ne compte pas. Abusée un moment par la Vénus terrestre, j'appartiens de nouveau à la Vénus Uranie, je rentre dans la beauté de mon premier rêve. J'irai voir le prince Rudel, afin qu'il ne meure pas inconsolé. »

... Et dans la galère franque, Rudel et ses mariniers attendent avec foi la visite de la princesse lointaine. Le prince est toujours sur son lit, les yeux charbonnés jusqu'aux oreilles, d'une beauté d'androgyne. Sur une barque chargée de musiciens et dont les cordages sont enguirlandées de fleurs, Mélissinde arrive... Les matelots rampent vers elle, les yeux écarquillés, comme des monstres éblouis et doux vers une fée apparue. Elle arrache les pierres de son manteau royal et leur jette à poignées les saphirs, les rubis, les béryls et les chrysoprases. Puis elle s'approche du prince extasié...

Elle lui dit : « C'est moi ; je vous aime. » Elle se penche vers lui ; elle le baise sur les yeux, elle le baise sur la bouche. Et le bon chapelain dit : « C'est parfait, et voilà la vraie extrême-onction. » Puis elle enveloppe Rudel de ses grands cheveux ; elle le berce contre son sein, et, comme le mourant a empoigné une de ses tresses, elle la coupe pour ne point la lui arracher. Et deux enfants de chœur laissent tomber sur le front du prince expiré des pétales de roses.

« Je vais, dit Mélissinde, entrer au Carmel, et vous, mes amis, allez délivrer le saint Sépulcre. »

Et le bon chapelain : « Ils y sont on ne peut mieux préparés. Car l'amour est toujours l'amour, et l'idéal est toujours l'idéal. Aimons, tout est là. Le Sauveur est venu nous apprendre à aimer. Et peu m'importe de désigner par les mêmes mots des choses très différentes ou même contraires. Je suis un aumônier néo-chrétien. Je concilie et je confonds la vieille sensualité romantique et la piété, et la charité, que nous appelons aujourd'hui la religion de la souffrance humaine Et comme il est encore de bon ton, pour quelque temps, de mettre de l'évangile dans une pièce de théâtre, j'en mets. »

Peut-être avez-vous cru que je raillais en signalant, chez les personnages de ce conte lointain, quantité de préoccupations conformes à nos modes littéraires ? Nullement je vous assure. Je fais plutôt un mérite à M. Edmond Rostand d'avoir, par de piquants anachronismes moraux, rajeuni la mélancolique légende. Je me plaindrais seulement un peu des anachronismes de son style. Le tour de force exquis, c'eût été, je crois, d'exprimer des idées et des « états d'âme » d'à présent, sans avoir recours au lexique de nos psychologues, et par les locutions très simples qui convenaient à un conte bleu. Mais au reste, l'auteur des *Romanesques* et de *la Princesse lointaine* demeure un poète de très grand talent. Il a la souplesse, l'esprit, la grâce, la couleur, l'imagination fleurie et la langueur mièvre, quand il veut, — et même, quand il lui plaît, la précision et la force, — et presque partout des rimes ingénieuses et belles.

LÉON HENNIQUE

Ambigu : *Deux Patries*, drame en cinq tableaux, de M. Léon Hennique.

Le sujet de *Deux Patries* est un des plus beaux, des plus vraiment tragiques et des plus largement humains qui se puissent concevoir; et ce n'est pas un petit honneur pour M. Léon Hennique de l'avoir discerné et choisi, et de n'y avoir pas été partout inférieur.

Ce sujet est, en un sens, plus grand que ceux mêmes où Pierre Corneille s'arrêtait de préférence. Car, dans *le Cid*, dans *Horace*, dans *Polyeucte*, entre la patrie ou l'honneur ou la religion — et les obligations et affections de famille ou les passions privées, le cœur pouvait hésiter, mais non le jugement. Cruelle autant qu'on voudra, c'est cependant entre deux devoirs évidemment inégaux que la lutte était engagée. Mais c'est entre deux devoirs égaux, et non seulement égaux, mais pareils, de même ordre et de même essence, qu'est partagé le héros de *Deux*

Patries. Bien plus encore que l'angoisse de la lutte contre soi-même, il connaît le déchirement du doute. Ou plutôt, dès qu'il a résolu ce doute par un coup d'Etat du cœur sur le jugement incertain, le reste lui est léger, car mourir n'est rien pour lui.

Et c'est bien une tragédie proprement historique. Ce n'est point une de ces anecdotes faciles à déplacer, qui se peuvent adapter indifféremment à tous les siècles et à tous les pays, et où les personnages n'ont d'historique que le nom et le costume. Ici, l'aventure privée est étroitement liée à un moment déterminé de l'histoire. Le drame individuel et le drame européen y sont inséparables, et tous deux sont pour ainsi dire formés de la même trame d'événements. Non seulement les pensées et les actes du protagoniste y influent sur le sort de plusieurs millions d'hommes, mais, cette inévitable influence, il la connaît, il ne saurait l'oublier un moment ; tout son tourment vient de là, consiste dans le sentiment de responsabilités contradictoires et dans le douloureux partage de sa pensée autant que de son cœur entre les devoirs incompatibles qui l'obligent envers deux vastes collectivités humaines

Voici, en peu de mots, la fable imaginée par M. Léon Hennique :

François Garnier, fils d'un instituteur, est parti, en 1792, avec les volontaires. En 1813, il est maréchal et duc d'Arrisio. Il se laisse marier par l'empereur à Amélie, reine d'Altemberg (ne cherchez point sur la carte). Ce mariage politique est aussi un mariage de sympathie, presque d'amour. François a le titre de prince-époux. Il est entendu qu'il restera le fidèle allié de l'empereur ; il est entendu aussi qu'il devra se soucier des intérêts du petit royaume qui lui est confié.

Tant que Napoléon est victorieux, les intérêts de l'Altemberg et ceux de la France demeurent communs ; et Garnier n'a pas trop de peine à concilier ses deux devoirs. Mais l'étoile de l'empereur pâlit ; il commence à connaître les désastreuses demi-victoires. L'Allemagne est sourdement travaillée par le *Tugenbund* ; elle entrevoit la possibilité de la délivrance. Dès lors, l'intérêt de l'Altemberg se déplace, devient contradictoire à celui de Napoléon. Si l'Altemberg demeure fidèle à une alliance qui, au surplus, lui a été imposée par la force, l'Allemagne victorieuse le lui fera payer cher... Que *doit* faire François Garnier ?

Ce cas de conscience, qui n'est pas imaginé à plaisir (car le prince royal de Suède, le roi de Naples et le roi d'Espagne ont eu à le résoudre) est des plus torturants qui soient.

Garnier a des devoirs naturels envers la France, et il est personnellement l'obligé de l'empereur, qu'il admire et qu'il aime. Il est d'ailleurs incapable, quand il le voudrait, de distinguer ce qu'il doit à Napoléon et ce qu'il doit à la France. Parti en guerre voilà vingt ans, pour la patrie et pour la

Révolution, il se trouve aujourd'hui, sans bien savoir comment, maréchal de l'Empire, serviteur d'un despote, — lui, l'ancien volontaire de la liberté, — et sentinelle d'une conquête violente et démesurée. C'est que, dans l'ivresse de l'action, d'ailleurs peu attentif à des changements insensibles, docile au fait accompli, engagé par de longs antécédents de dévouement à un homme, — et à quel homme ! — il n'a perçu ni le moment où le premier consul a cessé d'être le soldat de la Révolution, ni le moment où l'empereur a commencé d'être le conquérant inique et dévorateur et, proprement, l'ennemi du genre humain ; et, accoutumé à confondre la grandeur de Napoléon avec l'intérêt de la France, il n'a su démêler ni le point où celui-ci se séparait de celle-là, ni le point où celle-là devenait injuste, oppressive, odieuse Il n'a pas le loisir ou le moyen de débrouiller ces problèmes compliqués (ni lui ni personne ne l'eut à cette époque, et je doute que nous l'ayons même aujourd'hui) ; et les deux seules vérités dont il soit sûr, c'est qu'il ne peut trahir l'empereur, et qu'il ne pourrait, dans l'état des choses, le trahir sans trahir aussi son pays natal.

Mais, d'autre part, François n'a pas reçu le peuple de l'Altemberg comme un bétail. Il est responsable de la destinée de ce peuple, à qui il a juré aide et protection. Il sent bien que ce serait un acte criminel de le maintenir dans une alliance qui lui est funeste et meurtrière dès que le grand allié cesse d'être le plus fort; en somme, de vouer ces populations, à qui il est lié d'honneur, à la ruine et au démembrement, et cela pour complaire à un homme qu'elles regardent désormais comme un tyran, et dont elles ont subi le joug sans jamais l'aimer... Encore une fois, que doit faire François Garnier?

Aucune réponse possible, aucune. J'ai écrit un jour, — et je ne m'en dédis point, et je ne prétends pas non plus que la pensée fût originale : « — Si tu hésites entre deux devoirs contraires, choisis le plus désagréable : cette règle est sûre. » Mais cet axiome ne saurait s'appliquer ici. « Hésiter » entre deux devoirs implique qu'il n'est pas absolument impossible de choisir entre les deux ; qu'ils sont, au fond, inégaux, mais que cette inégalité n'est pas nettement perçue par la raison, voilà tout. Ici, je le répète, les devoirs sont égaux ; et ils sont opposés de façon que l'accomplissement de l'un ou de l'autre ait inévitablement pour corollaire un crime abominable. Entre deux devoirs égaux et pareils à ce point, on n' « hésite » pas : on reste immobile. Et enfin le plus grand « désagrément » ne saurait être, dans l'espèce, le *criterium* du plus grand devoir. Car peut-être, au fond, le devoir de servir les intérêts de l'Altemberg est-il, pour François Garnier, le plus « désagréable » : mais, d'un autre côté, ce serait le plus « avantageux ». Et, de même, servir les intérêts de l'empereur serait ce qui coûterait le plus cher à François ; mais ce serait, dans un autre sens, ce qui lui « coûterait » le moins, puisque c'est à cela qu'il est le plus entraîné. Alors, on ne sait plus, plus du tout..

Cela ne saurait finir que par un acte arbitraire de la volonté ou, plus exactement, de l'instinct. François Garnier fait ce que lui conseille l'instinct le plus fort, le plus invétéré, le plus profond, et qu'il croit le plus généreux. Et il peut le croire tel, après Leipsick, et du moment que cet instinct fait de lui l'allié des vaincus. C'est le malheur de la France qui coupe court à ses incertitudes. Mais comme il ne saurait être héroïque d'un côté sans être transfuge de l'autre (et, en effet, il en est réduit à dégainer contre ses sujets pour défendre ses compatriotes réfugiés dans sa ville), ce qu'il a de mieux à faire pour sortir de peine, c'est donc de mourir. Une balle altembergeoise lui rend le service de le tuer. Oui, la mort, c'est bien la solution; la mort, c'est-à-dire l'appel direct à la décision et aux lumières du Juge suprême dans une situation morale trop embrouillée pour un pauvre diable d'homme, et, en même temps, le châtiment volontaire de s'être mis dans le cas de ne savoir plus où est le devoir.

C'est ainsi que François paie sa faute. Car il n'est pas totalement innocent des embarras de conscience où il est jeté. Il fallait « prévoir »; il ne fallait pas épouser une reine; il ne fallait pas, peut-être par amour, surtout par vanité de soudard, se laisser couronner prince étranger et se mettre deux patries sur les bras. Sa faute, son vieux père la lui indique, ou à peu près, et lui-même l'entrevoit et la confesse dans une scène du quatrième tableau :

« Garçon, lui dit le vieux Garnier, tu es loyal, intègre ; tu avais conquis tes grades hors des antichambres. *Il fallait rester Français*, ne te soucier que de la France. — J'aimais, dit le maréchal. — Alors, il fallait devenir Altembergeois. *On n'a qu'une patrie*. — Tu as raison, répond le malheureux. J'ai mal escompté le futur, gâché le présent ; j'ai eu l'âme trop large, trop pleine de reconnaissance, par honneur ; deux forces m'ont tiraillé en sens inverse ; j'ai accepté le titre de prince-époux, titre vague, indigne d'un mâle ; puis les événements ont tonné comme la foudre ; la reine m'a préféré son peuple : je ne l'avais pas rendue mère. Eussé-je toutefois mieux étudié mon rôle, fussé-je devenu Altembergeois, je ne sais si, malgré l'horrible des champs de bataille qui nous bronzent, malgré l'espoir et mes orgueils, malgré la réflexion et l'ambition, je ne sais si j'aurais sacrifié mon ancienne patrie à l'autre. Pauvre ancienne patrie, jetée bas d'un seul coup, épuisée de gloire !... »

Un des mérites de M. Léon Hennique, c'est d'avoir choisi un sujet et une époque où l'idée de patrie se trouve, par la force des choses, en dehors et au-dessus de toute contestation. Il est possible que le patriotisme ou, comme on dit, la nationalisme soit, au fond, un préjugé (et les réponses récentes à certain questionnaire du *Mercure de France* l'affirment abondamment). Mais un « préjugé » n'est point nécessairement chose haïssable ni qu'il faille combattre. Un préjugé est un jugement imparfait, mais qui peut être provisoirement salutaire pour ceux qui en sont pénétrés ; et ce provisoire peut durer des siècles. Sans compter que, même discutable en tant que jugement, le patriotisme échappe à la discussion en tant que sentiment ou instinct. Et, en tout cas, la question de la légitimité de cette « idée de patrie » et des devoirs qui en dérivent ne se pose même pas, quand la communauté qui est la patrie est lésée ou menacée. Il était interdit aux Européens de 1813 d'être des dilettantes ou de préférer l'ensemble de la planète à leurs pays respectifs. A supposer que François Garnier ne fût point ce qu'il est : un soldat très simple, très instinctif, il ne saurait se tirer d'affaire par le cosmopolitisme ou l'humanitarisme. Ce n'est pas à la veille de Leipsick qu'il peut se dire : « J'ai deux patries, donc je n'en ai point. » Mais il est contraint de penser : « J'ai deux patries ennemies, donc deux devoirs opposés ; donc le mieux est de mourir. »

Et François doit penser encore : « Cela est juste, et je n'ai que ce que je mérite. Il est monstrueux d'avoir deux patries ; cela même implique contradiction. Il y a vingt ans, dans une belle exaltation du sentiment patriotique, je suis parti en campagne contre les rois. Et voilà que, par ma faute, la patrie est devenue pour moi ce qu'elle est souvent pour les fils et les parents de rois : un objet de troc et d'échange. Car, ce que jamais un homme ou une femme du peuple ne consentirait à faire, crainte de se déshonorer, les princes et les princesses le font communément : des princes changent de nationalité pour demeurer riches ou pour servir les intérêts momentanés de leurs familles ; de fières princesses changent tranquillement de religion pour faire de beaux mariages. Moi, fils de la Révolution, je suis descendu au niveau de ces rejetons de tyrans. Moi, citoyen français, me voilà prince-époux dans une cour germanique. C'est du propre ! J'ai, en quelque façon, renié les croyances du volontaire de 92. Mais je ne puis revenir sur ce reniement que par un reniement nouveau. Je n'ai donc qu'à disparaître Quand on a un devoir très clair, très net, — et très aimé, — c'est un crime de s'exposer, par vanité ou par ambition, à l'obscurcir d'autres devoirs douteux et inextricables. On est alors responsable de cette obscurité et de cette incertitude même, et de l'impossibilité où l'on est désormais de bien agir. »

J'ai fait mieux que vous raconter la pièce de M. Léon Hennique, puisque j'ai tâché d'en extraire pour vous la substance. — L'exécution est fort distinguée (je donne à ce mot, qu'on galvaude, toute sa force). Le premier tableau, — le départ de François, ses adieux à ses parents, à ses amis, aux enfants de l'école, — est excellent : c'est un raccourci vigoureux de la France populaire et patriote de 1792. — Les scènes entre Amélie et le baron de Stein, où l'Allemande se détache peu à peu, comme il était inévitable, de son époux français, sont justes de ton, nettes, concises, dans leur froideur peut-être voulue. — Meilleure encore, l'explication angoissée de la reine et du maréchal au quatrième tableau ; et très vrai, et très humain, le mouvement qui la rapproche de son mari dans l'instant où il va mourir, et quand elle comprend qu'il ne saurait sentir ni agir autrement qu'il ne fait. — La sobriété extrême du dialogue est parfois d'un grand effet : ainsi quand, après la cérémonie du mariage, le nouveau prince-époux se voit abandonné de ses compagnons d'armes, et a l'impression confuse qu'il n'est plus un des leurs, qu'il est déjà retranché de la Grande Armée et comme retranché de la France.

PAILLOUX. — Maréchal, adieu.

LE PRINCE. — Qu'est-ce? Tu ne restes pas? L'empereur m'autorise à garder quatre ou cinq officiers, je te le répète.

PAILLOUX. — Et mes chasseurs, là, qui m'attendent?

LE PRINCE. — Ils ont un lieutenant-colonel.

PAILLOUX. — Oui, mais les abandonner au moment d'une campagne, ce serait fuir.

LE PRINCE. — Pailloux, tu n'es pas riche, tu as tort.

PAILLOUX. — J'aime les coups de sabre. (*Un silence.*)

LE PRINCE. — Puis-je compter sur vous du moins, Chambrun ?

CHAMBRUN. — Non, Altesse. Voyez. (*Il montre sa poitrine.*) Je n'ai pas la croix.

LE PRINCE, *en une soudaine tristesse, à Garnier.* — Décidément, père, de chez nous, de France, je ne conserverai que vous et Charles.

CHARLES. — Pardon ! Altesse, — je suis un ingrat, — mais je vous quitte, moi encore.

LE PRINCE, *mécontent.* — Ah ! bien ! bien !

Cela rappelle l'espèce de notation dialoguée, si juste, — si brève, mais si grosse de sens et de tragique suggéré, — de *la Mort du duc d'Enghien*. Et je dois vous parler aussi de la douce petite aveugle Marguerite de Berghen, mystique amoureuse de Napoléon, qui le voit des yeux de l'âme, qui l'adore dans sa grandeur, jouit de sa gloire et languit de son déclin. Charmante figure, que M. Hennique a très habilement rattachée à son drame : car il est sensible que, à un moment, c'est l'ardent enthousiasme de la jeune voyante qui emporte les derniers doutes du malheureux maréchal.

PAUL ADAM

THÉATRE-LIBRE : *Le Cuivre,* drame en trois actes, de MM. Paul Adam et André Picard.

Lorsque, à ses autres dons, qui sont extraordinaires, M. Paul Adam aura joint un peu d'harmonie, d'ordre et de clarté, je n'hésiterai plus à le compter parmi les tout premiers écrivains de sa génération. Intelligence hardie, — jusqu'au défi ; sensibilité vibrante, — jusqu'à la douleur ; imagination bouillonnante, — jusqu'à en être fumeuse, il a, pêle-mêle, beaucoup d'idées généreuses et insolentes, neuves du moins par l'outrance avec laquelle il les exprime ; beaucoup de sensations aussi, violentes ou mièvres. Il a à la fois un génie de révolte et de luxure triste. Il est excessivement curieux ; et j'étais bien sûr d'avance que le drame qu'il nous offrait (écrit avec le concours de M. André Picard) serait peut-être effréné et trouble, mais ne serait point insignifiant.

Seulement, voilà ; ce drame du *Cuivre,* puis-je dire que je l'ai vu et entendu ? Non, en vérité, je ne puis le dire; et je n'aurai donc pas l'indiscrétion de juger l'œuvre. Au travers d'une composition qui m'a paru passablement désordonnée (mais je puis me tromper même sur ce point); après l'énervement d'entr'actes d'une heure; parmi la bizarrerie et l'insuffisance d'une mise en scène et d'une interprétation qui m'ont surtout semblé mélancoliques, mais qui ont induit en grosses joies le public innocent, voici les vagues souvenirs, les images sommaires et flottantes que j'ai remportés de ce poème.

La guerre est abominable en soi; mais la plus haute horreur, c'est la guerre moderne et c'en est la cuisine. La guerre moderne est la serve et la complice de l'argent. Des milliers de jeunes hommes meurent de la fièvre, endurent la faim et toutes les tortures, ont finalement les membres hachés et les entrailles crevées, pour enrichir et réjouir une poignée de traitants et d'agioteurs, dont les uns ont le bourrelet de graisse, sur la nuque, des vieux messieurs de Forain, et les autres la méchanceté pâle des yeux de Paul Astier. Comme les sorcières de Macbeth accroupies autour de leur chaudron et y remuant des herbes, nous les voyons, les sinistres cosmopolites de l'argent, combiner entre eux le crime financier, le crime à longue portée qui, là-bas, dans les prairies brûlantes du Quentado, fauchera les officiers naïfs et les petits soldats arrachés à leur village...

Cette pauvre République du Quentado a conclu la paix, voilà six mois, avec la République de l'Equateur. Mais cela ne fait pas l'affaire d'un certain baron Vogt. Non content de fournir à l'armée de l'Equateur des souliers en carton, des fusils de rebut et des vivres avariés, — qui d'ailleurs ne l'ont point empêchée d'être victorieuse, — ce scélérat, croyant à la prolongation de la lutte, avait acheté quatre cuirassés, refusés par la marine française, et qu'il voulait revendre au Quentado. Pour qu'il puisse placer ses mauvais bateaux, il faut à toute force que la guerre recommence. Il plie d'abord à ses desseins, par la corruption ou le chantage, le représentant de la Russie et celui de la France. Mais il se trouve que la paix et la guerre sont entre les mains de l'Anglais Humphry, et voici comment. Humphry exploite les mines de cuivre du Quentado, moyennant une redevance qui permet seule à cette petite République de payer à l'Equateur l'indemnité de guerre. Il s'agit donc d'amener l'industriel anglais à dénoncer son traité. Pour cela, le baron Vogt envoie un commis voyageur en socialisme fomenter une grève dans les chantiers de la Compagnie Humphry. Mais notre Anglais est un rêveur qui aime mieux perdre quelques millions que de jeter ses ouvriers à la rue. Alors, contre cet homme vertueux, le baron Vogt lâche Dalilah ; car, n'est-ce pas? dans les coulisses ignominieuses du sanglant théâtre où s'entr'égorgent les peuples, il n'y a pas seulement l'Argent, il y a toujours la Femme.

Dalilah, c'est ici Anna Vogt, la sœur du baron,

« femme fatale », esthète, nihiliste, néronienne, sadique, nitszchiste ou nitszchienne, si j'ose m'exprimer ainsi, et, je crois bien, darwiniste par-dessus le marché et, semblablement, ibsénienne. Mon Dieu, oui. *Humanum paucis vivit genus*, c'est sa superbe devise. Le tout est d'être de ces *pauci*. Il faut pressurer la vie pour en extraire tout ce qu'on peut de volupté. L'humanité est méprisable à la fois et misérable : qu'importe donc le sang versé ? Même, il réjouit la nature, puisque la vie sort de la mort, et que le meurtre en masse hâte et facilite l'admirable jeu des transformations de la matière. Anna Vogt n'a pas trop de peine à endormir, à étourdir la conscience retardataire de Humphry. Elle hypnotise l'homme évangélique ; elle l'enveloppe à la fois des replis de son diabolique et fastueux lyrisme et des gestes persuasifs de ses bras odorants. Au reste, pour l'aguicher davantage, elle refuse d'être sa femme, sous prétexte qu'elle a peur de lui, peur de subir son ascendant, et qu'elle est trop bonne « individualiste » pour s'exposer à cette diminution de son précieux être ; elle ne veut qu'être sa maîtresse d'une heure... Et très probablement cette scène, que je résume au petit bonheur, m'eût paru belle, si les rires du public, soulevés par le jeu dément d'une jeune comédienne désarticulée, m'avaient permis d'entendre un peu mieux.

Au troisième acte, la guerre rallumée, du haut d'une terrasse tragique, nos cosmopolites assistent aux diverses horreurs qui leur doivent assurer une vie confortable. Le baron de Vogt, triomphant, voit entrer dans le port de San-Luiz de Quentado les quatre mauvais bateaux qui, un jour ou l'autre, noieront leurs hommes. Puis c'est la ruée de la foule, hurlante de patriotisme, derrière une tête coupée...

Il faut vous dire que, tandis qu'Anna Vogt faisait sa besogne de mort, une autre jeune fille, Sonia Daniloff, une petite sainte tolstoïsante, suppliait son fiancé, l'héroïque général Caldas, de renoncer aux œuvres de la guerre. Caldas s'est laissé persuader par cette mystique enfant : il a refusé de reprendre du service. Sur quoi, ses compatriotes l'ont déclaré traître, et fusillé. Et c'est sa tête, fichée au bout d'une pique, qui chemine sous la terrasse. En la voyant, Sonia s'évanouit, Anna entonne un péan de Canaque lettrée, et Humphry devient fou.

(Un curieux épisode, qui n'a, du reste, rien du tout à voir avec l'action principale, c'est la vengance raffinée qu'un mari psychologue, le comte d'Aufflers, tire de sa femme. Sentant que celle-ci va avoir un amant, il le lui suppose avant même qu'elle l'ait eu ; il installe publiquement une maîtresse dans son voisinage ; et quand sa femme, qui l'aime toujours et qui n'est qu'une pauvre âme en peine, essaye de se confesser à lui, il l'accable tranquillement et la torture par son refus de l'entendre, et à la fois par son obstination à la croire plus faible ou plus vicieuse qu'elle n'a été et par l'indifférence

ironique et glaciale qu'il lui témoigne à ce sujet...
Et peut-être souffre-t-il, lui aussi, et joue-t-il par
orgueil une douloureuse comédie ; mais je n'ai pas
su démêler ce point.)

Voilà donc ce que j'ai retenu du *Cuivre*. Je ne
puis pas vous dire si c'était beau : je crois pourtant
que ce l'était par endroits. J'aurais besoin de lire
la pièce, ou de la revoir, pour en porter un jugement
assuré.

Telle que j'ai cru l'entrevoir, l'idée de MM. Paul
Adam et André Picard n'est-elle pas un peu simpliste ? Il faudrait, ce semble, distinguer entre la
guerre agressive et d'expansion, qui est souvent
l'œuvre de rapacités privées, — et qui peut donc
être un crime, — et la guerre nationale et défensive
qui, selon toute apparence, demeurera, pendant
des siècles encore, une toujours menaçante nécessité. Et, sur cette nécessité, vous savez ce qu'ont
dit des philosophes qui n'étaient pas tous des scé-
lérats ni des fanatiques. Une guerre est une crise
de la concurrence vitale entre les peuples. La
guerre supprimée, resterait, j'en ai peur, la concurrence vitale entre les individus. Or, de ces deux
formes de l'inévitable lutte pour la vie, la forme
quotidienne et éparse et la forme exceptionnelle et
ramassée, on peut soutenir que ce n'est pas celle-ci
qui est la plus ignoble.

Vue par un certain côté, la guerre est parfois une
entreprise de brigandage financier : encore est-il

que, dans *le Cuivre*, le baron Vogt n'arriverait pas à l'accomplissement de son affreux dessein, s'il n'avait pour complices les plus honorables sentiments du petit peuple du Quentado. Vue sous un autre angle, la guerre est le réveil et le triomphe de l'antique brutalité humaine. Mais, considérée sous un troisième aspect, la guerre est la maîtresse, par excellence, du renoncement et du sacrifice : de sorte que la lutte entre les peuples peut avoir pour effet de purger momentanément les hommes des instincts mêmes qui perpétuent et rendent si atroce la lutte entre les individus.

J'en ai été vivement frappé, il y a quelques années, en écoutant je ne sais quel drame militaire d'Erckmann-Chatrian. Voilà donc, disais-je, que, sans y songer, ces ennemis de la guerre nous étalent tout le long de leur drame une foule de beaux sentiments qui, sans la guerre, n'auraient point l'occasion de se produire, qui vivent de la guerre et s'en nourrissent, comme d'orgueilleuses fleurs, des lis candides sur un charnier... Car la guerre, en abaissant subitement le prix de la vie humaine, nous rend moins malaisé l'effort de préférer à la vie même, selon le mot du poète, tout ce qui fait qu'il vaut la peine de vivre (*vivendi causas*). Le courage devient presque facile quand il s'impose comme une nécessité et quand le meilleur parti qui s'offre, même au timide, est d'être brave. Or, toutes les vertus se ramènent au courage, même la bonté.

La guerre élève et purifie les âmes. En nous arrachant du nid de mollesse et de lâches habitudes où nous étions installés, elle nous renouvelle tout entiers. Elle nous ennoblit en nous faisant sentir, par la brusque révélation d'un intérêt supérieur, la médiocrité des petits intérêts journaliers. Elle nous sanctifie par l'idée toujours présente et par le voisinage de la mort. De l'instinct de conservation elle dégage en nous l'héroïsme par le sentiment très net d'une solidarité de destinée avec les hommes de notre race. Elle éveille au fond de nos cœurs des énergies que nous ne soupçonnions pas. Son grand souffle balaye et assainit l'atmosphère morale d'un peuple...

Eh oui, ces propos d'un spiritualisme martial, — martial à distance, — sont plausibles. Mais des doutes vous reviennent, quand on traverse une ambulance et qu'on entend les cris des blessés ou les sanglots des mères... Et donc, en dépit des rhétoriques optimistes ou mystiques, guerre à la guerre ! Tout contre la guerre ! Mais j'ajoute, parce qu'il le faut et comme ferait M. Déroulède lui-même : rien contre la guerre de ce qui serait contre la patrie. Si je renais dans quelques siècles, j'aurai sans doute des pensées et des sentiments moins étroits ; mais je n'ai pas choisi, dans le développement de l'histoire humaine, le moment où je suis né ; et il y a sans doute des devoirs propres à chaque étape de ce développement...

AUGUSTE DORCHAIN

Odéon : *Rose d'automne*, comedie en un acte, de M. Auguste Dorchain.

Une rose d'automne est plus qu'une autre exquise.

C'est de ce vers charmant d'Agrippa d'Aubigné que s'est inspiré M. Dorchain. C'est une rose d'automne que Mlle Marthe Vernon, une rose mélancolique dans sa fraîcheur menacée de fleur tardive, une rose modeste, au parfum doucement pénétrant. Ou plutôt, c'est l'amour ardent, mais craintif, éclos dans son cœur de demoiselle de la pâle confrérie de Sainte-Catherine, c'est cet amour qui est une rose d'automne. Car elle a vingt-huit ans, la bonne et sérieuse Marthe, et elle n'a point trouvé de mari, parce qu'elle est presque pauvre. Vous rappelez-vous le dizain gris-perle de François Coppée :

Dans ces bals qu'en hiver les mères de famille
Donnent à des bourgeois pour marier leur fille,

En faisant circuler assez souvent, — pas trop, —
Les petits fours avec les verres de sirop,
Presque toujours la plus jolie et la mieux mise,
Celle qui plaît et montre une grâce permise,
Est sans dot, — voulez-vous en tenir le pari ? —
Et ne trouvera pas, pauvre enfant, un mari ;
Et son père, officier en retraite, pas riche,
Dans un coin, fait son whist à quatre sous la fiche

Eh bien, c'est cela, Marthe. Or, elle vient de retrouver un camarade d'enfance, André Laroque, qui est d'un an plus jeune qu'elle. C'est un gentil garçon, poète de son état : on est ce qu'on peut. Ils se promènent, lisent des vers, et font de la musique ensemble. Ils se mettent à s'aimer sans trop le savoir. Un incident, la main de Marthe demandée par un vieux viveur qui a besoin d'une garde-malade, leur révèle à tous deux leur amour : à Marthe par la peine qu'elle a à accepter ce mariage de raison ; à André par le dépit qu'il en conçoit. Cet amour découvert, il reste à le confesser, et cela est difficile, car tous deux sont timides et fiers, et enclins à prendre le plus long... Un ami, également poète,

Y aura qu' des poèt's à c'te noç-là,

les devine, les aide, les pousse dans les bras l'un de l'autre.

Moralité de la comédie : épousons des filles de vingt-huit ans, ceux qui peuvent. Car elles ont à la fois l'innocence et la réflexion. Elles sont très probablement à l'abri des curiosités dangereuses. Elles ont la pureté sans la périlleuse ingénuité. Ce sont des vierges, et qui pourtant n'ont plus l'ignorance avide, malaisée à contenter, qui désire et espère tout. Ce sont des femmes, de vraies femmes, et qui pourtant sont intactes. Elles ont été déçues, elles ont souffert, elles ont pleuré ; il y a des chances qu'elles soient bonnes. Si elles n'ont plus la fleur ineffable de la jeunesse toute neuve et du prime épanouissement, elles ont dans leurs yeux une flamme plus profonde et qui vient de plus loin. Elles sont plus touchantes par les imperceptibles meurtrissures de leur peau et les toutes petites rides prochaines, et il y a déjà, dans leur tendresse mélancolique, comme une chaleur de maternité. Enfin, il se mêle à leur amour un peu de reconnaissance ; elles seront les fidèles et les dévouées.

Le malheur, c'est qu'il y en a beaucoup qui ont vingt-huit ans, et même plus, et qui ne sont pas tout à fait telles que je viens de dire. Il y en a qui s'aigrissent ; il y en a qui deviennent des Armande, puis des Bélise. Il y a aussi celles qui, physiquement intactes, se sont, moralement, déveloutées ; qui se sont fait des âmes de vieux garçon ; qui affectent d'autant plus de liberté et de hardiesse d'esprit que leur science des choses demeure théorique, et qu'elles savent et ignorent à la fois de quoi elles parlent : créatures hybrides, ni vicieuses ni innocentes, qui trahissent le caractère tout spéculatif de leur philosophie de

l'existence par la sécurité même de leur cynisme, et
que cette sécurité absout donc en quelque façon, tout
en les rendant un peu bizarres et déplaisantes. Ce ne
sont pas des jeunes filles montées en graine ; ce ne
sont pas des vieilles filles : ce sont des célibataires en
jupon. Ce type, assez nouveau, commence à se rencontrer. (Je ne parle pas ici de celles, plus rares, qui,
ni laides ni pauvres, restent filles parce que ça leur
plaît, et qui peuvent en avoir les meilleures raisons,
les plus délicates, où les plus spirituelles, ou les plus
philosophiques, ou simplement les plus sensées.)

Et il y a un autre malheur : c'est qu'il n'est pas
toujours facile, à première vue, de distinguer celles
qui ressemblent à la « rose d'automne », de M. Auguste
Dorchain, de celles qui ne lui ressemblent pas. C'est
qu'à ce jeu le mieux sera toujours de ne pas jouer
quand on n'y est pas forcé. C'est, enfin, que, arrivés
à l'âge où ils devraient chercher les filles de vingt-huit
ans, les hommes commencent à leur préférer celles
de dix-huit, — ou même de quinze. En sorte que les
pauvres filles de vingt-huit ans n'auront, de leur
côté, le plus souvent de recours que dans les
petits jeunes gens... Tout cela est plutôt triste. Il
est abominable qu'une quantité de filles agréables et
bonnes ne trouvent point à se marier, faute de dot.
D'autre part, ceux qui pourraient épouser ces filles-
là sont parfois excusables de ne le point faire, estimant que, — sauf des exceptions heureuses sur lesquelles on n'est jamais sûr de tomber, — ça coûte

bien cher, une femme, et qu'il est donc juste que celle qu'on prend apporte de quoi payer elle-même son oisiveté et ses robes D'où le nombre croissant des solitaires... Si je vous disais : « Il faut se marier à vingt ans, avec une fille de dix-huit ans, à la campagne », vous trouveriez le conseil saugrenu. Ce conseil est pourtant le seul conforme aux indications de la nature et aux exigences de la morale. Jugez par là de l'absurdité d'un état social qui interdit absolument l'obéissance à des lois aussi claires et aussi bienfaisantes. Et dites si notre civilisation industrielle et citadine ne tourne pas directement le dos à la vérité.

GYP

Comédie-Parisienne : *Mademoiselle Ève*, par Gyp.

La Comédie-Parisienne a ouvert ses portes avec *Mademoiselle Ève*, de Gyp.

Nous avons eu le plaisir de retrouver là la douzaine de figures mondaines que, depuis quelques années, le génial auteur de *Petit Bob* agite et fait parler avec une verve, un entrain, une fantaisie et une abondance extraordinaires. Le plus aimable, le plus sympathique de ces personnages, celui en qui Gyp a mis toutes ses complaisances, et qui représente la vérité et la nature parmi ce troupeau de snobs, de vicieux et de vannés, c'est, comme vous savez, sous des noms divers et avec des nuances d'âge et d'humeur, une figure de jeune fille un peu « mal élevée », un peu volontaire, — peut-être aussi un peu trop contente de soi, — mais bonne, droite, loyale, courageuse. Souvent elle a grandi isolée, ou bien elle a été éduquée par des hommes; elle a observé et réfléchi ; elle a du bon sens, une rectitude hardie de jugement sous ses airs de pouliche échappée ; nulle bégueulerie, mais une pureté vraie, et, sous cette pureté de jeune fille, une honnêteté d'homme, et, sous une apparence de ne faire que ce qui lui plaît, une âme avertie de son devoir et capable même de sacrifice. Au fond, voyez-vous, c'est un type *national*. A y regarder de près, elle procède de l'Henriette de Molière. Oui, la jeune fille de Gyp, — garçonnière et cependant jeune fille, — c'est Henriette « mise au point » deux siècles après *les Femmes savantes* ; c'est Henriette dans un milieu mondain ; Henriette plus nerveuse ; Henriette parlant en prose, et en prose d'aujourd'hui. Car, ne vous y trompez pas, lorsque Henriette raille les prétentions, la littérature et l'hypocrisie d'Armande ; quand, avec la liberté de plaisanterie que vous savez, elle lui fait remarquer que bien lui prend que le génie de sa mère

N'ait pas vaqué toujours à la philosophie,

et la conjure de ne pas supprimer

Quelque petit savant qui veut venir au monde ;

quand, regardant son fiancé bien en face, de ses yeux clairs, elle lui explique son cœur avec une franchise a la fois virile et gamine ; quand, pour se dérober au baiser de Vadius, elle trouve ce mot si drôle :

Excusez-moi, Monsieur, je ne sais pas le grec ;

quand, Trissotin voulant l'épouser malgré elle, elle lui laisse comiquement entendre à quoi il s'expose, et quand, enfin, Clitandre lui offrant sa main après la retraite du cuistre, elle la refuse si simplement et si bravement... — parce qu'elle se croit pauvre, — ne vous laissez point intimider par la majestueuse cadence des alexandrins ; désengoncez le langage d'Henriette, et vous la verrez telle qu'elle est, très vivace, très sans-gêne, très « farce », très bonne et très « honnête homme » aussi ; vous reconnaîtrez en elle l'aïeule directe des Loulou et des Chiffon ; et, toutes ces choses que dit Mlle Henriette, vous sentirez que Mlle Ève, dans les mêmes circonstances, les pourrait dire en prose, ou même un peu en argot.

L'AGE DIFFICILE

Gymnase : *l'Age difficile*, comédie en trois actes, de Jules Lemaître.

De bons esprits condamnent, et avec raison, la littérature de confidences personnelles. Mais, que voulez-vous ? le public aime cela ; il le montre assez tous les jours ; et l'évidence de ce goût du public excuse peut-être les écrivains qui ont la faiblesse de s'y plier. Il n'est d'ailleurs pas nécessaire que l'homme soit de premier rang pour que nous lui pardonnions ces épanchements ; et ce qui nous plaît encore de Marmontel, esprit médiocre, ce sont ses Mémoires familiers. Voilà qui m'encourage d'abord à vous conter modestement comment j'ai conçu le sujet, les personnages et le plan de *l'Age difficile*. Et j'ai une autre excuse : il est du moins quelqu'un à qui je ferai plaisir : c'est M. Alfred Binet, de la Sorbonne, lequel a commencé, l'an dernier, une si curieuse enquête sur « la psychologie des auteurs dramatiques », petits et grands, et sur l'obscur fonctionnememt de leur cerveau, puissant ou futile. Absolvez-moi donc un fois de plus du péché d'auto-reportage.

« Je ne songeais pas à Rose... », je veux dire à M Coquelin, quand on me pria d'écrire une comédie où il tiendrait le principal rôle. Je me dis, tout naturellement : — Tirons notre sujet de la personne même de M. Coquelin (j'entends sa personne artistique), de ce que je sais de son talent, de ses aptitudes et même de ses désirs secrets. Ce grand comédien n'est plus dans la fleur de la prime jeunesse ; il est puissamment comique, mais il sait traduire aussi les sentiments tendres ou douloureux ; il s'en est toujours piqué et il s'y complaît de plus en plus... Quel âge peut-il bien avoir ? La cinquantaine, je pense. Cherchons une aventure morale d'homme de cinquante ans.

Mais cette aventure morale, c'est celle d'Arnolphe dans *l'Ecole des femmes*, de Max de Simiers dans *la Souris*, etc., etc. Elle nous a été présentée tant de fois qu'elle paraîtrait sûrement banale... Vieillissons un peu Coquelin. Le cas de l'homme de soixante ans n'est-il pas plus intéressant et, je ne dis pas plus neuf, mais moins ressassé ? Oh ! non point le cas du vieux Danville dans *l'Ecole des vieillards*, qui n'est, en somme, que celui d'Arnolphe, aggravé. Je sens d'ailleurs que je serais, malgré moi, sévère jusqu'à l'injustice, — une injustice que le public ne comprendrait pas, — pour un sexagénaire amoureux. Cherchons quelque chose de plus général.

Et comme imaginer, c'est toujours se ressouvenir et que c'est toujours de nous-même que nous nous ressouvenons, la « fable » que je cherchais est sortie peu à peu d'une pensée qui m'est habituelle, et qui est elle-même un des fruits de mon expérience individuelle et de ma vie même...

> Viennent les ans! J'aspire à cet âge sauveur
> Où mon sang coulera plus sage dans mes veines...
> Et vous, oh! quel poignard de ma poitrine ôté,
> Femmes! quand de l'amour il n'y sera plus traces,
> Et qu'enfin je pourrai ne voir dans la beauté
> Que le dépôt en vous du moule pur des races!

Ainsi parle Sully-Prudhomme dans *les Solitudes*. J'ai depuis longtemps cette conviction que ma vieillesse, si j'en ai une, et à condition qu'elle ne soit pas trop accablée de maux physiques, sera, de beaucoup, l'âge le plus heureux de ma vie, et c'est pour cette saison que je fais mes meilleurs rêves. Mais je prévois aussi que, pour arriver à ce bienheureux état de détachement, de sécurité, de bonté et de repos,

> (Repose-toi, mon âme, en ce dernier asile,
> Ainsi qu'un voyageur qui, le cœur plein d'espoir,
> S'assied, avant d'entrer, aux portes de la ville
> Et respire un moment l'air embaumé du soir,)

il doit y avoir un passage malaisé à franchir, surtout pour ceux que les étapes d'une vie normale et des devoirs successifs étroitement enchaînés n'ont point portés jusqu'à ce seuil de la vieillesse. Oui, pour ceux-là, et même pour les meilleurs d'entre eux, la soixantaine peut être l'âge éminemment « difficile », l'âge où ils se trouvent exposés à plus d'erreurs et de souffrances, — viles ou généreuses, selon la mesure de leur âme...

Dès lors mon personnage se dessine. Je le fais riche et cultivé pour qu'il ait mieux le loisir et la faculté de penser ; bon, parce que je veux l'aimer et que les bons sont, après tout, aussi intéressants que les autres ; célibataire à soixante ans, — cela entre dans sa définition même, — non pas, toutefois, célibataire par égoïsme et calcul (puisque je le veux bon), mais à cause d'un amour de jeunesse malheureux.

Les dangers et la douleur de la solitude pour un vieil homme, il les a prévus et a voulu les prévenir. Il a cherché et trouvé pâture à son cœur. Il a recueilli, quand il n'avait encore que cinquante ans, une petite orpheline, sa nièce, l'a élevée, mariée à un brave garçon dont il a fait son associé industriel. Jeanne a des petits enfants ; il les adore comme il adore leur mère ; il se complaît dans cette double paternité artificielle et préméditée. D'ailleurs, chef d'usine, il travaille et il se soucie de ceux qu'il commande. Il croit avoir échappé également au supplice de la solitude morale, et au péril ou au déshonneur de l'inutilité et de l'oisiveté vicieuse. « Oui, expliquera-t-il à un de ses amis, quand on a vécu hors de la règle naturelle, soit comme toi qui n'as jamais pris le mariage ni la paternité au sérieux, soit comme moi qui ne me suis pas marié, à partir de la cinquantaine on ne sait plus que faire de soi. » Et encore : « A notre âge, quand on n'a pas de famille, il faut s'en faire une : aimer un enfant, et j'ai eu le bonheur de trouver Jeanne ; aimer les hommes, ou du moins s'occuper d'eux, ce que je trouve plus facile que de les aimer ; et tu sais ce que j'ai fait pour mes ouvriers... »

Cela, c'est la première idée ou « moralité » de la pièce. Il y en a une autre. Pour bien vieillir, il ne suffit pas d'aimer, il est nécessaire d'aimer avec désintéressement. « A notre âge, dira quelqu'un à mon sexagénaire, il faut aimer sans exiger, sans désirer même un retour égal... Il ne faut pas aimer pour soi ; cela est bon pour les jeunes gens, etc. » C'est de cette seconde « moralité » que toute la pièce sera proprement la démonstration.

Donc mon homme (je l'appelle Chambray) opprime sa nièce et son neveu (je les appelle Jeanne et Pierre Martigny), d'une tendresse impérieuse et tyrannique. Je ne veux point que cette tyrannie soit odieuse ; et c'est pourquoi, non seulement je la fais inconsciente, mais je l'explique par le caractère et les antécédents de Chambray, ancien explorateur, habitué au commandement, homme d'action et d'énergie. La situation respective de ces trois êtres, qui s'aiment pourtant, n'en est pas moins fausse, antinaturelle, et ne saurait durer. Mais comment cette fausseté et ce malaise éclateront-ils ? Comment ce qu'il y a d'égoïsme dans la profonde tendresse de Chambray lui sera-t-il révélé ? Et comment son erreur se tournera-t-elle contre lui ?

C'est bien simple. Ce gentil petit ménage qu'il aime trop, il risquera d'abord de le détruire en l'aimant mal. Pierre, gêné dans son propre foyer, rencontrant partout l'oncle Chambray entre sa femme et lui, entre lui et ses enfants, aura une maîtresse, c'est tout indiqué. Mais quelle maîtresse ?

Sera-ce une cocotte ? Sera-ce une petite bourgeoise demi-vicieuse, demi-sentimentale ? Non ; nous avons déjà tant vu ces deux types-là ! Et puis, il est indispensable que la faute de Pierre soit réduite à un *minimum,* pour que sa femme n'ait pas trop de peine à lui pardonner, — puisque de ce pardon doit sortir le châtiment de Chambray. Il faut que la tentatrice vienne chercher Pierre, fasse les avances ; il faut que ce soit elle qui le prenne. Donc, ce sera une pure coquine. Et il conviendra, pour plus de vraisemblance, que Pierre soit un timide, un empêtré : d'autant plus que cette timidité expliquera qu'il n'ait pas mieux su se défendre, chez lui, contre l'humeur envahissante du terrible oncle. « ... C'est, dira-t-il quelque part, cette maudite timidité !... Il y a toujours eu, pour moi, comme un abîme infranchissable entre sentir ou penser, — et agir, traduire en actes mes sentiments. C'est comme si tout témoin me faisait peur... On est bien malheureux d'être comme ça !... »

De quelle espèce sera cette coquine qu'il me plaît de baptiser Yoyo ? Ce sera, tout bellement, une coquine d'aujourd'hui, névrosée, morphinomane, etc... — et que je coifferai en esthète des couloirs de l'Œuvre, ou en figure de vitrail de brasserie. Pour mieux marquer sa coquinerie, j'en ferai une lionne pauvre remise au point ; et je lui donnerai un mari, qui sera son associé et son « protecteur ». Ce mari, que je nommerai M. de Montaille, la complétera joyeusement ; mais, en outre, — j'y songe, — il pourra servir à l'action ; je lui attribuerai ce qu'on m'a raconté d'un mari célèbre, qui avait coutume de vendre très cher des bibelots et des curiosités aux amants de sa femme. Et ce sera l'arrivée imprévue d'un vieux meuble chez les Martigny qui révélera à Jeanne la trahison de ce bon nigaud de Pierre.

Oui, mais comment expliquer que le ménage Yoyo soit lié avec d'aussi honnêtes gens que les Martigny ? — Je donnerai à Yoyo un père (que j'appellerai Vaneuse), et ce père aura été le camarade d'enfance du vieux Chambray. Vaneuse me servira, du reste, à montrer l'autre façon, la façon ignoble, de franchir le passage de l' « âge difficile ». Et il formera, avec sa fille et son gendre, un joli trio de pourritures...

Donc, Pierre Martigny se laissera séduire par

Yoyo, comme une fille des champs. Lorsque Jeanne en sera informée, Chambray, sans s'en douter, fera tout ce qu'il faut pour exaspérer la douleur et la rancune de la jeune femme, pour la séparer de son mari et la « ravoir » à lui tout seul. C'est que l'affection de ce vieil homme pour sa nièce est de celles qui, — très chastes, mais profondément jalouses, — font que certains pères meurent de langueur, ou se suicident (cela s'est vu) pour avoir marié leurs filles. — Mais, parce qu'ils sont la jeunesse, la nature et l'amour, Jeanne et Pierre, en dépit de l'oncle, finiront par se rencontrer, s'expliquer, se découvrir mutuellement, se pardonner. Pierre, dans une grande révolte d'homme timide, dira à l'oncle tout ce qu'il a sur le cœur ; et il emmènera Jeanne, et Chambray se retrouvera seul, effondré, désemparé... Ce sera la fin du deuxième acte. Toute cette partie de la pièce ne m'inquiète pas trop. Je suis à peu près sûr de la traiter honorablement, car j'ai moins de peine à exprimer des sentiments ou des idées qu'à inventer des faits. Mais après ?...

Voilà Chambray rejeté, par sa faute et en punition de ce qu'il y eut d'égoïste dans son amour, à cet isolement moral qu'il craignait tant. Va-t-il en accueillir les mauvaises tentations et glisser à l'affreuse vie d'un Vaneuse ? Non, je veux le sauver, car il le mérite. Comment m'y prendrai-je ?

Il importe de faire voir ici que Chambray, non seulement est bon, mais a sûrement en lui de quoi

devenir meilleur ; que son affection pour ses enfants
adoptifs est de celles qui, d'abord, résistent à tout, et
qui, ensuite, sont susceptibles de s'épurer. Il faudrait imaginer quelque trait qui le montre capable
d'aimer gratuitement, et, par exemple, s'exposant
pour ceux qu'il aime, — et cela, sans le leur dire et
dans l'instant même où il les croit ingrats, où il se
figure les haïr, et où son cœur déborde d'amertume... J'y suis : je vais ramener ce coquin de Montaille ; il viendra dire à Chambray, avec quelques
circonlocutions : « Je suis dans la triste nécessité
de provoquer votre neveu. Je suis très fort à l'épée.
C'est bien fâcheux pour votre nièce... Mais vous connaissez mes embarras financiers... On pourrait s'entendre, si vous vouliez. » Sur quoi Chambray appellera Montaille par son nom, ou à peu près, et
prendra l'affaire à son compte. Cette scène aura, au
surplus, l'avantage de rendre décidément au vieil
homme la sympathie du public.

Ainsi, la paternité offensée de Chambray continue
d'agir en lui, à son insu, et déjà avec un plein désintéressement. Dès lors, je suis sûr de la vraisemblance du dénouement auquel je marche. Mais ce dénouement ne saurait être ni immédiat, ni procuré
directement par les instances et les prières de Jeanne
et de son mari : car la blessure de Chambray est
trop profonde. Puis il sied, il est conforme à la vérité qu'après les douleurs de l'âge difficile il en con-
naisse les tentations... La tentatrice, je n'ai pas à la

chercher bien loin : ce sera Yoyo elle même; ce sexagénaire abandonné — et riche — lui est une proie tout indiquée.

Mais comment l'introduire ? Elle ne peut se présenter chez Chambray tout de go, après ce qui s'est passé. C'est donc Vaneuse, le vieux camarade de Chambray, qui sera l'introducteur et le messager de sa fille. Messager totalement inconscient de ce qu'on lui fait faire : je vous assure que l'on voit de ces inconsciences chez les personnes qui ont peu pratiqué la vie intérieure.. Donc Yoyo viendra exprimer à Chambray son repentir et son chagrin... et alors je sais bien ce qui se passera.

Chambray semblera perdu ; mais, je le répète, il est digne d'être sauvé, et il porte en lui ce qui le sauvera. Seulement, il y faut une secousse qui le force à rentrer en lui-même et à y voir clair, qui le contraigne, pour ainsi dire, à retrouver son âme. Les démarches de ses enfants adoptifs n'y sauraient suffire ; je le prouverai par quelque gauche intervention de Pierre, où il apparaîtra surtout à Chambray que ceux qu'il adore peuvent parfaitement se passer de lui... Qu'est-ce donc qui sauvera le vieil homme en détresse ?

Je vous rappelle que, si Chambray a vécu « en dehors de la règle naturelle », ce n'est point sa faute. Cette règle, il n'en méconnaîtra point la bienfaisance. Il dira : « La vérité, c'est de se marier à vingt-cinq ans, d'être grand-père à cinquante, et ainsi de suite. »

Et ce sera, si vous voulez, la troisième « moralité » de la pièce, corollaire aux deux premières. Il dira encore : « Père et grand-père, on m'aurait supporté. Puis, m'étant contenté auparavant, je n'aurais peut-être pas eu, au tournant de l'âge, ce besoin inquiet de tendresse qui m'a, paraît-il, rendu insupportable. » Il n'aurait pas mieux demandé que d'être père et grand-père ; c'est un malentendu qui l'a empêché jadis d'épouser la jeune fille qu'il aimait ; il mérite donc de recouvrer par un effort et un détour les vrais sentiments et les joies des vieillesses normales... Or, pourquoi ne serait-ce point celle qu'il a aimée jadis qui les lui rapporterait ? Oui, c'est cela. La jeune fille qu'il n'a pas pu épouser il y a quarante ans, je la ramènerai, vieille femme, veuve, éprouvée par la vie, demeurée seule aussi, et fidèle, à travers tout, à son premier amour. C'est elle qui sauvera son vieil ami et qui poussera dans ses bras Jeanne et Pierre et leurs petits, et qui lui enseignera ce qu'il a commencé à deviner : comment il faut aimer à soixante ans. Et cette vieille dame, qui fera le dénouement, me servira aussi à faire l'exposition : Jeanne, interrogée par elle au premier acte, lui apprendra justement tout ce que le spectateur a besoin de savoir.

Et maintenant, il ne reste plus qu'à écrire la pièce.

MAURICE DONNAY

Gymnase : *Pension de famille,* comédie en quatre actes, de M. Maurice Donnay.

Je crois bien que personne, à l'heure qu'il est, n'a plus d'esprit que M. Maurice Donnay : vous en conviendrez pour peu que vous ayez lu les *Dialogues des courtisanes, Chères Madames* et *l'Education d'un prince.* Il en a de toutes les sortes, de l'acide et de l'amer, et du cynique, et plus encore du joli, du gamin, de l'imprévu. Sa nouvelle pièce : *Pension de famille,* m'a extraordinairement amusé.

Nous sommes dans la ménagerie cosmopolite d'une « pension de famille », à Nice. Voici la petite Parisienne qui vient y retrouver son amant ; voici l'amie complaisante et philosophe de la petite femme ; voici le « joyeux poitrinaire », condamné depuis quinze ans par les médecins ; l'inévitable Anglais ; l'inévitable comtesse russe ; le monsieur qui pioche des martingales ; la vieille folle qui les essaye ; les deux filles de la vieille folle, qui passent leur temps à se frotter aux hommes (cela s'appelle flirter), et le fils de la patronne de la maison, un Chérubin de table d'hôte, qui tournaille autour des belles étrangères et qui est à la fois amoureux de la comtesse russe et de la gouvernante anglaise. Lawn-tennis, batailles de fleurs, descentes à Monte-Carlo, veglione, promenades nocturnes, flirtages, intrigues, rendez-vous ; une chiennerie générale. Bref, la vie élégante. Tous ces gens-là sont vraiment les « sans-patrie », étant les « sans-foyer ». Depuis que j'ai franchi, quelquefois, la frontière française, et que j'ai vu d'un peu plus près des gens et même des familles qui, ayant passé l'automne à Montreux, passaient l'hiver à Beaulieu, le printemps à Paris et l'été à Dieppe, et qui, littéralement, n'avaient pas de domicile, j'ai compris la philosophie de ces « déracinés », et j'ai conçu que le cosmopolitisme était un admirable moyen de réduire ses devoirs, en même temps que ses attaches, au plus commode *minimum*. Tous ces personnages de *Pension de famille* sont évidemment des anarchos bien vêtus, des anarchos riches, — et qui s'ignorent. Mais que le grouillement de ces animalcules roublards et voraces est donc divertissant !

Et « l'action » ? Il n'y en a pas. Ou, si vous voulez, il y en a trois.

1º Au troisième acte, la nuit, on entend, dans la coulisse, un coup de revolver. Ce coup de revolver est, à mon sens, le plus comique, le plus ironique, le plus farce qui ait jamais été tiré au théâtre. L'auteur de cet exploit est Raymond Assand, un type accompli de pantin bourgeois et parisien, gentil, parbleu ! et « bon garçon », cela va sans dire, et pas autrement bête, et qui manie la blague tout comme un autre. Sa biographie morale est simple. Il a dû épouser jadis une jeune fille riche dont il était adoré, et qu'il a abandonnée après l'avoir séduite, parce qu'elle est subitement devenue pauvre. Il en donne, lui, une autre raison : on n'épouse pas une jeune fille qu'on a compromise; cela serait immoral. (C'est ce qu'il explique tranquillement, avec une nuance à peine d'embarras, à sa victime elle-même qu'il retrouve vingt ans après et qui est précisément la propriétaire de ce benoît Family-Hotel.) Il s'est donc laissé marier par ses parents à une autre fille, de dot et d'innocence garanties, celle-là. Il l'a vite négligée pour des maîtresses. A un moment, nous assistons à la déclaration dépouillée d'artifice qu'il adresse à la comtesse russe. Or, tout cela ne l'empêche point, quand il a appris que sa femme le trompait, de revenir la nuit, à l'improviste et en justicier, de monter à la chambre d'Aline (elle s'appelle Aline) et de tirer sur l'amant qui se sauve dans le couloir. Il veut, dis-je, tuer l'amant par le même principe d'égoïsme et de « muflerie » qui lui a fait autrefois séduire et lâcher sa première fiancée, puis délaisser sa femme. L'amie d'Aline, qu'il rencontre après cet esclandre dans le salon de l'hôtel, l'oblige presque à en convenir. En somme, il a tiré son coup de pistolet sans bien savoir pourquoi, par vanité blessée tout au plus, et « parce que cela se fait ». Il en est assez penaud. Nullement ému d'ailleurs. Avant de quitter l'hôtel, comme il fait très mauvais temps, il n'oublie point de relever le bas de son pantalon. Il dit qu'il demandera le divorce, parce que cela se fait aussi.

Ce qui n'est pas moins piquant, ce sont les contrecoups de ce « fait divers » parmi les pensionnaires de la maison. Tout le monde est en l'air. Le joyeux poitrinaire se précipite vers la chambre du crime, non sans avoir eu soin de faire passer devant lui le garçon de l'hôtel. Les deux petites rastas, très excitées par ce « drame de l'adultère », arrivent dans leurs déshabillés de nuit. L'événement est commenté en argot du boulevard, dans cet argot que nous avons vu, depuis dix ans, se rapprocher insensiblement du pur largongi. Et comme le fils de la patronne, qui justement était dans la chambre de la gouvernante anglaise, s'est jeté bravement au-devant du meurtrier, la comtesse russe, émue d'admiration, n'a plus rien à refuser à ce courageux enfant.

2° Ceci m'amène à vous dire un mot de cette Slave, qui d'ailleurs est née à Montmartre. Cette névropathe distinguée a une manie : elle n'aime que les hommes qui se font tuer ou risquent de se faire tuer pour elle. Et elle va, enrichissant sa collection de héros, très sincèrement bouleversée après chaque catastrophe, mais recommençant toujours, parce que c'est son idée. Au reste bonne femme, et très expérimentée. Nous la voyons, huit jours après le fait-divers qui l'a jetée dans les bras grêles du potache, lui prodiguer maternellement les trésors de cette expérience. Et c'est un peu la première partie de l'histoire de Jacqueline et de Fortunio, mais avec plus de poivre. Tel est l'épisode n° 2.

Episode n° 3. — Celui-là est presque dramatique, et, à vrai dire, je ne crois pas que M. Donnay y tienne énormément. La patronne de la pension de famille, Mme Louise Aubert, n'est autre, je vous l'ai indiqué, que la jeune fille autrefois lâchée par Raymond Assand. C'est une excellente femme, et qui est adorée de sa clientèle. Mais elle est si fort révoltée par le cynisme paisible et la pleutrerie de son ancien amant que, le sachant uniquement vulnérable dans sa vanité masculine, elle ne peut se tenir de lui mettre la puce à l'oreille au sujet de sa femme... Plus tard, elle le regrette ; elle confesse à Mme Assand elle-même sa vilaine, mais presque involontaire dénonciation, et Aline lui pardonne, et c'est le dénouement.

J'étonnerais M. Maurice Donnay si je lui disais que sa pièce est très bien faite. Mais elle est charmante, charmante, charmante. Les mots drôles, — je ne dis pas les « mots de situation », — y foisonnent et y pétillent. Il y en a qui ont fait rire la salle

durant plusieurs minutes. On appelait ça de la
« parisine » sous le second empire, quand on était
sûr qu'il y avait un Paris. Tout le public « chic »,
d'abord, voudra voir *Pension de famille;* les autres
suivront, et ça pourra durer longtemps.

MAURICE DONNAY

BIBLIOGRAPHIE : *Education de prince*, dialogues, de M. Maurice Donnay (chez Ollendorff).

Dans ce genre charmant de la comédie fragmentaire, de la comédie à tiroirs, si vous voulez — que nous appellerons encore, s'il vous plaît mieux, « l'article Vie parisienne », — genre qu'ont illustré Ludovic Halévy, Hippolyte Taine et Gyp, — genre familier sans doute, mais classé, classique, et qui a ses parchemins comme la comédie de Molière et la tragédie de Racine, puisqu'il fut pratiqué voilà plus de vingt siècles par le Grec Hérondas, *Education de prince* me paraît le livret le plus élégant, le plus brillant, le plus spirituel, le plus craquant et le plus claquant, le plus véridique, le plus gentiment cynique (hélas !), et, pour finir, le plus merveilleusement amusant que j'aie lu depuis *le Nouveau Jeu* d'Henri Lavedan.

Le sujet est celui de *Télémaque*. Mais je dois dire

que les idées de M. Maurice Donnay, ses personnages, sa morale, sa philosophie, son style et son esprit diffèrent notablement de ceux de l'archevêque de Cambrai.

Mentor s'appelle ici René Cercleux. C'est un homme d'infiniment d'expérience (et quelle expérience !) et de peu de foi. Bien loin de précipiter son élève dans les flots amers pour le sauver des Eucharis et des Calypsos, il ne dédaigne pas de choisir et de recruter lui-même, pour le prince Alexandre de Styrie (familièrement Sacha), les Calypsos et les Eucharis les plus propres à « former » le jeune homme. Ses vues sont pures, à leur manière. Il enseigne méthodiquement la « noce » à Sacha, afin de l'en dégoûter progressivement. Il lui apprend, d'ailleurs à tirer le meilleur parti possible de sa situation, — un peu décriée et gâtée, — de prince-prétendant. La première leçon qu'il lui donne est l'art du « tapage », si indispensable aux princes, — entendez par là l'art de « taper », c'est-à-dire d'emprunter et de ne pas rendre. Il le conduit au Bois, aux bains de mer, au bal de l'Opéra, au cabaret, au tripot ; et de tout il extrait des remarques pratiques appuyées d'anecdotes probantes, des remarques qui découvrent à la fois le fond des choses, lequel est vanité, et, tout de même, l'agrément qu'on y peut trouver quand on sait s'y prendre. Bref, il fait à son disciple un cours en action de nihilisme souriant, de nihilisme optimiste, si j'ose dire. Et, tandis que Mentor préparait

Télémaque au trône, Cercleux, fils d'un siècle où la condition royale est fort en baisse, prépare Sacha à ne pas régner sur la Styrie.

Ce Sacha est tout à fait un gentil garçon, et qui ne s'en fait pas accroire ; très « nouveau jeu », mais qui, à travers sa blague et en dépit des épreuves plutôt desséchantes auxquelles son hardi précepteur le soumet, garde un bon cœur. Enfin, Sacha est quelque chose comme « Bob prétendant ». Prétendant ? oh ! si peu. A un moment, il se décide à « partir pour la Styrie ». Ce n'est pas qu'il y tienne beaucoup, mais le devoir professionnel l'appelle. Au reste, sa petite amie Raymonde Percy vous expliquera ces choses mieux que je ne saurais faire : « Oui, à ce qu'il paraît qu'il y a un chambard épouvantable là-bas dans le pays de Sacha ; les républicains et les vieux royalistes ont ramassé une pelle qui n'est pas ordinaire, et maintenant ils veulent que Sacha rapplique chez eux pour se faire acclamer roi ; ils prétendent qu'il n'y a que lui pour rendre la Styrie heureuse. » Donc il part ; et voici comment, à son retour de Styrie (car vous pensez bien qu'il en revient) il raconte son aventure : «... Oui, figurez-vous que, sur les conseils de Boubouroff, je prends le train, j'arrive à Grœtz à onze heures du soir. A la gare, tout le parti jeune-royaliste m'attendait ; il y avait plus de deux mille manifestants qui chantaient l'hymne national styrien... Je descends du train... J'embrasse les généraux Mounouilh et Ramazou qui étaient venus à ma rencontre : on dételle les chevaux, on me traîne jusqu'au palais... Les rues étaient pavoisées, illuminées : évidemment l'on m'attendait. Le lendemain matin, je suis réveillé de très bonne heure par le bruit d'une vive fusillade sous ma fenêtre, et je vois apparaître Boubouroff très pâle, qui me dit : « — Sire, nous sommes perdus et notre stratagème n'a pas réussi. Le peuple attendait Michel Gigoloéwitch, le candidat de la Russie, et non pas vous; mais nous, vos amis, avions imaginé de vous faire arriver de nuit et quelques heures avant lui, et de vous attendre à la gare où nous avons fait le bruit que vous savez .. si bien qu'à la faveur de l'obscurité et de l'hymne national, le peuple a cru que c'était l'autre qui arrivait et il a crié : « Vive le Roi ! » D'ailleurs, *on ne vous connaît ici ni l'un ni l'autre*, de sorte qu'ils ont acclamé de confiance. Mais, ce matin, le Gigoloéwitch est arrivé; les ministres, les députés sont venus à sa rencontre. On s'est bientôt aperçu de la supercherie, et, en ce moment, on se bat dans la rue »…. Boubouroff paraissait si désolé que je lui ai fait des excuses. — « Il reste bien un moyen, a-t-il ajouté, c'est de vous montrer sur le balcon et de parler au peuple. » Je réponds : « — Moi, je veux bien,… mais quoi lui dire? Comment parler au peuple ?… » Enfin, je tente l'aventure : je parais sur le balcon avec le comte Boubouroff et les généraux Mounouilh et Ramazou, je fais signe que je veux leur parler, et je crie :

« — Styriens, cessez le feu! Je prends le train de neuf heures trente-sept minutes pour Paris. » Vous comprenez, je trouvais qu'il y avait assez de sang versé comme cela... »

N'est-ce pas qu'il est gentil et que j'avais raison ? Ce petit Sacha est une si bonne nature, que les leçons joyeusement âcres de Cercleux l'ont détaché en même temps de la royauté et du monde, et que, au dernier chapitre, nous le retrouvons caché dans une petite maison champêtre, au bord de la Seine. « Je lui ai inspiré, dit Cercleux, l'amour de la campagne et des braves gens, et ici, avec sa petite amie dont vous avez pu apprécier le bon sens et l'enjouement, il vit très heureux. » C'est ainsi que cette cyropédie railleuse tourne en idylle. *Education de prince*, c'est la donnée de *Télémaque*, avec la morale et la conclusion de *Candide*. Cette définition vous paraîtra d'autant plus juste que Cercleux réunit la philosophie de Martin et l'humeur de Pangloss : rare composé, et qui est peut-être la « formule » de la sagesse absolue.

Mais il faut dire que, les dernières pages exceptées, c'est plutôt la philosophie de Martin qui domine dans ce petit livre féroce et joyeux. Vous y verrez grouiller, marquées de traits allègres et égratignants, les figurines de la plus veule, de la plus vide et de la plus inutile humanité, et tout le pâle monde des « viveurs », — ainsi nommés parce qu'ils sont essentiellement, à le bien prendre, ceux qui ne vivent point. Oh! les âmes de d'Auvert, de Suzanne Ortolan, de Vaufroy et d'Hubert Cresson, de Laray et de des Gaffes, quels gouffres de néant! — Au moins la reine Sargine de Styrie, la mère de Sacha, a-t-elle une âme de bête naïve et vorace. Avec le duvet brun de ses lèvres, sa grosse gorge, le renflement de sa nuque, sa voix rauque et douce, son rire brutal, l'exotisme pittoresque de son langage, ses essais d'argot parisien dont elle est ravie, ses impudeurs de demi-sauvage et de reine, cette forte brune, qui a trouvé dans la bicyclette un exutoire à ses ardeurs cachées, cette charcutière royale, cette « belle Bordelaise » joueuse de guzla est une figure d'un relief et d'un ragoût inoubliables. Je vous recommande instamment la scène où elle ne cache point à Cercleux qu'elle a des jambes admirables et du vague à l'âme, et où, Cercleux ayant fait « celui qui ne veut rien savoir », elle éclate ingénument en sanglots et, le *folklore* de sa principauté danubienne lui remontant aux lèvres, accable l'impoli d'imprécations de tireuse de cartes et de reine de Romanichels, qui signifient en français : « Tu es issu de requins ; anathème sur toi ! et que ta mère... » Mais je vous renvoie au texte.

Les autres, autour d'elle, ne sont que des ombres chétives et ricanantes. Ils ont la « blague » dans les moelles. Leur nihilisme est assurément sans nulle profondeur, et ils auraient bien de la peine à le motiver ou même à le définir; et, cependant, il est radical et absolu. Un trait les distingue des personnages des petits romans libertins du dernier siècle : ils ne croient même pas à la volupté. Ils la blaguent, elle aussi, et ils s'en passent. Ils sont tous les sectateurs affaiblis de cet « Eros vanné » que M. Maurice Donnay chanta si élégamment au Chat-Noir. Lorsque Sacha, les ayant invités dans son petit hôtel pour fêter les rois, leur fait tirer au sort, au lieu de la fève, des compagnes d'orgie (ohé! ohé!), une pour chacun, — ils n'y touchent même pas, ils en ont « soupé » déjà; et il n'y a que Jacques Transe, « le poète qui ne dit ses vers que sur un fond mauve », il n'y a exactement que ce jeune littérateur qui profite de l'aubaine, sans doute parce qu'il n'a pas l'habitude. Au bal de l'Opéra, ils s'embêtent si fort dans leur « loge infernale » qu'un « faux nez » vient tout exprès leur dire : « Je vous ai aperçus d'en bas, vous m'avez paru sinistres... Vous avez l'air de filles de joie. » Et Sacha, assis au fond de la loge, « regarde dans la salle la foule des habits noirs et des dominos; et une grande mélancolie l'envahit ». Puis c'est une dame mystérieuse, rose et noire, qui vient leur tenir des discours tristes. A la fin, la dame enlève son masque, qui « laisse voir deux grands yeux noirs baignés de larmes ». Et il ne vous échappera point que cette dame est un symbole.

Ils ne s'amusent pas, non; mais qu'ils sont amusants! C'est que M. Maurice Donnay leur prête son esprit; esprit coloré, joli et insolent, esprit de rapin, de poète et quelquefois de moraliste. Quand, au bal de l'Opéra, la bande, très affaissée, entre dans la loge : « Secouons notre torpeur, dit Albrey. — Moi, dit Cresson, je veux faire mille folies. » Sur quoi, il enlève son habit, et paraît au bord de la loge en bras de chemise. « En voilà déjà une », remarque obligeamment d'Auvert. Alors Cresson, d'un air accablé : « Il m'en reste encore neuf cent quatre-vingt-dix-neuf à faire... je n'y arriverai jamais. » — Je vous signale encore le récit de Toutoum, gentilhomme breton rencontré par Sacha au cercle de l' « Union des Races Taquouères » : « Figurez-vous qu'hier j'arrive ici... J'avais deux louis dans ma poche, vive l'anarchie! et je devais payer deux mille francs le lendemain. En montant l'escalier je me dis : — N... de D...! si je gagne, je vais brûler un cierge demain matin avant neuf heures à Notre-Dame-des-Victoires... Vous savez, je suis Breton, moi... une idée qui m'a pris comme ça, une superstition. » Ce bon mouvement a profité à Toutoum : « En partant de mes deux louis, conclut-il, j'en ai fait venir deux cents; c'est curieux et bien fait. — Avez-vous fait brûler votre cierge, au moins? — N'bouge pas... tu penses! c'était une dette de jeu!... C'est-à-dire que je ne me suis pas couché, parce que j'avais peur de ne pas m'éveiller; j'ai vadrouillé avec des mômes, et à huit heures nous étions tous là, devant les autels. — Ça a dû bien lui faire plaisir, à la Vierge », remarque Cercleux.

Voilà « leurs âmes » et voilà leur langage. Une chose que M. Maurice Donnay a très bien notée, c'est la légère empreinte, dans leur cerveau mou, et la répercussion, dans leur argot bariolé, des fugitives modes de littérature ou d'art qui se succèdent autour d'eux, et même quelquefois des idées sérieuses qui s'élaborent au-dessus d'eux. Vous avez pu remarquer tout à l'heure, dans le discours de Toutoum, un « c'est curieux et bien fait », qui vient des camelots, et un « n'bouge pas, tu penses ! » emprunté à l'argot des casernes par l'intermédiaire de Courteline. Mais le plus curieux, c'est de voir ce qu'ont gardé et retenu ces viveurs de ce qui tourmente ceux qui vivent vraiment ; comment se traduisent dans les conversations des d'Auvert et des Cresson, le vague mysticisme et le vague socialisme qui sont dans l'air, et ce que deviennent chez eux, par exemple, le roman russe le néo-évangile, et les généreuses méditations de MM. de Vogüé et Desjardins... — Un jour de dèche, contraints de dîner chez Duval, Sacha et Raymonde « se... fichent à rêver » fraternité et communisme chrétien. Et Raymonde, « voyant tout de suite le côté opéra-comique de la charité » : « — Oui, dit-elle, on aurait une grande cuisine avec des cuivres si nets, si brillants, qu'on parlerait hollandais rien qu'à les regarder... J'aurais de jolis tabliers à jabots et les manches retroussées, je servirai moi-même la soupe aux pauvres. » — Ailleurs : « Venez-vous avec moi, mon petit père? dit des Gaffes à Laray. — Vous avez donc votre troïka? — Non, mon izvostchnik est malade, mais nous en trouverons à la station (*à Pleinair*) ; au revoir, mon petit oncle.. — Au revoir, mon petit pigeon. » C'est ainsi qu'ils témoignent que Dostoïewsky et Tolstoï ne leur sont pas inconnus, et qu'ils ont peut-être entendu parler de *la Sonate à Kreutzer*. — Cela est aimable ; je préfère pourtant encore les considérations esthétiques auxquelles se livre « le faux nez » du bal de l'Opéra, et où s'exprime, en se blaguant, l'admirable chaos des idées et des « aspirations » contemporaines : « Gardez-vous de l'ironie, jeune homme... Avez-vous vu la mascarade qu'ont organisée les étudiants ?... Cette mascarade est un signe évident que la foi revient, car considérez que, lorsqu'on s'amuse, c'est que l'on croit; au moyen âge les escholiers étaient joyeux. Le cortège des lavoirs est tout ce qui nous reste des usages des anciennes corporations, et Paul Desjardins prépare un livre symbolique qu'il appellera *le Lavoir présent*. »

Vous voyez que, si ce petit livre est désolant au fond, la forme n'en est point trop morose. L'inventeur du « joyeux poitrinaire » pourrait s'appeler lui-même « le joyeux nihiliste ». Au reste, il est à noter que presque tous les livres d'aujourd'hui sont amers et désenchantés jusqu'à la négation parfaite, mais que le néant y ricane avec assez d'agrément et que tout cela tire de moins en moins à conséquence.

Vous trouverez aussi, dans *Education de prince*, comme dans d'autres livres légers, — et comme dans quelques ouvrages plus graves, — une profonde malveillance pour les gens du monde et, si vous voulez, pour la triple aristocratie du nom, de l'argent et du plaisir. On a beaucoup disserté, ces jours-ci, touchant cette malveillance presque générale des littérateurs. Elle s'explique assez aisément par trois phénomènes sociaux qui ne datent pas d'hier, mais qui peut-être n'ont jamais apparu plus en plein qu'aujourd'hui : 1° ce qu'a d'illogique et parfois d'agaçant la survie vaniteuse d'une noblesse sans devoir spécial, destituée de ses antiques raisons d'être et devenue uniquement une caste mondaine ; 2° les progrès d'une aristocratie financière aux fortunes démesurées, et qui paraissent odieuses à beaucoup, ayant pour origine la spéculation et le commerce de l'argent ; 3° la conjonction amoureuse de ces deux puissances ; conjonction qui, déshonorant un peu la première, rend la seconde plus injurieuse et plus intolérable et qui, à cause de cela, peut soulever les colères, non seulement des envieux, mais des spectateurs honnêtes et désintéressés. — En tout cas, je suis tenté de voir, dans cette malveillance pour le « monde », un sentiment plus sérieux et moins éphémère que le nihilisme de chic et de mode dont je parlais plus haut ; d'abord, parce qu'elle répond évidemment à un moment historique qui en est l'explication et peut-être l'excuse ; puis parce que cette malveillance peut aussi bien provenir de ce qu'il y a de meilleur en nous que de ce qu'il y a de pire ; que ceux qui l'éprouvent ne démêlent pas toujours bien si c'est par jalousie ou par désir de justice, et qu'ainsi ils peuvent se savoir bon gré de l'éprouver.

Mais que cette malveillance est donc gaie chez M. Maurice Donnay !

MAURICE DONNAY

Renaissance : *Amants*, comédie en quatre actes et cinq tableaux, de M. Maurice Donnay.

Je relis la charmante préface de *Bérénice* :

« ... Mais ce qui m'en plut davantage, c'est que je le trouvai (mon sujet) extrêmement simple. Il y avait longtemps que je voulais essayer si je pourrais faire une tragédie avec cette simplicité d'action qui a été si fort du goût des anciens... Il y en a qui pensent que cette simplicité est une marque de peu d'invention. Ils ne songent pas qu'au contraire toute l'invention consiste à faire quelque chose de rien, et que tout ce grand nombre d'incidents a toujours été le refuge des poètes qui ne sentaient dans leur génie ni assez d'abondance ni assez de force pour attacher durant cinq actes leurs spectateurs par une action simple, soutenue de la violence des passions, de la beauté des sentiments et de l'élégance de l'expression. »

Sauf les mots « violence des passions » et peut-être « beauté des sentiments » qui voudraient, dans l'espèce, être quelque peu atténués, je n'hésite pas un instant à appliquer ces réflexions de Racine à la comédie de M. Maurice Donnay : *Amants*.

Car cette comédie est une *Bérénice*, une histoire d'amour terminée par une séparation consentie et non violente, sans meurtre ni suicide, et dans les larmes, non dans le sang. Une *Bérénice* encore plus simple que celle de Racine ; car celle de Racine est très fortement construite et ses cinq actes se tiennent et se « commandent » étroitement, ramassés d'ailleurs dans les vingt-quatre heures classiques. Une *Bérénice* en cinq conversations nonchalamment distribuées sur un espace de deux ou trois ans. Une *Bérénice* transposée, où ce qui sépare les deux amants n'a plus rien du tout d'historique ni de solennel, où l'intérêt public, le sentiment unanime et séculaire d'un peuple et la majesté de la loi romaine sont remplacés par le devoir qu'une femme entretenue se reconnaît envers un protecteur délicat. Une *Bérénice* du demi-monde, plus voluptueuse que passionnée, plus tendre que tragique, plus spirituelle que tendre ; un peu aveulie d'une part et surpoivrée de l'autre ; une *Bérénice* de clairvoyants et délicieux affaiblis ; la *Bérénice* de l'an 1895, très exactement ; une *Bérénicette*.

Louons d'abord le choix singulièrement intelligent du « milieu ».

Ce milieu, c'est le compartiment supérieur (socialement et moralement) des femmes entretenues, là où se peuvent rencontrer des unions plus proches du « concubinat » romain et du « mariage libre » qu'on nous annonce pour un prochain avenir que de ce qu'on a coutume de qualifier du nom désobligeant de « collage ». Ce monde confine, d'un côté, à la galanterie proprement dite, mais élégante et riche, à demi assise, à demi décente, et, de l'autre, au monde des arts et du théâtre. L'héroïne, Claudine Rozay, a sans doute pour amies de simples grues, telles que cette bonne petite inconsciente d'Henriette Jamine qui, allant pleurer sur la tombe de son ami Philippe, y rencontra si à propos l'industriel Prunier, ou cette dégrafée bourgeoise d'Adèle Sorbier qu'indigne l'immoralité de son cocher et de sa cuisinière (bien joliment dessinées, ces deux figures); mais Claudine, artiste de son métier, sociétaire volontairement retirée de la Comédie française, est, depuis dix ans, la maitresse respectée (mon Dieu, oui) du comte de Puyseux, l'un des chefs du parti royaliste en France.

Voilà qui est d'une excellente topographie dramatique, étant donné le dessein de l'auteur. L'avantage qu'il y trouve, c'est qu'un tel milieu n'exclut ni la grâce de la vie et des façons, ni le raffinement intellectuel, ni quelque gentillesse morale, ni même certaines vertus; et c'est surtout que, ce monde particulier étant hors des prises de la loi religieuse ou civile, une aventure amoureuse peut s'y dérouler librement, sans risquer de nous inquiéter en se heurtant à quelque institution sociale, et que l'obstacle à la passion des amants n'y peut venir que d'eux-mêmes, de leurs bons sentiments naturels, et non point d'un Code ou d'un Décalogue qui leur soient extérieurs. Bref, le « milieu » d'*Amants* est, de toutes manières, le plus congruent à une histoire d'amour qui ne veut être qu'une histoire d'amour. Il est, si je puis dire, amoral, et, pour parler grossièrement, païen, — comme celui de *Daphnis et Chloé*, de *la Courtisane amoureuse* ou de *Manon Lescaut* (sauf les différences de décor).

Et maintenant, un bout d'analyse, quoique la comédie de M. Donnay soit proprement inanalysable et que, aux résumés que je ferai des cinq conversations prêtées par lui à Claudine Rozay et à Georges Vétheuil, il convienne d'ajouter chaque fois :

Le ton dont il le dit, je ne puis le redire.

Première conversation. — Claudine est socialement ce que j'ai indiqué. Fine, sensée, relativement loyale et droite, sous l'air d'ironie défensive qui continue d'être à la mode ; n'ayant pas encore aimé à cœur perdu, et à la fois appelant et redoutant cette expérience. Georges est un oisif extrêmement civilisé ; très spirituel, très séduisant, et s'appliquant à l'être, et se goûtant dans ce rôle ; capable pourtant de faire, en le sachant, les mêmes « sottises » que d'autres font sans le savoir ; et détaché sans doute, en quelque manière, de ses propres sentiments, mais pour en mieux jouir. Tous

deux « se racontent leur caractère », — avec un
autre tour, comme vous pensez, que les bourgeois
d'Henry Monnier. Tous deux sentent qu'ils vont
s'aimer, et que ce sera pour de bon. Et, ma foi, ils
veulent bien.

Deuxième conversation (quelques mois après). —
Claudine a cédé à Georges, sans combat ni remords;
car son vieil ami, le comte de Puyseux (un homme
charmant et bon qui fait d'agréables mélanges de
ses imperturbables principes monarchiques et religieux et de la facilité courtoise de ses mœurs privées), n'est plus pour elle, à fort peu de chose près,
que le père de son enfant (une petite fille de huit
ans), et, d'ailleurs, elle est fermement résolue à ne
jamais le faire souffrir. Ce soir-là, la conversation
de Georges et de Claudine consiste simplement
dans une brouille et dans un raccommodement.
Elle est jalouse ; elle lui reproche de s'être trop
occupé, pendant le dîner, d'Henriette Jamine. Il a
contre elle des griefs du même genre... Mais ce qui
est original ici, c'est que nos deux amants sont à
ce point clairvoyants qu'ils savent, au fort même de
leur brouille, que cette brouille n'est pas sérieuse.
Autrement dit, la nature ou l'instinct, qui se moque
bien que nous soyons intelligents leur inflige les
mêmes souffrances et leur suggère les mêmes « gestes » qu'aux autres amoureux ; et c'est de la meilleure foi du monde qu'ils souffrent et qu'ils gesticulent : seulement, ils connaissaient d'avance ce

qu'ils diraient et souffriraient. Et c'est pourquoi, un peu plus vite et plus franchement qu'elle ne ferait chez d'autres, leur brouille se termine par un souper tendre et gamin, sur un guéridon...

Troisième conversation. — Georges et Claudine ont continué de se comporter comme s'ils n'étaient pas clairvoyants. L'effroyable et irréductible égoïsme qui est au fond de l'amour s'est traduit chez Claudine par une jalousie croissante et décidément tyrannique. Georges s'est dit un jour : « J'en ai assez, je vais partir. » Mais la jalousie le travaille pareillement ; et lorsque Claudine, désespérée, le vient relancer dans sa garçonnière anglaise, nous apprenons (un peu à l'improviste) que l'idée, non pas précisément du partage avec Puyseux, — puisque ce partage se réduit presque à rien, — mais du pavillon étranger sous lequel vit sa maîtresse, est devenue insupportable à ce garçon pourtant si avisé. Il lui dit, ou à peu près : « Le mal où je suis en proie, je le vois, je le juge ; mais cela ne sert de rien : il est plus fort que nous. Un seul remède, c'est que tu quittes le comte et que tu sois toute à moi. »

Claudine se révolte. Ce que Georges lui demande, c'est de faire souffrir atrocement un ami parfait et de ruiner l'avenir de sa fille. Cela, elle ne peut pas le faire, elle ne peut pas. . Et, par là, la pièce redevient, en quelque façon, « vertueuse ». Car ce que Claudine objecte, ce n'est pas sa « situation » à garder, c'est une obligation mo rale, c'est son « honneur » (elle dit le mot). Son refus implique qu'il y a des devoirs naturels qui priment l'amour. Et cela marque bien la limite et l'espèce de cet amour de Claudine et de Georges : amour joli, sincère, un peu sensuel, très tendre et caressant, mais prudent, mais nullement aveugle à ce qui n'est pas lui ; capable de douleur, capable surtout de pressentir ce qu'il contient de torture en puissance, mais incapable de folie et d'infamie (comme aussi sans doute d'héroïsme) : le plus ravissant des amours-goûts — ou des amours caprices. — Et Georges, très raisonnable, comprend et accepte les raisons de Claudine. Les deux amants se raccommodent dans la pensée que ce raccommodement est le prélude de la séparation nécessaire. Et cette seconde réconciliation, plus mélancolique que fougueuse, s'opère sur le divan où Georges a laissé traîner la valise du départ.

Quatrième conversation. — La première avait eu lieu dans un hall de petit hôtel moderne, devant un Guignol, après une fête enfantine donnée par Claudine aux bâtards de ses amies ; la seconde, dans un cabinet de toilette rose pâle, amusant par toutes sortes de confortables minuties ; la troisième, dans un hall britannique de clubman célibataire, tentures vert-Nil, petits carreaux partout, meubles précis. Le décor de la quatrième est une terrasse de villa, au bord du lac Majeur, sous la lune. C'est là que Claudine, qui a obtenu un congé de son protecteur, et Georges, qui médite un voyage d'exploration, sont venus passer les semaines qu'ils savent les dernières de leur amour. Et, comme ils sont très habiles à cuisiner eux-mêmes leurs propres impressions, je ne jurerais pas que l'idée de ce « jamais plus » n'ait point communiqué une douceur nouvelle, plus rare, — plus littéraire, — à leurs derniers tête-à-tête.

En réalité, il ne dépend que d'eux de rester ensemble. Et surtout cela dépend de lui. Quand il dit à Claudine : « Encore une fois, quitte le comte, sacrifie ta fille et je ne partirai pas », il sait fort bien ce qu'elle lui répondra, et se joue donc la comédie à lui-même. Et, d'autre part, rien ne l'empêche de continuer à vivre comme il vivait depuis un an ; rien, sinon cette jalousie qu'il a cru convenable, — et peut-être utile, — d'éprouver tout à coup à l'endroit du paternel et si peu gênant ami de Claudine : jalousie qui, portée au degré d'intransigeance qu'il affecte, paraît si peu d'accord avec l'idée qu'il nous a jusqu'ici suggérée de son caractère.

Or, — et cela est très piquant, — quoiqu'ils se séparent parce qu'ils le veulent bien, ils disent, font et souffrent ce qu'ils souffriraient, feraient et diraient s'ils se séparaient malgré eux...

Eh bien ! non, pas tout à fait.

Leur dernier entretien est navrant, mais d'une navrance exquise. Claudine redevient grisette :
« Promets-moi une chose, ami. Tous les soirs à la

même heure, nous regarderons la même étoile... L'étoile polaire par exemple, c'est la seule que je sache reconnaître — Mais, dit Georges, quand je serai là-bas, au-dessous de l'Equateur, il y fera jour quand il fera nuit en France; et d'ailleurs nous ne verrons plus le même morceau du ciel ni les mêmes étoiles .. Car, tu comprends ?... la terre est ronde... Alors... — Ah ! gémit Claudine, tu n'aurais pas dû me le dire... »

Mais voici le corricolo à sonnailles qui vient prendre Georges. Dernière étreinte, lente et furieuse; sanglots, vrais sanglots ; pâmoison, vraie pâmoison de Claudine (elle en entraîne avec elle une table de jardin). Douleur atroce de dent arrachée... Mais, n'est-ce pas ? il le fallait bien.

Et puis, Georges a eu l'esprit et la charité d'indiquer à sa maîtresse une espèce de « thème de consolation ». Il a beaucoup insisté sur la beauté, la paix, la sérénité infinie du paysage, et lui a conseillé d'unir fortement le souvenir de leurs adieux à celui de ce poétique décor. Il lui laisse cette « association d'idées » à piocher pour les heures douloureuses... Et en route pour l'Afrique centrale, régénératrice des boulevardiers.

Cinquième conversation. — Deux ans après. Oh ! que Georges a eu raison d'affirmer à Claudine que plaie d'amour, chez les habiles gens, n'était point mortelle ! Imaginez un épilogue de *Bérénice* qui nous montrerait Titus, dans quelque tournée impériale en Syrie, retrouvant la jolie juive mariée à ce parfait gentleman d'Antiochus...

Une pendaison de crémaillère, chez une demi-mondaine; souper par petites tables; orchestre de tziganes; « on dit des bêtises. » Claudine en est, avec le doux comte de Puyseux; l'explorateur Georges, retour d'Afrique, en est aussi, amené là par un camarade. Pendant que la folle bande se précipite au salon voisin, Georges et Claudine se rejoignent. *Shake hand* tranquille, cordial, bon garçon. Elle lui dit à peu près : « J'ai d'abord été très malade et c'est ce qui fait que j'ai été moins malheureuse. La maladie nous distrait et, lentement, nous renouvelle. Et puis, je vous remercie d'avoir attiré mon attention sur la beauté de la terre et du ciel le soir de votre départ et d'avoir ingénieusement lié dans ma mémoire l'idée de la fin de notre amour et celle de l'éternité des astres. Cela aussi m'a été un bon calmant.. Enfin le comte vient de divorcer, et-il m'épouse. Nous allons quelque part en province planter nos choux, et ma fillette pourra faire un mariage tout à fait confortable et sérieux. » Et lui : « J'ai mené la bonne vie du pionnier et du trappeur. Ça a changé mes idées sur un tas de choses. C'est étonnant ce que Paris est petit et ridicule, vu du fin fond du continent noir ! Le résultat, c'est que, moi aussi, je me marie. Oui, avec une jeune fille de province, sévèrement élevée, pas très jolie. » Et tous deux : « Hein ! avons-nous assez bien fait de nous quitter ! Et quel aimable souvenir nous restera de notre sage petit roman ! » Ils sont toutefois mélancoliques un peu, mais beaucoup moins que leur aventure.

Au fait, l'est-elle tant que cela ? Ce Georges et cette Claudine sont deux grands artistes, sincères à la fois et malins, et qui prennent l'amour tout justement comme il le faut prendre. L'auteur nous montre que, par un bienfait de la Providence, la conscience exacte de soi, l'habitude de se regarder vivre, l'esprit et même l'ironie n'empêchent pas nécessairement l'ingénuité des passions naturelles, permettent même d'en ressentir, moitié par l'imagination, moitié pour de vrai, les troubles et les extrémités avec l'arrière-pensée que l'on saura s'en retirer à temps, et en limitent donc le danger sans en diminuer notablement les délices ou même les souffrances, ces souffrances qu'on croit terribles et qui se muent plus tard en ornements de la mémoire. Et je ne suis pas éloigné d'être de son avis. M. Maurice Donnay nous a conté à la perfection, — je ne sais comment, rien que par des nuances, des sourires, des « mots », des petites phrases détachées, de la « blague » çà et là, de la tendresse aussi très souvent, qui se raille le moment d'après et qu pourtant est bien de la tendresse, et de capricieuses arabesques de conversation analytique, — tout justement l'histoire d'amour qui peut le mieux nous plaire à l'heure qu'il est. Il nous a souverainement amusés avec un *minimum* d'action. Nul n'a, présentement, plus d'esprit que lui, ni plus d'imprévu dans l'esprit ; nul n'a plus de grâce. Je ne vois, pour exprimer ce charme caressant, que l'intraduisible mot latin : *lenocinatur*.

MAURICE BEAUBOURG

L'Œuvre : *La Vie muette*, drame en quatre actes, de M. Maurice Beaubourg.

Si je n'étais tenu, par devoir professionnel, d'exprimer mon opinion sur cette pièce, très volontiers je me récuserais. Car je me trouve partagé entre deux sentiments : l'envie de céder au charme incontestable des choses inexpliquées, — et le soupçon de l'extrême facilité qu'il y a à ne pas expliquer les choses.

C'est, dans un château solitaire, à l'heure du crépuscule, un salon peu éclairé. Un balcon donne sur la plaine : dans le salon sinistre, un homme, M. de Meyrueis, est assis... Il a des yeux singuliers, qui épouvantent le vieux domestique Tanguy et Line, la jeune femme de chambre... Mme de Meyrueis vient le rejoindre. Elle est enceinte. Ils parlent tous deux de l'enfant qu'ils attendent. Puis il la regarde étrangement. Il lui dit : « Vous êtes singulière avec vos cheveux dénoués. » Elle répond : « Pourquoi me regardez-vous ?... Il y a toujours une pensée qui descend de vos yeux jusqu'au bord de vos lèvres, puis cette pensée meurt, et vous ne dites rien... C'est comme moi .. Il y a aussi quelque chose qui est cloué derrière mes lèvres, et pour ce même motif, bien que vivant l'un à côté de l'autre, jamais ni l'un ni l'autre nous ne disons rien. »

Qu'est-ce qu'il y a donc entre M. et Mme de Meyrueis? Ceci, que nous apprenons peu à peu : M. de Meyrueis croit que sa femme l'a trompé; il croit l'avoir vue un soir, derrière l'orangerie, dans les bras d'un homme, et il est persuadé que l'enfant qu'elle porte dans son sein est de cet homme... Et Mme de Meyrueis connaît la pensée de son mari ; elle voudrait le contraindre à la dire : mais *il ne peut pas*, — et c'est atroce, atroce pour les deux.

Pourquoi « ne peut-il pas » ? Parce qu'il ne peut pas ; l'auteur ne nous en donne point d'autre raison, et il n'a peut-être pas voulu nous en donner d'autre. Une phrase, une seule phrase dans toute la pièce, contient un humble petit commencement d'explication. « Depuis que je l'aperçus dans d'autres bras, dit Meyrueis, j'avais l'âme ravagée de même qu'avec un brandon, avec une torche... Mais je ne le lui disais pas, *car elle restait une sorte d'ensorceleuse qui m'en empêchait.* » C'est tout Et, pourtant, il semble bien que le véritable intérêt du drame était là. Oui, pourquoi ce silence qu'il ne peut rompre, et dont il meurt aussi bien qu'elle? Est-ce parce qu'il redoute, après avoir parlé, d'être obligé d'agir? de chercher l'amant ? de le tuer ? de tuer la femme ? ou de lui pardonner ? de voir devant lui, dans une posture humi-

liante, celle qu'il aime toujours désespérément? d'être
tragique? d'être méchant? d'être ridicule? Au moins,
tant qu'il n'aura pas parlé, ils pourront, lui et elle,
continuer à « être comme ils sont »; ce sera comme
s'il avait suspendu la marche du temps. Ou bien
il a peur que, s'il parle, elle n'avoue ; il craint, quoique le doute le torture, de ne plus pouvoir douter.
Ou encore il lui semble que, s'il prononçait certains
mots, l'image dont il est obsédé prendrait plus de
réalité qu'elle n'en a, et que, ainsi précisée, elle ne
pourrait, même démontrée fausse, jamais plus le quitter. Ou encore, bien qu'il croie sa femme souillée, il
l'aime trop pour avoir le courage de prononcer les
paroles qui exprimeraient sa souillure. Ces paroles-
là lui feraient trop de mal au moment où il les pro-
noncerait. Il lui semblerait que c'est lui-même qui
salit son idole. Mais, tant que sa femme peut se figurer qu'il la croit innocente, elle n'est pas aussi complètement déshonorée qu'elle pourrait l'être. Car il
y a, de chacun de nous, au moins trois images : celle
que nous nous formons de nous-mêmes, — celle qu'un
autre se forme de nous, — et celle que nous croyons
qu'il s'en est formée. Or, aussi longtemps que Marcelle pourra se voir pure dans l'esprit de Meyrueis,
il y aura du moins une image d'elle, sur trois, qui
restera intacte et inviolée... Ou bien, tout simplement, Meyrueis est lâche et ne veut pas courir le
risque d'être obligé de renoncer aux baisers de sa
femme... Enfin, quoi ? quoi ?

Le résultat de cette singulière abstention de l'auteur, c'est que, ne voulant ou ne pouvant pas nous expliquer les raisons du silence de Meyrueis, il se condamne à ne nous en montrer que les effets; et qu'alors les actes de cet homme, coupés, pour ainsi dire, de leurs racines, n'offrent plus qu'un tragique élémentaire, analogue (sauf la naïveté) à celui de *Barbe-Bleue* ou de *Geneviève de Brabant*. — Un autre résultat, c'est que cet inexpliqué Meyrueis a tout l'air d'un fou, est peut-être réellement un fou : or les fous nous ennuient vite, parce qu'ils sont monotones, parce qu'ils nous épouvantent toujours de la même façon, et qu'enfin nous ne saurions prendre un très vif intérêt aux mouvements d'une créature qui a cessé d'être semblable à nous à un mécanisme de pensées et de sentiments dont nous n'avons plus la clef. Et un troisième inconvénient, c'est que, Meyrueis gardant pendant trois actes le même silence sur ce que nous serions le plus curieux de savoir, la même scène recommence trois fois entre sa femme et lui, et qu'ainsi rien, ou presque rien, ne trahit une marche, une évolution du drame intérieur.

Quant au drame extérieur, il a la brutalité simpliste d'un conte noir. A la fin du premier acte, Mme Meyrueis se penche par-dessus le balcon, tant et tant qu'elle tombe dans le fossé, moitié par imprudence, moitié parce qu'elle a senti que son mari désirait qu'elle tombât. Il est, lui, très soulagé : Il dit tout haut : « Elle tombée... Alors... oui... oui... c'est peut-être la solution... Désormais! Jamais! Tant mieux! Tant mieux! Jamais peut-être on ne saura. »

Mais Mme de Meyrueis n'est pas morte de sa chute. Et cependant le soupçon grandit, par le silence, dans l'âme fermée de Meyrueis. Il croit maintenant que ses deux premiers enfants ne sont pas de lui, et, par deux fois, il veut les entraîner et les perdre dans la forêt. Mais, la seconde fois, Mme de Meyrueis se précipite au secours de ses petits, comme une lionne, — ou comme Mme Marie Laurent. Pressé par elle, Meyrueis dit ce qu'il croit avoir vu derrière l'orangerie : et cela explique son crime, mais cela n'explique toujours pas son silence. A ce moment, un hasard lui révèle que c'est sans doute la servante Line qu'il a vue dans les bras d'un homme. Mais son mal est incurable : « Laissez-moi !... Vous voyez bien que je ne peux pas !... et qu'on me mettrait le soleil devant les yeux, je ne verrais pas le soleil !... »

C'est donc bien une espèce de dément dont nous suivons, depuis deux heures, les faits et gestes. Sa femme lui cache ses deux enfants. Un soir qu'il rôde autour de leur chambre, elle croit qu'il veut les étrangler, et elle le poignarde. Après qu'ils se sont plaints mutuellement et qu'ils se sont pardonné, Meyrueis meurt.

... Ainsi, ces jeunes gens reviennent par le plus long, en faisant beaucoup d'embarras, à un art quasi rudimentaire, qui a son charme, je le répète, mais qui est bien court, — puisqu'il n'explique rien, et que c'est, en effet, bien court (au théâtre du moins) ou, si vous voulez, bien « toujours la même chose », la peur, le frisson du mystère, et l'irresponsabilité, et l'inconscience, et l'impénétrabilité des âmes les unes aux autres, et le je ne sais quoi. Quand M. Beaubourg fait dire à un personnage : « Nul n'a le droit de juger, et tout juge est criminel, » ou : « Georges ! ce que j'ai raconté, c'est peut-être un autre que vous qui l'a fait ! Savons-nous pourquoi nous agissons ? » croit-il sincèrement avoir trouvé quelque chose de très rare et de très profond ?

Et que de façons, Seigneur ! A la fin du troisième acte, Mme de Meyrueis dit à son mari : « Il vous devient impossible d'imaginer la hauteur de pureté à laquelle j'ai vécu ! Mais connaissez-vous les sommets, les cimes ? Vous n'avez pas vu ma blancheur angélique, infinie. Je suis toute blanche, fantastiquement blanche. Je suis enveloppée de mon grand manteau d'hermine, immaculée, intangible, etc... » Et les tics imités de Mæterlinck ! Et les petites phrases vagues, solennellement insignifiantes, psalmodiées avec des voix d'ombre par des personnages somnambuliques !... Oh ! la vie ! la vie ! bien concrète ! bien épaisse ! Oh ! ce qu'on donnerait, dans ces moments-là, pour un bon gros conte de Maupassant !

Eh bien ! non... Ou plutôt... Enfin, ça n'empêche pas que M. Beaubourg n'ait après tout, du talent, et que son inquiétude d'esprit ne soit assez distinguée.

GEORGES COURTELINE

Ambigu : *Les Gaietés de l'escadron* ; neuf tableaux, de MM. Georges Courteline et Norès.

J'ai beaucoup aimé *les Gaietés de l'escadron*.

Durant les premiers tableaux, je sentais l'éveil de quelques scrupules. Ces sous-off paresseux et « rabioteurs », ces soldats « fricoteurs », si prêts au mensonge et au larcin, ces pluies aveugles de jours de salle de police ou de prison, ces abrutissements, ces gaietés, cette épouvantable brutalité de mœurs, ces gouapes qu'on nous donne pour de bons enfants et qu'on veut nous rendre sympathiques... je songeais : — Est-ce cela, l'armée ? ou, tout au moins, est-ce cela la caserne ? » et, si c'est cela, « doit-on le dire ? » et doit-on le dire sur les planches d'un théâtre populaire ?

Mais, peu à peu, le large et l'impétueux comique M. Georges Courteline m'a roulé dans son flot. Puis j'ai compris qu'il ne fallait point juger de ces choses comme un moraliste en chambre. Certaines conditions de vie changent peut-être la notion et la mesure du bien et du mal. Dans ces agglomérations de mâles robustes et reclus que sont les casernes, il est inévitable qu'une certaine animalité se développe. Les petits soldats redeviennent de bons sauvages, — de grands collégiens d'un collège brutal, — et des enfants. Et les minuties absorbantes de la discipline favorisent ces enfantillages. Et d'autre part, cette discipline étant des plus étroites et des plus antinaturelles, on comprend que toutes les facultés de leur esprit soient tendues à y échapper, et que tout leur paraisse légitime (sans que d'ailleurs ils méditent beaucoup là-dessus) contre une règle qu'ils n'ont pas eu à choisir ni à accepter. Dès lors, ce qui, pour un homme entièrement conscient du pacte consenti qui le lie à la communauté, prendrait un air de vilaine action, n'est plus, pour le commun des troupiers, que farce de loustic ou bon tour de prisonnier. Même ils se permettent, dans la vie militaire, des gentillesses qu'ils se croiraient interdites dans la vie civile. Comme l'intérêt commun leur a pris leur liberté sans les consulter, ils prennent, eux, par une protestation irréfléchie, des libertés contre la morale commune. C'est la revanche de la nature contre l'artifice contraignant de la vie de soldat. Ce qu'il y a d'anormal dans les conditions de leur existence explique, justifie peut-être ce qu'il y a de provisoirement anormal dans leur conscience. Soyons indulgents pour eux. Songeons que nous vivons sous un régime où la société n'est vraiment pas sûre de rendre aux individus l'équivalent de ce qu'elle leur prend...

Et voilà pourquoi, au tableau de la cantine (et même avant) j'étais conquis. Une large joie bestiale s'en dégage, mais qui, en somme, reste innocente. Cela, d'abord, heurte et bouscule. Boire, boire encore, et chanter, et « gueuler », et se donner de grands coups de poing amicaux sur les épaules, et s'égayer indéfiniment du même argot et des mêmes facéties... oui, cela est stupide, bruyant, pas distingué ; il faut le temps de s'y mettre. Mais on s'y met ; il y a là une forte sensation de vie physique épanouie, où l'on entre, où l'on finit par se trouver bien. On se souvient des longues, des naïves « pomponnettes » de la vingtième année, où tout le plaisir consistait à se sentir vivre, et à s'affirmer cet état par des cris et des rires sans cause et des chansons, et par des contacts répétés du palais avec des boissons alcooliques et aromatisées ou par l'exercice démesuré des fonctions de l'estomac : conception très logique, puisque ces fonctions, c'est la vie même et le fond de notre affaire... Et je sais bien que pour s'amuser encore, dans l'âge mûr, au tableau de ces jeunes et grossières joies, il faut avoir l'âme un peu... populaire. Mais je crois que je l'ai.

Enfin, quand ces voluptés de la cantine m'eussent laissé froid, j'eusse tout pardonné aux auteurs pour nous avoir montré le capitaine Hurluret et la cantinière Mme Bijou.

Ce capitaine Hurluret est délicieux de bonté fruste et de charité mal embouchée. C'est Vincent de Paul en vieille culotte de peau. Avec d'affreux jurements, des roulements d'yeux, des menaces terribles, des colères de timide qui croit toujours « qu'on se paye sa tête », il accorde à ses hommes tout ce qu'ils demandent, oublie de les punir, ne veut pas voir leurs fautes, s'ingénie à les cacher ou à les réparer. Pour empêcher les illustres cavaliers Laguillaumette et Croquebol (vous avez lu, j'imagine, *le Train de 8 heures 47*) d'être portés déserteurs, il renverse un encrier sur le registre des « décisions » et affirme que leur permission était de quatre jours. Deux chapardeurs ayant dérobé un « fromage de cochon » à Mme Bijou, il se dit que les pauvres diables, s'ils sont dénoncés, auront leurs cinq ans de travaux publics et que, tout de même, c'est beaucoup. Et il veut rembourser la plaignante sur sa pauvre paye de capitaine ; et Mme Bijou, qui fut sa bonne amie il y a vingt ans, s'attendrit ; et tous deux conviennent de « couper la poire en deux » ; et la scène est tout simplement exquise. Fils d'un maréchal ferrant et d'une cantinière, enfant de troupe, péniblement sorti du rang, resté capitaine à cinquante ans passés, toujours ronchonnant sous ses grosses moustaches, cette vieille bête de Hurluret a, comme le lui dira son ancien camarade le général inspecteur, « une âme de grisette ».

L'âme du général est beaucoup moins fraîche. Il est, lui, le type de l'officier supérieur intelligent, distingué, poli, l'air las et détaché, mais à qui « on ne la fait pas », et qui devine du premier coup, dans un rang de troupiers, l'homme qui n'a pas ses bretelles. C'est merveille et c'est pitié de le voir découvrir, d'un regard infaillible, toutes les menues irrégularités échappées à la bonhomie du capitaine Hurluret ou couvertes par son humanité et les souligner doucement de son terrible : « Cela n'a pas d'importance. » C'est encore une jolie scène, et fidèlement observée, que celle où la présence du général inspecteur fascine les hommes au point de leur faire reconnaître « pas mauvaise », puis « bonne », puis « excellente », la soupe que l'un d'eux, plus hardi et poussé par les camarades, avait déclaré « ne pas valoir un clou ». Mais comme, d'autre part, ce subtil général, sans doute dans le contentement que lui donne le sentiment de sa supériorité, rend justice (un peu dédaigneusement) à la naïve bonté de son vieux Hurluret, et comme ce malin « arrivé » daigne absoudre cet innocent demeuré en arrière, nous n'en voulons pas trop au brillant et sec officier supérieur. Et j'admire ici la sagesse et l'équité de MM. Courteline et Norès. La discipline est nécessaire, mais il est des occasions où l'application en serait trop injuste et inhumaine; il est donc bon que des Hurlurets corrigent cette inhumanité, mais il est bon aussi que des généraux comme celui des *Gaietés de l'escadron* surveillent et redressent l'humanité des capitaines à l'âme de grisette ; il faut des Hurlurets et il faut des anti-Hurlurets : il sied que les règles qui gouvernent la communauté soient naïvement violées par les enfants de Dieu dans ce qu'elles ont d'inique et de dur, et maintenues par les politiques dans ce qu'elles ont de préservateur ; et ainsi tout va tant bien que mal...

ÉMILE FABRE

Théatre-Libre : *l'Argent,* comédie en quatre actes, de M. Emile Fabre.

L'Argent me semble un des chefs-d'œuvre de ce que M. Francisque Sarcey n'a pas craint d'appeler la « comédie rosse ». Il y a sept ou huit ans, sur les planches héroïques de la Gaîté-Montparnasse, la représentation de *l'Argent* eût tourné au triomphe Le succès en fut du moins, l'autre jour, très franc et très vif, et même, si je ne me trompe, de meilleur aloi qu'il n'eût été sept ou huit ans plus tôt. On s'étonnait de trouver tant de plaisir à un ouvrage d'un genre qui passe, déjà, pour démodé. Mais surtout, il m'a paru que l'effort de M Emile Fabre inspirait une estime universelle et toute spontanée

C'est que, tout de même, *l'Argent* dépasse peut-être, par quelques points, le type montparnassien du vaudeville pessimiste. J'y crois sentir plus de vérité vraie dans les peintures et, chez l'auteur, plus de sincérité, moins d'impassibilité systématique et d'orgueilleuse morosité. L'ignominie et l'inconscience morale des personnages n'y sont guère moins profondes ; mais la benoîte hypocrisie, conservatrice de la société, n'est pas totalement absente de leurs propos et de leurs comportements et les sauve, quand il le faut, de l'invraisemblance. Puis, l'ordure n'y est nulle part étalée. Et enfin, — soulagement suprême et nécessaire, — il y a un moment où ces affligeants et bas individus sont qualifiés comme ils le méritent, non point par un Desgenais qui ne serait que le porte-paroles de l'auteur, mais, ce qui est beaucoup plus significatif, par un des leurs, qui vaut seulement un peu mieux qu'eux, qui a seulement gardé quelque vestige de bonté et quelque vague capacité de désintéressement, et qui, tout à coup, les voit comme ils sont, et les juge. Par là, la comédie de M. Emile Fabre cesse un instant d'être une pessimisterie photographique ; l'opinion de l'auteur touchant les méprisables et d'ailleurs exactes marionnettes de son guignol cesse d'être sous-entendue ; la réalité vilaine y est comme confrontée, et cela sans nul artifice, avec un idéal moral rapidement entrevu ; nous sommes désormais libres de mesurer la noblesse d'âme du peintre à l'âpreté même de son minutieux réalisme ; et, que voulez-vous ? ça nous fait du bien.

C'est une triste famille, et si ordinaire pourtant, et d'une qualité si courante, que la famille de Reynard.

Reynard est un gros fabricant de chocolat. Il a commencé petit épicier, et il a, peu à peu, étendu ses affaires. Il y a vingt ans, ne pouvant payer des billets souscrits au banquier Ternant, il lui a envoyé sa femme, qui a su obtenir des délais. Très rangé, il n'a jamais eu qu'une aventure, — avec sa bonne. Il a maintenant une fortune d'un million et demi. C'est un industriel de talent : il fabrique du chocolat avec n'importe quoi. Son gendre dit de lui, avec une nuance de considération : « Reynard est un casse-cou. Il fourre jusqu'à trente pour cent de fécule dans ses chocolats à bas prix. Il nous fera passer en correctionnelle. » Au demeurant, un vieux gredin, — et un brave homme.

Mme Reynard a été pour lui une vaillante associée. Bonne mère, puisqu' « elle n'a jamais rien refusé à ses enfants ». Quand Laurent était au lycée, c'est sa mère qui « payait ses fredaines ». Et quand Mathilde était au couvent, Mme Reynard a dépensé toutes ses économies pour lui donner des professeurs de diction, de danse, de dessin... Au reste, ses propres discours, — qui ont, en plus canaille, un peu de la saveur de ceux de Mme Jourdain, — nous révèlent directement et ses vertus et sa conception de la vie. « Pour qui t'esquintes-tu le tempérament? dit-elle à Reynard. Pour tes enfants? Si tu crois qu'ils nous en sauront gré après notre mort ! Imite-moi. Je ne rechignais pas devant la besogne, tu le sais. A l'épicerie, j'étais levée avant cinq heures du matin, et je lavais le plancher. Quand les clients arrivaient, à sept heures, le magasin était propre comme un sou. Mais, puisque Dieu a béni notre travail et nous a faits riches, j'entends profiter de notre richesse, dormir tout mon soûl, manger de bons morceaux, enfin me reposer... » Elle a été la maîtresse du banquier Ternant, mais pas longtemps, et sans plaisir, sans l'ombre de vice, sans cesser d'aimer son mari, et même uniquement pour le sauver et pour sauver « la maison ». Une excellente femme, je vous dis.

Laurent et Mathilde, « élevés » comme ils l'ont été, sont bien ce qu'ils devaient être. Laurent est une espèce de cancre et d'abruti, qui passe son temps à se traîner de fauteuil en fauteuil, à jouer aux courses, à « aller rejoindre des camarades » à la brasserie, — et qui a succédé à son père dans les faveurs d'Irma, la bonne, dont il a un enfant. Mathilde a épousé un nommé Roux, associé de Reynard. Elle ne rêve que toilettes, maison de campagne et voiture, et «flirte», puisque cela s'appelle flirter, avec un officier de cavalerie. C'est la plus sotte et la plus vaniteuse pecque ; insolente, dure, sèchement cynique : le seul personnage de la pièce à qui l'auteur ait presque refusé l'hypocrisie dans les discours. Non peut-être sans raison : il semble que la femme, quand elle s'y met, puisse aller encore plus loin que l'homme dans l'adoration imbécile, directe et simpliste de soi même. Bref, une poupée à tuer. Pas d'enfants, naturellement ; car, comme elle dit, « elle n'est pas folle ». Au reste, ses parents eux-mêmes, après la naissance de Laurent, ont eu soin de « faire chambre à part ».

Quant à son mari, Louis Roux, c'est un rude travailleur et un commerçant fieffé. Il paye sans trop rechigner les toilettes de Mathilde. Il la laisse se promener seule avec un officier de dragons : c'est qu'il a son idée. « Parle-lui de notre affaire de Lyon, cette fourniture de chocolat aux hôpitaux. Il connaît l'économe, et son cousin y est médecin en chef. S'il le veut, l'affaire est faite... » Ce Roux est un brave homme, tout rond, et qui aime beaucoup l'argent.

En somme, une famille comme il y en a beaucoup. Association par l'argent et pour l'argent, et que, par conséquent, l'argent peut rompre ; affection instinctive des parents pour les enfants ; indifférence à peu près complète des enfants pour les parents : c'est tout.

Reynard, qui a soixante ans et qui est de tempérament sanguin, a une attaque : il en réchappe, mais les médecins ont déclaré à la famille qu'il pouvait être emporté d'un moment à l'autre. Or, un père qui meurt, c'est essentiellement un héritage qui s'ouvre. Reynard mort, qui aura la forte somme? Son fils, sa fille, son gendre et sa femme lui insinuent qu'il devrait « régler ses affaires », faire son testament : ça ne fait pas mourir, et on est plus tranquille après. Chacun entend être avantagé, circonvient le bonhomme, considère les autres héritiers comme des ennemis. Et ce qui est admirable, — et si vrai! — c'est que Reynard n'est pas autrement surpris de cette ardeur à une curée dont sa mort doit faire les frais (lui-même, à l'occasion, eût agi comme ses enfants); c'est que la bonne Mme Reynard n'ignore point que, son mari mort, elle n'aurait point à compter sur sa fille ni sur son fils, et qu'elle le dit elle-même sans nulle indignation, et qu'elle trouve, ma foi, tout simple que ce fils et cette fille s'acharnent à réduire la part de leur mère...

Mais Reynard, qui a du bon sens, et qui rend justice à sa femme, a rédigé un testament par lequel il lui lègue la moitié de sa fortune et partage le reste entre ses deux enfants. Laurent, Mathilde et Roux l'apprennent; et alors...

Je respecte la famille et la propriété, et par suite l'héritage. Je suis très peu révolutionnaire, non pas, je l'espère du moins, par timidité d'esprit ou par égoïsme, mais pour avoir remarqué que presque toujours les révoltes sont aussi souillées que les tyrannies qu'elles prétendent abolir, et parce qu'il est absurde de croire que le progrès social puisse s'accomplir par la manifestation violente, chez certains individus, des mêmes instincts précisément d'où le mal social est né et par où il se perpétue... Oui, la propriété est un droit naturel, et qui peut être générateur de dignité et de vertu : mais c'est une chose abominable quand elle se prend elle-même pour but, ou quand, devenue démesurée, et dès lors s'accroissant par un jeu où le joueur est sûr de gagner, elle n'est plus représentative que du travail des autres. Oui, le droit de léguer n'est que le prolongement du droit de posséder, et il est très légitime, très honorable, très doux et même très salutaire de « travailler pour ses enfants ». Mais ce don gratuit des pères, et l'acceptation de ce don par les fils et les filles, cette sorte de communisme familial implique et commande la communion des cœurs ; et c'est une chose hideuse, quand des enfants sans amour attendent, guettent, revendiquent comme leur bien l'argent gagné par le travail de leur père. Ils perdent, en un sens, leur droit d'héritage du moment qu'ils osent proclamer ce droit, puisqu'ils se mettent par là même en dehors des sentiments qui le leur confèrent. Et ainsi la famille cesse tout à fait d'être vénérable dès qu'elle n'est plus maintenue que par la propriété et l'héritage, c'est-à-dire par l'argent ; et ces institutions « sacrées », héritage et propriété, dès qu'elles sont, par les vices des individus, vidées de leur signification vraie, deviennent très réellement malfaisantes, fatales aux individus eux-mêmes, odieuses à concevoir... C'est ce qui apparaît, avec un éclat dur, dans le second et le troisième acte de la comédie de M. Emile Fabre.

Donc, cet abruti de Laurent, cette coriace poupée de Mathilde et ce bon requin de Roux s'estiment dépossédés, spoliés, volés par leur mère Elle aura, sa vie durant, la moitié de l'argent qu'elle a aidé son mari à gagner ; ils n'auront, eux, que l'autre moitié, dont ils n'ont pas gagné un sou : cela se peut-il tolérer ?

Une idée atroce germe dans leur esprit, et c'est Mathilde qui, la première, a l'ingénu courage de l'exprimer. S'ils révélaient à leur père que leur mère a un amant ? Il voudrait sans doute divorcer, déchirerait, en tout cas, son testament, réduirait l'épouse indigne à la portion congrue. Mathilde a surpris un jour une des lettres du banquier Ternant à Mme Reynard, bien imprudemment conservées par cette bonne femme pourtant si peu romanesque. Elle se charge, après quelques hésitations, de dérober tout le paquet, et le remet aux mains de Roux... Les scènes où les trois complices, Roux, Mathilde et Laurent, complotent leur crime, le pallient, le justifient même par l'intérêt de leur père, l'honneur du nom, etc., le considèrent de biais, s'y habituent peu à peu, s'en partagent la responsabilité qui leur est ainsi moins lourde, s'exhortent mutuellement à l'action, chacun voulant s'en décharger sur les autres..., toutes ces scènes, où un acte monstrueux s'atténue, se divise, devient insensiblement possible, faisable, presque naturel, sont remarquables de vérité minutieuse et audacieuse. L'écrivain qui les a conçues et filées est à coup sûr et un observateur et, comme dit l'autre, « un homme de théâtre ».

Enfin, c'est Roux, le gendre, qui prend sur lui de remettre à Reynard le paquet de lettres (scène très bien faite encore). Reynard a une colère terrible de gros homme sanguin, et, sa femme entrant à ce moment-là, il fonce sur elle, lève le poing... Elle crie ; tout le monde accourt, y compris les deux bonnes. Reynard hurle qu'il demandera le divorce et que, en attendant, il va jeter sa femme à la porte, comme une catin, et qu'il la déshéritera et qu'elle n'aura pas un sou « tu entends bien ? pas un sou ». Et c'est ici que, devant l'immobilité et le silence lâche de ses enfants, la bonne Mme Reynard pousse le long cri qui nous soulage, déchire les voiles, arrache les masques, furieusement : « Ah ! tu me déshériteras ! Ah ! tu ne me laisseras pas un sou ! Ah ! vous vous êtes entendus pour vous débarrasser de moi et pour me voler mon argent ! Mais vous ne le tenez pas encore. Je plaiderai. Je vous ferai connaître. Des gens honnêtes ! Ah ! ah ! Tu me reproches d'avoir eu un amant. Eh bien, c'est vrai. Mais qui me l'a donné ? Toi, c'est toi. Il ne fallait pas m'envoyer chez lui demander des faveurs, solliciter des prêts. Il fallait y aller toi-même. Mais tu n'avais pas tant de scrupules, quand tu étais sur le bord de la faillite. Si tu n'as pas sauté, c'est grâce à moi... Tu m'y expédiais tous les jours, à sa banque. Tu profitais de mes saletés, à l'époque... Ah ! vous voulez me faire taire maintenant, pour que je ne vous jette pas vos vérités à la figure... Gens honnêtes... Honnête ? Toi qui empoisonnes les clients avec tes marchandises, et qu'on traînera un jour devant les tribunaux ! Gens honnêtes ?... Voleurs !... Vous êtes tous des voleurs !.. Vous m'avez volé mes lettres... Voleurs !... Voleurs !... Voleurs !... Ah ! elle est propre, ta famille. Une fille qui fait la coquette avec un officier, un mari qui ferme les yeux, parce que ça lui facilite une affaire... Enfin un fils qui, etc... Allez, allez, on saura bientôt ce que vous valez, car je me vengerai... Canailles ! »

Et elle se venge. A l'instigation du banquier Ternant, un des clients de Reynard lui intente un procès en falsification de denrées alimentaires... Un journal commence des révélations... Reynard se sent perdu. Mme Reynard peut faire retirer la plainte, mais elle pose ses conditions : son mari lui donnera cent cinquante mille francs comptant, et lui signera une reconnaissance de cent cinquante autres mille francs. Il faut bien que Reynard se soumette. Par un plaisant revirement, Roux lui prêche la conciliation, le ramène à sa femme. Mathilde et Laurent font les bons apôtres... « Léger malentendu... C'est si bon d'être tous d'accord ! » Et voilà la famille Reynard « réparée » ; mais que de fichues lézardes !

C'est fort bien. Moi, naïf, j'aurais souhaité autre chose. J'ai dit que Mme Reynard était, en somme, la meilleure de la bande. Elle a des vertus naturelles; elle a été une mère aveugle, mais dévouée; elle a aimé son mari à sa façon; elle a beaucoup tra-

vaillé pour les autres... Cette femme-là a en elle
de quoi s'élever au-dessus de sa présente médiocrité morale Je voudrais que la révélation qu'elle a
eue de la vilenie des siens l'éclairât sur son propre
cas. Elle maudirait cet argent, qui corrompt tous
ceux qui le prennent pour une fin ; elle s'apercevrait qu'elle a compris la vie tout de travers, que
la bassesse d'âme de ses enfants est un peu son
œuvre..., et, après avoir, par une juste vengeance,
tiré des sommes de son mari, elle se promettrait
de les purifier par des usages auxquels elle a peu
songé jusque-là... M. Fabre ne fait de Mme Reynard,
jusqu'au bout, qu'une ample bourgeoise, d'énergie
paisible et têtue, et qui défend son bien, rien de
plus. Il la laisse telle à peu près qu'il l'a prise. Et son
dénouement est évidemment plus proche que le
mien de la vérité moyenne.

Mais on peut aimer l'art exclusivement réaliste,
— et en préférer un autre. Il y avait, du moins,
des colombes parmi les « corbeaux » de M Henry
Becque. La pièce de M. Fabre, c'est des *Corbeaux*
sans colombes. N'importe ; nous avons certainement un auteur dramatique de plus.

ROMAIN COOLUS

Théatre de l'Œuvre : *Raphaël*, pièce en trois actes, de M. Romain Coolus.

... Tout compte fait, *Raphaël* m'a beaucoup plu. C'est une comédie « psychologique » (je suis bien forcé d'employer ici ce mot galvaudé), comédie qui n'est point sans vérité, il s'en faut, et qui a seulement le tort, faute peut-être d'explications préliminaires, de se poser comme un défi, et de se développer ensuite, brutalement précieuse dans sa forme, — sauf en quelques endroits d'une simplicité imprévue et excellente, — plutôt à la façon d'un très savant exercice littéraire que d'un ouvrage dramatique.

Certes, on nous avait déjà montré sur la scène des cocus ironiques et tolérants (il ne s'agit ici que de tolérance non rétribuée). Mais ce qui distingue le « héros » de M. Romain Coolus de ses confrères en philosophie conjugale, c'est qu'il s'y applique, c'est qu'il y raffine, c'est qu'il s'en conjouit et qu'il la pratique avec un art délicat, comme un sport excessivement distingué.

Ce personnage est évidemment exceptionnel. Il est en dehors des conventions mondaines, en dehors de la morale religieuse, en dehors de la morale sociale, en dehors même de la sensibilité commune : je ne le crois pas en dehors de la vérité, ni de la morale universelle, dont il fait seulement une application personnelle et originale. C'est un « libéré » de tout, excepté des règles de la bonté. De ces libérés, il y en a, et plus peut-être qu'on ne croit, dans nos vieilles sociétés si garrottées de lois, de traditions et de préjugés, — souvent contradictoires d'ailleurs. Seulement, ils n'ont pas tous l'occasion, ou le goût, ou la force de manifester par des actes, comme ce Daniel, la délivrance de leur âme.

Daniel s'y est pris de loin. De bonne heure (et il est fâcheux qu'il ne nous apprenne ou ne nous laisse entendre ces choses qu'au dernier acte) il a eu la haine de l'amour et le mépris attendri de la femme. Il a compris que les « passions de l'amour », et la jalousie qui en est inséparable, étaient le plus grand obstacle à la clairvoyance et à la charité. Jeune, il a aimé d'amour (horreur!) une jeune fille, Louisa ; et alors il s'est dit : « Puisque je l'aime, je ne l'épouserai pas : car, si je l'épousais dans ces conditions, je serais inévitablement méchant, je la ferais souffrir, — ou je souffrirais par elle. » Puis, lorsqu'il s'est senti guéri de sa malfaisante passion, lorsqu'il n'a plus eu pour Louisa qu'une sorte de tendresse non charnelle et d'amitié compatissante, il a songé : « Le temps est venu de la prendre pour femme, puisqu'elle ne me trouble plus, et qu'elle n'a pour moi qu'une sympathie fort tranquille, et que je puis présentement la rendre heureuse en lui laissant faire ce qu'elle voudra, et qu'elle ne peut, elle, me rendre malheureux. »

Et il l'a fait comme il l'avait dit. Au bout de quelques années de mariage, Louisa a pris un amant. Le contraire eût étonné Daniel, l'eût peut-être même humilié en trompant ses prévisions. L'amant, Mignard, est un brave garçon, d'une trentaine d'années, honnête, très épris, fidèle, et qui ne bouge de la maison. Cela dure, je crois, dix ans. Tout est bien. Daniel a un bon ami, une femme toujours contente, et la paix dans son ménage. Il a réalisé son rêve, qui était d'assurer le bonheur de Louisa, sans compromettre le sien propre. (Je vous rappelle qu'en tout ceci Daniel est entièrement désintéressé, et que cet arrangement ne lui « rapporte » que des bénéfices « moraux », si j'ose m'exprimer ainsi.)

Mais voilà que l'ingénieuse félicité du trio se trouve menacée. Louisa a maintenant trente ans, l'âge inquiet. Elle a un petit cousin de dix-huit ans, Raphaël, qui sort de chez les Pères d'Arcueil. La timidité ardente et hypocrite de l'adolescent, l'hypocrite et provocante maternité de la belle cousine mûre, ont été rendus par M. Coolus avec une souple justesse... Le mari et l'amant pressentent le danger, ouvrent l'œil ; mais rien à faire. Mignard devient insupportable ; Louisa le met durement à la porte, et garde Chérubin.

Le mari songe : « Pauvre Louisa ! comme elle va souffrir ! Ces Chérubins sont féroces... Si je pouvais ramener ici ce brave Mignard ! Car enfin c'est mon devoir de veiller au bonheur de ma femme, et de l'empêcher, si je puis, de faire des sottises. »

Et c'est pourquoi il a deux scènes, l'une avec sa femme et l'autre avec son ami, où il s'amuse supérieurement, tout en exerçant son ministère de charité. Il dit à Louisa : « Prends garde, ma fille. Quand un de ces gentils adolescents a obtenu ce qu'il voulait de sa belle marraine, il vous la plaque avec une inconscience ! C'est elle, d'abord, qui a fait joujou avec lui, doucement ; mais c'est lui, ensuite, qui fait joujou avec elle, cruellement. » Puis à Mignard : « Mon bon Mignard, ma femme m'inquiète. Elle est en grand péril, car tous les cœurs ne sont pas sûrs comme le tien. Mais peut-être est-il encore temps de la sauver... Je veux vous réconcilier ; viens dîner avec nous ce soir. » Je résume ici le sens de ses propos : car il ne dit, en réalité, qu'une partie de ces choses, et, le reste, il le dit sans le dire, parlant comme quelqu'un qui « sait », et toutefois sans confesser expressément qu'il sait, étant homme de goût. Superlativement ironique, il se délecte dans ce jeu ; il jouit de la surprise de ses interlocuteurs et du paradoxe de son attitude. Il en jouit même un peu longuement. C'est que ces plaisirs intellectuels sont les petits profits de l'œuvre d'indulgence à laquelle s'est voué cet homme généreux.

Mais Louisa a le petit cousin dans le sang. Elle envoie de nouveau promener Mignard, s'arrange pour éloigner son mari (ce qui n'est pas difficile), et improvise une dînette avec Raphaël dans son petit salon, décidée, cette fois, à « conclure ». Pauvre folle !

Ce que prévoyait Daniel est arrivé. Chérubin a froidement lâché sa marraine après la première leçon. Et, six semaines après, nous retrouvons Louisa dans la maison de campagne où elle s'est blottie, toute consumée d'un amour désespéré. Son excellent mari la plaint, essaye de la consoler, lui parle pour la première fois sans ironie. Son excellent amant arrive, désespéré, lui aussi ; il essaye d'abord, ne pouvant s'élever tout de suite à la hauteur de philosophie du mari, de détacher Louisa de Raphaël en lui contant que ce jeune homme court les filles... Mais peu à peu, cédant aux exhortations de Daniel, touché d'ailleurs de la souffrance de Louisa, il entre dans ses sentiments. Et tous deux, l'amant et le mari, s'empressent tendrement autour d'elle, comme autour d'une enfant malade ; et elle s'abandonne avec ingénuité, en leur présence, à tous les mouvements de la nature ; radieuse, quand une dépêche lui annonce l'arrivée de Raphaël ; rejetée au plus sombre désespoir, quand un nouveau petit bleu lui apprend que le méchant enfant ne viendra point. Car ces trois cœurs sont devenus transparents et n'ont plus rien du tout à se cacher. Et, tandis que le rideau baisse, le mari et l'amant, dans un total oubli d'eux-mêmes, demeurent affectueusement penchés sur « leur » femme, — attendris tous trois, et eux presque autant qu'elle, sur la démangeaison dont elle est travaillée. Idylle exquise !

Je ne chercherai pas à vous dissimuler qu'il y a peut-être quelque outrance dans la comédie de M. Coolus. — J'ai dit que le mari n'était pas sans quelque vérité dans son fond ; que c'était simplement un homme dépourvu de préjugés, mais non pas, après tout, de conscience, et qui ne faisait que pratiquer un devoir de charité un peu singulier dans des conditions un peu extraordinaires : j'en serais plus sûr s'il était moins fier de son cas, s'il s'en amusait moins lui-même, s'il n'y mettait de la gageure et s'il ne s'appliquait visiblement à détenir le record de la tolérance maritale. Il est, vraiment, ou se croit trop spirituel ; il est trop dilettante et trop « jean-de-lettres », si j'ose cette faute d'orthographe. Il faudrait qu'il fût plus modeste pour devenir acceptable. Encore, son cas parût-il « possible », serais-je tenté de croire que le théâtre veut des possibilités morales un peu plus larges que celle-là. Et enfin, si nous consentons que ce mari ignore assez la jalousie animale et ait assez délié sa chair pour se conduire comme il fait avec sa femme, et qu'il se soit mis au-dessus non seulement des conventions sociales, mais de la nature même, il sera difficile de comprendre qu'il communique ce détachement et cette sorte de cynique spiritualité à un amant aussi passionné, aussi chaud et aussi naïf que ce bon Mignard. Deux exceptions de ce numéro-là dans une pièce à quatre personnages, c'est beaucoup. Grâce à quoi l'on peut se demander si *Raphaël* est autre chose qu'un vaudeville impertinent en style précieux et pailleté, d'un tolstoïsme poussé à la charge par un pince-sans-rire bourré de littérature, — ou encore une sorte de parodie énorme de *la Parisienne*.

Et pourtant, j'y reviens, il y avait « quelque chose » dans la conception du rôle de Daniel. Daniel a, çà et là, des mots que j'apprécie et que je sens très sincères. Il dit quelque part, ou à peu près : « J'ai un grand défaut en amour ; je manque tout à fait d'intransigeance... Je ne peux pas m'empêcher de pardonner, et tout de suite. C'est plus fort que moi. » Oh ! que cela est vrai pour certains hommes, et que la vérité pourrait nous en être rendue intéressante et humaine ! Oh ! si M. Romain Coolus avait moins d'esprit ! S'il avait moins obéi au désir futile de nous étonner ! S'il avait conçu son œuvre en toute bonne foi et sans toutes ces froides fringances de normalien révolté !

TABLE DES MATIÈRES

EURIPIDE
L'*Ion* d'Euripide, et l'*Apollonide* de Leconte de Lisle.   1

SOUDRAKA
L'ŒUVRE : *Le chariot de terre cuite*, cinq actes, d'après la pièce du théâtre indien attribuée au roi Soudraka, par M. Victor Barrucand. 15

KALIDASA
THÉATRE DE L'ŒUVRE : L'*Anneau de Çakountala*, comédie héroïque de Kâlidâsa, traduction de M. A. Ferdinand Hérold. 29

CRÉBILLON
ODÉON : Conférence de M. Francisque Sarcey sur *Atrée et Thyeste*, tragédie en cinq actes, de Crébillon. . . . 35

ALFRED DE MUSSET
THÉATRE DE L'ŒUVRE : *Carmosine*, comédie en trois actes, d'Alfred de Musset. 47

LABICHE
PALAIS-ROYAL : Reprise de la *Cagnotte* ; conférence de M. Francisque Sarcey. 57

HENRIK IBSEN
L'ŒUVRE : *Le Petit Eyolf*, drame en trois actes, de M. Henrik Ibsen, traduction de M. le comte Prozor. . 63

PAUL HEYSE
BIBLIOGRAPHIE : Le *Coup de grâce*, drame tiré des « Kleine Dramen », de Paul Heyse, par M. Fredly Westphal (chez Charles Boehm à Montpellier). . . . 73

Mlle ELLIN AMEEN
THÉATRE DE L'ŒUVRE : *Une mère*, drame en trois actes, de Mlle Ellin Ameen, traduction de M. le comte Prozor. 85

SUDERMANN

Renaissance : *Magda (Le Foyer)*, drame en quatre actes, de M. H. Sudermann, traduction française de M. H. Rémon. 95

A. STRINDBERG

Théatre de l'Œuvre : *Le Père*, drame en trois actes, de M. Augustin Strindberg, traduction de M. Georges Loiseau. 103

ALEXANDRE DUMAS FILS

Reprise de *la Question d'argent.* 111

EDOUARD BRANDÉS

Théatre d'Appel : *Sous la loi*, comédie en trois actes, de M. Edouard Brandés, traduction de MM. Fritz de Zepelin et de Colleville. 119

ALEXANDRE DUMAS FILS

Renaissance : *La Femme de Claude*, pièce en trois actes, de M. Alexandre Dumas fils (reprise). 129

ALEXANDRE DUMAS

Porte-Saint-Martin : *Les Mousquetaires ou vingt ans après*, d'Alexandre Dumas et Auguste Maquet (reprise). 139

ALEXANDRE DUMAS FILS

Odéon : *Monsieur Alphonse* (reprise). 151

ALFRED CAPUS

Vaudeville : *Brignol et sa fille*, comédie en trois actes, de M. Alfred Capus. 159

ALEXANDRE DUMAS FILS

Comédie française : *L'Ami des Femmes*, comédie en cinq actes, de M. Alexandre Dumas fils (reprise). . 165

ALEXANDRE DUMAS FILS

Gymnase : *La Princesse de Bagdad*, pièce en trois actes, de M. Alexandre Dumas fils (reprise). 177

EMILE AUGIER

Comédie française : Reprise du *Fils de Giboyer*, comédie en cinq actes, d'Emile Augier. 189

VICTORIEN SARDOU

Renaissance : *Gismonda,* drame en quatre actes, cinq tableaux, de M. Victorien Sardou. 197

VICTORIEN SARDOU

Porte-Saint-Martin : *Thermidor*, drame en quatre actes et six tableaux, de M. Victorien Sardou. 209

FRANÇOIS COPPÉE

Odéon : *Pour la couronne,* drame en cinq actes, en vers, de M. François Coppée. 215

PAUL DÉROULÈDE

Porte-Saint-Martin : *Messire du Guesclin*, drame en trois actes et cinq tableaux, en vers, de M. Paul Déroulède. 229

MARCEL PRÉVOST

Gymnase : *Les Demi-Vierges,* comédie en trois actes, de M. Marcel Prévost. 237

HENRI LAVEDAN

Vaudeville : *Viveurs !* comédie en quatre actes de M. Henri Lavedan. 249

ABEL HERMANT

Renaissance : *La Meute,* pièce en quatre actes, de M. Abel Hermant. 261

HECTOR CRÉMIEUX ET LUDOVIC HALÉVY

Variétés : Reprise de *La Chanson de Fortunio*, opéra-comique en un acte, de MM. Hector Crémieux et Ludovic Halévy, musique de Jacques Offenbach. . . 275
Au Figaro : Concert d'instruments anciens. . . 275

EUGÈNE ROSTAND

Renaissance : *La Princesse lointaine*, pièce en quatre actes, en vers, de M. Rostand. 283

LÉON HENNIQUE

Ambigu : *Deux Patries,* drame en cinq tableaux, de M. Léon Hennique. 289

PAUL ADAM

Théatre libre : *Le Cuivre,* drame en trois actes, de MM. Paul Adam et André Picard. 301

AUGUSTE DORCHAIN

Odéon : *Rose d'automne*, comédie en un acte, de M. Auguste Dorchain. 309

GYP

Comédie parisienne : *Mademoiselle Eve*, par Gyp. . . 315

L'AGE DIFFICILE

Gymnase : *L'Age difficile*, comédie en trois actes, de Jules Lemaître. 319

MAURICE DONNAY

Gymnase : *Pension de famille*, comédie en quatre actes, de M. Maurice Donnay. 331
Bibliographie : *Education de princes*, dialogues, de M. Maurice Donnay (chez Ollendorf). 337
Renaissance : *Amants*, comédie en quatre actes et cinq tableaux, de M. Maurice Donnay. 349

MAURICE BEAUBOURG

L'Œuvre : *La Vie muette*, drame en quatre actes, de M. Maurice Beaubourg. 361

GEORGES COURTELINE

Ambigu : *Les Gaietés de l'escadron*, neuf tableaux, de MM. Georges Courteline et Norès. 367

EMILE FABRE

Théatre Libre : *l'Argent*, comédie en quatre actes, de M. Emile Fabre. 373

ROMAIN COOLUS

Théatre de l'Œuvre : *Raphaël*, pièce en trois actes, de M. Romain Coolus. 385

Paris-Poitiers. — Société Française d'Imprimerie et de Librairie.